국제무역의 이해

라공우 · 홍재성 · 김태환

탑북스

머리말

21세기의 서막과 함께 이제는 그야말로 '지구촌시대'를 실감케 한다. 경제적 의미에서의 국경 없는 시대가 도래함에 따라 해외시장은 이제 기업의 생존 무대가 되고 있는 것이다. 국내시장에서만 안주하던 기업들도 국내에서 국제경쟁이 이루어짐에 따라 국내기업과 국제기업의 구분은 이제는 무의미하다. 특히 국제무역이 국민경제에서 차지하는 비중이 대단히 높은 우리나라는 보다 적극적인 무역활동을 전개함으로써 해외시장을 개척하고, 국제경쟁력을 확보하지 않으면 국제무대에서 도태될 수밖에 없는 상황에 직면하고 있는 것이다.

우리를 둘러싼 국제무역 환경이 하루가 다르게 변하고 있는 상황에서 무역을 처음 접하는 학생들을 상대로 무역입문서를 쓴다는 것이 얼마나 어려운 일인가를 새삼 느끼게 된다. 더구나 글을 어렵게 쓰는 것은 쉽지만, 쉽게 쓰는 것은 어렵다는 말이 실감난다. 이 책은 많은 고심 끝에 용기를 내고 최소한의 국제무역에 대한 이해를 돕고자 시도되었다. 따라서 될 수 있으면 쉽게 풀어 설명하려고 노력하였음을 밝힌다.

이 책은 크게 4부로 구성되어 있는데, 1부에서는 국제무역의 기초를 다루고 있으며, 2부에서는 국제무역환경, 3부에서는 국제경영, 4부에서는 무역실무로 구성하였다. 구체적으로 살펴보면 1부에서는 국제무역의 의의, 국제무역과 국민경제, 국제무역이론 등을 다루고 있으며, 2부에서는 국제무역질서와 WTO, 국제통화제도, 지역경제통합, 외환과 국제수지, 관세와 비관세장벽 등을 설명하였으며, 3부에서는 국제경영 분야로써 국제경영학의 학문적 성격, 기업의 국제화, 해외시장 진출전략, 해외직접투자, 국제경영 관리 등을 다루고 있으며, 마지막으로 4부에서는 무역실무 분야로써 무역계약과 정형거래조건, 신용장, 국제운송과 해상보험, 무역클레임과 중재 등의 내용을 다루고 있다.

본서가 마무리되면서 원고 작성에 조언을 아끼지 않은 선배 동료 교수님들께 감사드리며, 열정적으로 원고 교정 및 편집에 도움을 주신 탑북스 사장님과 직원분들께도 감사를 드린다.

2022년 1월
저 자 일동

차 례

제 I 부 국제무역의 기초

제1장 국제무역의 의의

제2장 국제무역과 국민경제

제3장 국제무역이론

제2부 국제무역환경

제4장 국제무역질서와 WTO

제5장 국제통화제도

제6장 지역경제통합

제7장 외환과 국제수지

제8장 관세와 비관세장벽

제3부 국제경영

제9장 국제경영학의 학문적 성격

제10장 기업의 국제화와 국제경영

제11장 해외시장진출전략

제12장 해외직접투자

제13장 국제경영관리

제4부 무역실무

제14장 무역거래의 절차와 무역관리제도

제15장 무역계약

제16장 정형무역거래조건

제20장 무역클레임과 중재

제21장 전자무역

제 I 부

국제무역의 기초

제1장 국제무역의 의의

제1절 국제무역의 기초개념

1. 국제무역의 개념

일반적으로 어떤 학문분야를 연구하는데 있어 중요한 것은 우선 그 분야의 가장 기본적인 개념을 습득하는 것이다. 이러한 기초개념을 습득함으로써 그 학문분야의 성격을 이해하게 되고 이를 바탕으로 더 새롭게 발전된 이론을 이해하고 전개하는데 도움이 되기 때문이다. 따라서 앞으로 우리가 공부해 나갈 무역학 분야가 기본적으로 무역의 기초개념을 응용하고 있다는 점에서 무역의 개념을 명확하게 이해할 필요가 있다.

오늘날 현대사회에 들어서 개인이든 국가든 자급자족적인 경제생활을 영위하는 경우는 거의 없다. 한정된 자원을 가지고 필요한 모든 것들을 스스로 생산하고 소비하는 소위 자급자족 경제형태(autarky system)는 자원의 비효율적인 배분을 초래하여 국민경제의 경제효율을 저하시킬 뿐만 아니라 국제사회에서 고립을 초래하기 때문에 각국은 국민경제의 발전 및 국민후생의 증진을 위해 자국이 가지고 있는 한정된 자원을 효율적으로 사용하여 적극적인 대외거래에 참여함으로써 유리한 재화는 수출하고 불리한 재화는 수입하는 소위 국제분업활동을 행하고 있는 것이다. 이러한 국제분업활동은 소위 '무역'을 통해서 이루어지게 된다.

그러면 무역이라는 말의 개념에 대해서 알아보자. 우선 무역이라는 말을 한자로 풀이하면 무역할 '貿'자와 바꿀 '易'자가 합해진 말로서 '서로 바꾼다', 즉 '교환'을 의미한다고 할 수 있다. 또 영어로는 'trade'라고 하는데, 이 단어는 '지나간 자국' 혹은 '항로'를 뜻하는 'track'이라는 말과 '걷다', '밟다'를 뜻하는 'tread'라는 말의 합성어로서 '어떤 길이나 항로를 따라가서 물건을 교환한다'는 의미로 해석할 수 있다. 따라서 무역(trade)이란 교환, 거래, 매매를 뜻하는 말로서 국가와 국가간에 교환, 거래, 매매가 일어나는 것을 국제무역(國際貿易 : international trade)이라 한다.

이러한 국가와 국가간의 무역이 의미하는 말 중에 국제무역과 비슷한 용어들이 있다. 즉, 세계무역(世界貿易), 외국무역(外國貿易), 해외무역(海外貿易), 대외무역(對外貿易) 등이 그것인데, 이들 용어는 보는 관점에 따라 그 의미가 약간 상이하다고 할 수 있다.

우선 국제무역과 세계무역(world trade)은 무역을 한 나라의 입장에서 보지 않고, 국제간의 무역거래를 객관적으로 지칭할 때 사용하는데 특히 국제무역은 어떤 지역을 대상으로 하는 무역현상을 의미하고, 세계무역은 전세계 국가들간의 무역을 한 묶음으로 파악할 때 주로 사용한다. 또한 국제무역은 비교적 학문적 의미의 용어인데 반해서 세계무역은 세계시장적 의미의 용어이다. 그러나 실제로는 서로 혼동해서 사용되고 있다. 또 외국무역(foreign trade)과 해외무역(overseas trade)은 자국의 입장에서 다른 나라와의 무역거래를 지칭할 때 사용하는 주관적인 개념이다. 이들 둘을 합해서 대외무역(external trade)이라 칭한다.

한편 국내무역 혹은 내국무역(home or domestic trade)이라는 말이 있는데 이것은 국내에 있는 외국인에게 상품이나 서비스를 제공하여 그 대가를 외화로 수취하는 거래를 말하는 것으로써 일국의 영토내에서 이루어지는 무역거래를 말한다. 가장 대표적인 예가 면세점(duty-free shop)에서 외국인을 상대로 상품을 팔고 외화를 벌어들이는 경우가 이에 해당한다고 할 수 있다. 제주도의 경우 전체 수출액 중에서 50% 이상이 이러한 내국무역 형태가 주종을 이루고 있다.

이상과 같이 보는 관점에 따라 무역의 용어가 조금씩 다르게 사용되기도 하는데 본서에서는 이들을 모두 포함하는 개념으로 국제무역으로 통일하기로 한다. 또한 무역과 국제무역을 같은 의미로 사용하기로 한다.

앞서 국제무역의 개념을 국가와 국가간에 무엇이 교환되는 현상이라 설명한 바 있는데, 그러면 여기서 교환되는 것은 무엇인가? 교환되는 대상이 무엇인가에 따라서 좁은 의미의 무역과 넓은 의미의 무역으로 개념 정의를 내릴 수 있다.

우선 넓은 의미에서의 국제무역이란 국가와 국가간에 상품, 서비스, 생산요소(노동, 자본, 기술, 경영기법 등)의 교환 또는 국제적 이동, 즉 국제적인 모든 경제거래를 지칭한다. 또 좁은 의미에서의 국제무역이란 넓은 의미의 무역 가운데 상품의 수출과 수입으로 구성되는 단순한 상품의 거래 또는 그것과 불가분적으로 부수되는 서비스, 기술 등의 거래만을 지칭하나, 무역학에서는 넓은 의미의 무역, 즉 국제적인 모든 경제거래를 국제무역의 개념으로 받아들인다.

2. 국제무역의 성격

국제무역의 기본적인 성격은 앞서 무역의 개념에서도 살펴보았듯이 국가와 국가간의 교환(거래) 현상이기 때문에 본질적으로 각국의 국민경제를 주축으로 이루어지는 국민경제적인 성격을 갖는다. 그 다음으로 이러한 각국의 국민경제가 모여서 세계경제를 형성하고 있으므로 무역은 또한 세계경제적인 성격을 갖고 있다. 마지막으로 무역은 그 기능을 실질적으로 담당하는 주체가 개별기업이므로 개별기업적인 성격도 갖고 있다. 그러므로 국제무역은 [그림 1-1]에서 보는 바와 같이 개별기업적 성격, 국민경제적 성격, 세계경제적 성격이 상호교차하는 성격을 가진다. 그리고 이러한 각각의 성격들이 서로 독자적인 특성을 갖는 것이 아니라 서로 유기적으로 연결되는 복합경제적 성격을 갖는다고 할 수 있다.

그림 1-1. 국제무역의 성격

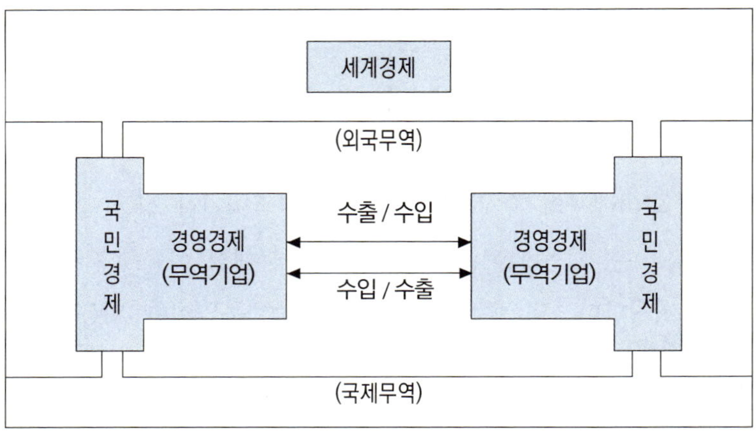

1) 무역의 개별기업적 성격

무역은 국내거래와 같이 개별기업간에 이루어지는 사적물품매매활동(私的物品賣買活動)이고, 실제로 무역기업이 행하는 수출입행위가 무역의 대부분을 형성하고 있기 때문에 우선적으로 무역은 개별기업적 성격을 갖는다고 할 수 있다. 자본주의 개방경제체제하에서 개별기업들은 자유롭게 수출입행위를 한다. 여기서 무역에 대한 아무런 장애가 존재하지 않으면 그 기능은 극대화된다. 그러나 무역의 국민경제적 성격 때문에 개별기업이 속한 국가에 의해 제한 또는 장려를 받는다.

2) 무역의 국민경제적 성격

무역이 개별기업에 의해서 이루어지지만 기본적으로 국가를 단위로 하는 국가와 국가간의 국경을 넘는 거래이므로 개별기업이 속하는 국가의 산업정책이나 무역정책 등의 국민경제적 테두리 안에서 무역은 제약 또는 장려를 받는다. 따라서 무역의 행위주체는 개별기업이지만 국가를 기본축으로 하고 있다는 점에서 그 본질적 주체는 국민경제이다. 이런 점에서 무역은 국민경제적 성격이 강한 국가간의 경제거래활동이라고 할 수 있다.

3) 무역의 세계경제적 성격

오늘날 어떤 나라도 다른 나라와 관계없이 자급자족하는 국민경제는 없다. 특히 최근에 교통, 통신, 정보수단 등이 발전함에 따라 국민경제간(국가와 국가간)의 상호의존성이 더욱더 심화되고 있다. 무역은 각 국민경제를 중개하는 역할을 담당할 뿐만 아니라 그 결합도를 심화시킴으로써 세계경제라는 유기적 구성체를 형성시키고 있다. 오늘날 세계무역확대를 위한 국제무역관습을 통일화시키려는 노력이라든지, 관세 등 무역정책을 세계적으로 조정하면서 전세계의 무역자유화를 위한 노력 등은 무역의 세계경제적 성격을 말해주는 것이다.

3. 국제무역의 특징

앞서 무역이 개별기업적 성격, 국민경제적 성격, 세계경제적 성격이 상호교차하는 복합경제적인 성격을 가진다고 하였는데, 이러한 복합경제적인 성격을 가지는 무역은 국내거래와는 다른 다음과 같은 특징들을 가지고 있다.

1) 무역의 해상의존성

대부분의 국내거래에서는 아무리 영토가 넓은 국가라 할지라도 생산지와 판매지사이의 운송이 크게 문제시되지 않는다. 그러나 무역은 멀리 떨어져있는 국가간의 거래이므로 수출국에서 수입국까지의 운송문제가 발생한다.

운송수단으로는 항공운송, 해상운송, 육상운송 등이 있는데, 육상운송은 바다를 사이에 둔 국가간에는 운송이 불가능하고, 항공운송은 짧은 시간에 운송이 이루어지기는 하지만 물동량이 적고, 운송비가 비싸다는 단점이 있다. 결국 이러한 이유 때문에 무역에 있어서는 해상운송이 가장 적절한 운송수단으로 이용되어져 왔다. 즉, 해양운송을 이용함으로써 엄청난 물량을 효과적으로 그리고 저렴한 비용으로 이동시키는 것이 가능하다. 그래서 예로부터 해상권을 제패한 나라에서 세계무역을 주도하는 역할을 많이 담당한 것을 볼 수 있다.

따라서 이러한 무역의 해상의존성이라는 특징 때문에 무역학분야에서 해상운송론이라든지 해상보험론 등의 분야가 연구되고 있는 것이다(본서 제18장, 제19장에서 자세히 다루고 있음).

2) 기업의 위험성

무역기업은 국내기업 또는 국내시장에서와는 달리 정치, 경제, 사회, 문화, 법, 제도적으로 이질적인 환경하에서 경영활동을 수행해야 하기 때문에 국내거래보다 더 많은 위험에 부딪치게 된다.

① **상품에 관한 위험** : 무역상품이 수출지에서 수입지까지 이동되는 동안 시간적·공간적 격차가 존재하기 때문에 상품의 운송과 보관상 위험이 국내거래보다 크다.

② **대금결제상의 위험** : 무역의 결제수단으로써 선불방식이나 선적과 동시에 대금을 지불하는 방식도 있으나 대부분 일정기간이 지난 후 대금을 지급하는 방식이 대종을 이룬다. 따라서 대금지급불능 등의 위험이 생길 수 있다. 그러기 때문에 신용장론 같은 분야가 연구되는 것이다(본서

제17장에서 자세히 다루고 있음).

③ **가격변동 혹은 환위험** : 무역은 국내거래와 달리 거래계약시기, 선적시기, 상품인수시기, 대금결제시기 등의 시차가 존재한다. 이러한 시차 동안 가격변동 혹은 환율변동 등의 위험이 발생할 수 있다. 따라서 외환론이나 선물환거래 같은 분야가 연구되고 있다.

3) 무역의 산업연관성

무역은 국가의 산업과 밀접한 상호작용의 관계를 가진다. 즉, 무역의 발전은 국가산업의 발전을 가져오고, 국가산업의 발전은 또 무역의 활성화에 기여한다. 구체적으로 수출의 경우 분업의 원리에 의해 유리한 산업에 특화함으로써 특정산업과 관련산업의 발전을 촉진시켜 국민경제에 고용 및 소득증대 효과를 유발시킨다. 또한 수입의 경우도 국제수지 악화를 초래하기도 하지만 선진자본재나 국내에 없는 원자재의 수입은 오히려 국내산업의 경쟁력을 강화시킨다(본서 제2장 2절에서 자세히 다루고 있음).

4) 무역의 국제관습성

무역은 일반적으로 언어・관습・법률 등이 상이한 국가사이에서 이루어지는 거래이므로 여러 가지 마찰이 발생할 가능성이 높다. 따라서 국제적으로 통일된 무역규칙 내지 협약, 관습 등이 필요하고 또 여기에 의존하게 된다. 그래서 국제적으로 상관습을 통일화시키거나 국제매매에 관한 통일화 노력 등이 행하여지고 있는 것이다(본서 제16장에서 국제통일무역규칙인 인코텀즈를 다루고 있음).

5) 상품 및 생산요소이동의 제한

무역은 국내거래와 달리 상품 및 노동・자본 등의 생산요소의 이동이 자유롭지 못하다. 왜냐하면 각국은 자국의 이익을 위한 산업 및 무역정책, 법적규제 등을 가지고 있기 때문이다. 그러므로 외국정부의 관세와 비관세장벽 등 차별적인 무역장벽을 극복해야 한다(관세와 비관세장벽에 대해서는 본서 제8장에서 자세히 다루고 있음).

제2절 국제무역의 제 형태

무역은 보는 관점에 따라 아래와 같이 여러 가지로 그 종류와 형태가 구분된다.

1. 수출무역과 수입무역

무역은 무역상품의 이동 방향에 따라 수출무역과 수입무역으로 구분할 수 있다. 즉, 무역상품이 한나라의 국경(경제적 영역)을 통과하여 어느 방향으로 이동하느냐에 따른 구분이다. 수출무역(export trade) 혹은 수출(export)은 무역상품이 자국의 영역을 통과하여 타국으로 나가는 것을 말하고, 수입무역(import trade) 혹은 수입(import)은 무역상품이 타국으로부터 자국의 영역으로 반입되는 경우를 말한다.

2. 직접무역과 간접무역

무역이 수출업자 사이에 직접 이루어지느냐 혹은 제3자에 의해서 간접적으로 이루어지느냐에 따른 구분이다.

1) 직접무역

직접무역(direct trade)은 수출업자와 수입업자 사이에 제3자가 개입되지 않고 양 당사자간에 직접적인 매매계약에 의해 이루어지는 무역형태로서, 대부분의 무역이 이에 해당한다.

2) 간접무역

간접무역(indirect trade)이란 수출업자와 수입업자 사이에 무역상품의 인도 혹은 대금결제 방식으로 제3자가 개입하여 무역거래가 이루어지는 것으로서, 여기에는 최초의 수출업자와 최종의 수입업자간에 제3자의 역할과 기능이 어떠한가에 따라 다음과 같은 것들이 있다.

(1) 중개무역

중개무역(intermediary trade)이란 거래당사자간에 직접 매매계약이 체결되지 않고 제3국의 중개업자가 개입하여 계약이 체결되는 무역형태이다. 이는 국내에서 이루어지는 부동산 중개의 거래형식과 비슷하다. 즉, 양국의 거래당사자가 거래의사는 있으나 시장정보나 경험의 부족 등으로 거래상대를 찾지 못할 경우 쌍방의 거래의사를 인지한 제3국의 중개인이 거래를 알선함으로써 무역거래가 성립할 경우 제3국의 입장에서 볼 때, 이를 중개무역이라 한다. 이 경우 무역거래는 양 당사자 간에 직접 이루어지고, 무역중개인은 양 당사자로부터 일정한 중개수수료를 받는다.

(2) 중계무역

중계무역(merchandising trade)이란 수출할 것을 목적으로 외국에서 물품을 수입하여 원형 그대로 혹은 약간 가공하여 제3국에 수출하는 무역형태이다. 이러한 무역을 통해 중계무역상은 수입액과 수출액의 차이, 즉 중계수수료 내지 약간의 부가가치를 수취할 수 있다. 예를 들면 A라는 나라가 B국에서 물품을 10달러에 수입하여 C국으로 12달러를 받고 수출하는 경우를 말한다.

(3) 통과무역

통과무역(transit trade)이란 수출상품이 수출국에서 수입국으로 직접 이동되지 않고 제3국을 통과하여 수입국에 이동되는 경우에 제3국의 입장에서 본 무역형태이다. 예를 들면 A국에서 상품을 B국을 거쳐 C국으로 수출하는 경우 B국의 입장에서 본 무역형태이다. 여기서 B국(제3국)은 무역상품이 자국을 통과하는 것에 따른 통과수수료, 운임, 보관료, 보험료 등을 얻게 된다. 통과무역은 중계무역과 유사하지만 제3국이 무역에 자의적인 개입을 하지 않는다는 점에서 중계무역과는 다르다.

(4) 스위치무역

스위치무역(switch trade)이란 수출업자와 수입업자 사이에 직접 수출입계약이 이루어지고 무역상품도 수출국에서 수입국에 직접 이동되지만 단지 대금의 결제만 제3국의 무역업자를 개입시키는 형태를 말한다. 수입국이 특정 외화로 수입대금을 지급해야 하는 경우 이러한 특정 외화를 가지고 있지 못하면 자국과 청산계정을 가지고 있는 제3국을 개입시켜 무역대금을 결제하는 경우가 이에 해당한다. 일반적으로 과거 서방국의 외화를 많이 보유하지 못한 공산권 국가와의 무역거래에서 많이 볼 수 있다.

(5) 우회무역

우회무역(round-about trade)이란 수출국과 수입국 사이에 외교관계가 없거나, 수입규제 내지 외환통제 등에 의해 직접거래가 어려울 경우 이러한 규제나 통제를 받지 않는 제3국을 통해 이루어지는 무역형태이다. 과거 한국제품이 홍콩을 통해 외교관계가 없던 중국으로 진출하거나, 1970년대 말 섬유제품과 전자제품 등에 대해 미국이 수입규제를 강화하였을 때 한국제품들이 중남미 지역을 통해 미국시장에 진출한 것은 좋은 예이다.

3. 유형무역과 무형무역

무역거래의 대상 혹은 수출입 상품의 형태가 무형이냐 유형이냐에 따라 유형무역과 무형무역으로 구분할 수 있다. 유형무역(visible trade)이란 무역거래의 대상이 눈으로 볼 수 있는 구체적 형태의 상품인 경우를 의미하는 것으로, 이 경우 수출입통관절차를 거치고 무역통계로 기록된다. 무형무역(invisible trade)이란 무역거래의 대상이 물리적인 형태를 갖지 않고 눈으로도 볼 수 없는 생산요소나 서비스인 경우를 말하는데, 이러한 무형무역은 수출입통관절차를 거치지 않기 때문에 무역통계에는 기록되지 않지만, 국제수지표에는 기록되는데 생산요소로서 자본의 이동은 자본계정에, 서비스의 이동(운임, 보험료, 투자수익, 기타 용역, 여행 등)은 무역외수지로 표시된다(자세한 내용에 대해서는 본서 제7장 3절에서 다루고 있음). 서비스무역은 1980년대까지는 그 비중이 미미하였으나 90년대에 들어와 정보기술의 발전, 무역과 투자에 있어서 규제완화, 시장개방의 가속화 그리고 세계경제의 글로벌화 등으로 상당한 증가 추세를 보이고 있다.

4. 연계무역

연계무역(counter trade)이란 무역균형과 결제면에 따른 무역유형으로서, 보상무역 등으로도 표현되는데 수출입이 연계된 무역거래 방식으로 물물교환, 대응구매, 제품환매, 상쇄무역 등의 형태가 있다.

1) 물물교환방식

물물교환방식(barter trade)이란 연계무역의 가장 초기적인 형태로서 거래당사자간에 통화의 흐름이 전혀 없이 특정 상품이나 서비스를 직접 교환하는 거래를 말한다. 예를 들면, 사과 1상자와 바나나 1상자를 교환한다든지, 쌀 1가마니와 기름 1드럼을 교환한다든지 하는 상품과 상품의 교환을 말한다. 이 형태는 화폐제도가 발달하지 못한 옛날부터 외국무역에 많이 활용되었다.

2) 대응구매

대응구매(counter purchase)란 역구매방식이라고도 하는데 연계무역의 형태 중 가장 흔히 이용되는 거래방식으로서, 두 가지 계약이 동시에 해결되는데 거래상대방으로부터 상품을 수입할 것을 조건으로 수출하는 무역형태이다.

3) 제품환매

제품환매(product buy-back)란 주로 동서무역에 있어서 서방측의 수출업자가 동구권에 생산공장, 장비, 기술 등을 제공하여 여기서 생산되는 상품에 대해 서방측에서 다시 사들이는 거래방식이다. 여기서 기술이전을 수반하는 형태를 특히 산업협력(industrial cooperation)이라 한다.

4) 상쇄무역

상쇄무역(offset trade)이란 연계무역 중 가장 최근에 많이 볼 수 있는 형태로 수입국의 입장에서 수출국에 대해 수출상품의 일부 부품을 수입국에서 공급하도록 하는 방식이다. 즉, 수입국에서 생산한 부품과 자재를 수출국이 수입하여 이것을 수출상품에 결합시킴으로써 수출대금결제의 일부를 상쇄하는 방식이다.

5. 민간무역과 국영무역

무역거래를 수행하는 주체에 따라 민간무역과 국영무역으로 구분한다. 민간

무역(private trade)은 민간(주로 기업)이 주체가 되어 행하는 거래형태로 자본주의 체제하에서 가장 흔한 거래이다. 국영무역(government trade)은 정부가 주체가 되어 비영리적으로 수행하는 무역거래로써 실제로는 민간업자를 개입시키는 경우가 많다. 여기서 공무역(public trade)은 공공기관이 주체가 되어 행하는 거래로써 공공기관의 형태로는 동구권 국가들의 해외무역공사 등을 들 수 있다.

6. 남북무역과 동서무역

남북무역(south-north trade)이란 선진국과 후진국 사이의 무역을 총칭하는 의미이다. 여기서 남북의 개념은 지리적 위치상 적도를 기준으로 구분한 것으로 지구의 북반구에 주로 북미 · 유럽 등 선진국들이 입지한 반면, 남반구에는 남미 · 아프리카와 같은 후진국들이 입지한 데 따른 것이다. 동서무역(east-west trade)이란 사회주의 국가와 자본주의 국가 사이의 무역을 총칭하는데 여기서 동서의 개념은 지리적 위치상 과거 냉정시대 때 유럽을 기준으로 하여 구분한 것이다. 즉, 동유럽에는 주로 소련 · 동독 · 체코 등 사회주의 국가들이 입지해 있었던 반면, 서유럽에는 영국 · 프랑스 · 서독 등 자본주의 국가들이 입지했었기 때문에 동서무역의 개념은 이들 국가들 사이의 무역으로부터 유래되었다.

7. 가공무역

가공무역은 원자재가 희소한 국가들의 주된 무역유형으로써 크게 일반가공무역과 수탁가공무역으로 구분할 수 있다.

1) 일반가공무역

일반가공무역(processing trade, improvement trade)이란 외화가득액 혹은 부가가치를 얻기 위해 원료의 일부 내지 전부를 외국으로부터 수입하고, 이를 가공하여 반제품 내지 완제품으로 수출하는 거래를 말하는 것으로, 수탁가공무역과 구분하기 위해 일반가공무역이라는 용어가 사용된다. 따라서 일반적으로 가공무역을 말할 때는 일반가공무역을 말한다.

2) 수탁가공무역

수탁가공무역은 거래상대방의 가공위탁을 받아 원자재의 일부 또는 전부를 수입하여 이를 가공한 후 위탁자 또는 위탁자가 지정하는 자에게 수출하는 거래를 말하는 것으로 거래상대방의 위탁여부에 따라 일반가공무역과 차이가 있다.

8. 기타의 무역 형태

이하에서는 위에서 언급하지 않은 다른 무역 형태에 대해 분류하면 다음과 같다.[1)]

1) OEM방식에 의한 수출

OEM(Original Equipment Manufacturer)방식에 의한 수출이란 '주문자상표부착방식'이라고 하는데, 고유상표 수출에 반대되는 개념으로 공급업자는 생산에만 전념하고 OEM상표의 주체인 바이어는 상표, 광고, 유통, 시장조사 등 제반 마케팅 기능을 담당하는 방식의 수출을 말한다. 기업의 국제화 초기단

1) 박형래・오대혁, 무역개론, 청람, 2014, pp. 20~21.

계에는 해외마케팅능력의 부족이라든지 투자비용을 절감하기 위해 이러한 OEM 방식을 많이 선택하지만 장기적으로는 고유상표가 유리하다고 할 수 있다.

한국기업과 관련하여 OEM방식의 문제점은 다음과 같다. 첫째, OEM방식에 의한 수출만으로는 수출채산성에 한계가 있다. 과거 OEM방식에 의한 우리나라 수출상품의 이윤폭은 대체로 8~9%에 이르렀으나 최근 동남아시아 국가들과 경쟁이 치열해져 그 이윤폭이 2~3%에 불과한 실정이다. 둘째, 기술 전수의 한계성을 들 수 있다. 생산기술이 취약했던 70년대와 80년대에는 OEM방식에 의한 기술의 전수가 유익한 것이었으나, 전수되는 기술의 대부분이 조립기술에 불과하여 핵심기술의 전수에는 한계가 있다. 셋째, OEM수출에 장기적으로 의존하게 되면 제품기획・광고・유통 등의 마케팅 능력을 배양할 수 있는 기회를 상실하게 된다. 현재 우리나라 제품의 현지 소비자 가격이 FOB 가격의 3~4배가 되는 경우가 많은데, 이것은 우리 기업의 자체 해외마케팅 능력이 없기 때문에 수출원가의 2~3배가 되는 부가가치를 상실하는 결과를 가져오는 것이다. 넷째, 장기적 관점에서 볼 때 OEM수출에 의한 부메랑 효과도 상당한 것으로 보인다. 즉, OEM상표가 결국 자기상표의 잠재시장을 잠식하게 된다는 것이다. 한 예로 미국의 가전업체인 에머슨은 우리의 OEM생산에 의해 성장한 브랜드로 현재 세계 저가 가전시장에서 우리기업의 최대 경쟁브랜드로 부상하였다. 결국 OEM방식에 의한 수출만으로는 장기적으로 안정적인 해외시장기반을 구축하기 어렵고, 마케팅부문에서의 부가가치 창출도 불가능하기 때문에 장기적으로 고유브랜드 개발, 해외마케팅 더 나아가 해외직접투자 등의 방식으로 나가야 할 것이다.

2) 녹다운 방식에 의한 수출

녹다운(Knock-down)방식의 수출이란 완제품을 수출하는 것이 아니라 조립할 수 있는 설비와 능력을 가지고 있는 거래처에 대하여 상품을 부품이나 반제품으로 수출하고, 실수요지에서 제품으로 완성시키도록 하는 현지 조립방식의 수출을 말한다. 녹다운은 사후조립을 위해 완제품을 해체한다는 의미인데 수입국에서 완제품의 수입을 규제할 경우 이를 회피하는 수출방법의 하나로 활용될 수 있다.

3) 플랜트수출

플랜트수출(Plant export)이란 각종 상품을 제조하기 위한 기계, 장치 등의 하드웨어와 그 설치에 필요한 엔지니어링, 노하우, 건설시공 등의 소프트웨어가 결합된 생산단위체의 종합수출을 말하며, 다른 이름으로 산업설비수출이라 쓰기도 한다.

제3절 무역학의 학문적 성격과 연구 분야

1. 무역학의 학문적 성격

무역학은 국가와 국가간의 국제무역에서 발생하는 여러 가지 현상을 연구하는 이론적 · 실천적 학문이다. 국제무역의 개념은 단순히 상품의 국제적 이동 내지 거래를 의미하는 좁은 의미의 무역과 상품 · 서비스 · 생산요소 등의 모든 국제경제거래를 의미하는 넓은 의미의 무역으로 구분되는데 무역학의 학문적 대상으로서 국제무역의 개념은 후자를 지칭하는 것이다. 따라서 무역학은 국가와 국가간에 이루어지는 모든 경제적 거래에서 나타나는 제 문제들을 연구대상으로 하는 사회과학의 한 분야이다. 구체적으로 무역학이 가지는 학문적 특성으로서는 크게 독자적인 연구대상을 가지고 있다는 것과 학제적 성격이 강하다는 것을 들 수 있다.

1) 독자적 연구대상

국제거래는 국내거래에서는 나타나지 않는 여러 가지 문제들을 야기시킨다. 그러므로 국내거래 또는 국내기업 활동의 이론이나 원리 혹은 전략들이 국제거래에 적용될 수 없다. 따라서 국제경제현상, 국제경영이론, 그리고 무역상무 등의 연구 분야가 요구된다. 이처럼 국내와 다른 이질적인 환경에서의 경제 및 경영현상 그리고 무역거래실무를 연구대상으로 하기 때문에 나름대로의 독자적인 성격을 가지고 있다고 할 수 있다.

2) 학제적 연구

국간 간에 상품, 서비스, 생산요소의 이동 그리고 국제금융 및 외환 등에 관한 국제경제 분석에 있어서 경제학의 기초를 이루는 기존의 가격론(미시경제)과 국민경제이론(거시경제) 등이 활용되고 있으며, 또한 기업의 국제경영활동을 분석하기 위해서는 기존의 경영학의 원리를 이용하여 수정·확장해야 한다. 그리고 무역실무현상을 연구하기 위해서는 법리적·상학적 연구가 필요하다. 그러므로 국제무역에서 발생하는 제반문제에 대한 올바른 분석을 위해서는 기본적으로 기존의 경제학, 경영학, 법학 등의 이론이나 분석도구 혹은 기본원리를 응용해야 한다. 따라서 무역학은 이러한 기존 관련 학문분야와 불가분의 관계에 있으며, 이를 바탕으로 새로운 이론을 전개하는 강한 응용성을 가지는 학문분야라고 할 수 있다. 따라서 무역학의 연구는 학제적 성격이 강한 학문분야라고 할 수 있다.

이러한 성격을 가지는 무역학은 특히 우리나라에서 발전하고 있는데, 현실적으로 정부에서는 무역이 국민경제에 미치는 지대한 영향 때문에 유능한 무역전문가를 양성할 필요성을 느끼게 된 것이다. 또한 학문적으로는 무역과 관련된 제문제를 규명하기 위한 독자적인 학문적 영역을 구축하려는 접근이 다각적으로 이루어져 왔다. 따라서 우리나라에서는 1970년대 초 정부가 무역을 국민경제발전의 핵심적인 전략으로 삼고 수출드라이브정책을 실시하였으며, 학계에서는

1980년 이후 각 대학의 경상계열에 무역학과가 개설되기 시작했다.

외국의 경우를 보면 국민경제 발전단계에서 무역의 역할이 그다지 크지 않은 미국이나 유럽 등 선진 제국에서는 무역학이 독자적인 학문으로 정립되지 못한 실정이지만, 이들 국가들에서도 무역 자체의 중요성을 무시할 수는 없기 때문에 경제학 혹은 경영학의 응용분야로 연구되고 있다. 이에 비해 한국을 비롯하여 대만, 일본 등과 같이 국민경제 발전에 무역의 역할이 지대한 국가들에서는 각 대학에 사회과학의 개별적인 분야로 무역학과를 설치·운영할 정도로 무역학에 대한 독자적인 학문적 연구가 이루어지고 있다.

2. 무역학의 연구분야

무역학의 연구분야는 크게 국제경제분야·국제경영분야·무역상무분야의 세가지 분야로 구분할 수 있다.

첫째, 국제경제분야는 무역현상이 각 나라 국민경제의 경제적 교류라는 관점에서 국가 사이의 무역발생원인을 규명하는 국제무역이론과 거시분야로서 국제금융, 무역정책 등을 연구한다.

둘째, 무역은 기업이 해외에 진출할 때 선택할 수 있는 전략적 방안이라는 관점에서 국제경영학적으로 접근할 수 있다. 여기서는 무역의 주체라고 할 수 있는 기업이 실제 무역행위를 할 때 이질적인 해외환경에서의 효율적인 경영을 수행하기 위한 경영전략, 경영관리 등을 주요 연구대상으로 한다. 특히 최근에 들어와서 세계시장을 대상으로 활동하는 기업(다국적기업)이 크게 증가하고 있고, 그 비중이 커짐에 따라 이러한 국제경영학적 연구가 특히 활발히 진행되고 있다.

셋째, 무역행위는 국가간의 상거래행위과정에서 실무적이고 법률적인 문제를 파생시킬 수 있기 때문에 이러한 문제를 실무·법률·관습적으로 접근할 필요가 있다. 여기서는 수출업자와 수입업자 사이의 무역계약 체결로부터 무역 종료시까지 야기될 수 있는 문제, 무역용어나 조건에 관한 해석, 법률과 관습의 차이 등을 연구대상으로 한다.

이와 같이 무역학의 연구는 무역을 보는 시각에 따라 각각 달리 접근될 수 있지만, 각 분야별 연구는 상호 밀접한 관계를 맺고 있다. 즉, 무역이론과 정책은 거시적 입장에서 국제무역에 관한 이론적 기초를 제공할 뿐만 아니라 무역주체들의 대외활동방향을 제시해 준다. 이러한 이론과 정책의 테두리 속에서 무역주체들이 해외경영활동을 계약법리나 상관습에 의거하여 수행하게 되는 것이다. 따라서 무역이 독자적인 학문영역으로 자리 잡기 위해서는 경제학 · 경영학 · 상학 · 법학 등 기본적인 지식의 바탕 위에서 연구되어야 할 것이다. 이와 같은 무역학의 접근방법상의 특성은 다양한 관점에서 무역을 이해할 수 있다는 장점이 있음에도 불구하고 무역학의 독특한 영역을 구축하는데 오히려 장애요인으로 작용하고 있다고 볼 수 있다. 따라서 무역학이 가지는 과제는 이러한 다양한 관점과 연구들을 체계적으로 통합함으로써 독자적인 연구영역을 확보하는 것이다.

이러한 무역학의 학문적 연구 분야를 종합하여 [그림 1-2]와 같이 각 세부 분야별로 정리할 수 있다.

그림 1-2. 무역학의 연구분야

국제경제분야	국제무역론, 국제금융론, 외환론, 국제수지론, 무역정책론, 경제통합론, 세계경제론, 국제경제기구론, 한국무역론
국제경영분야	국제생산, 국제마케팅, 국제인사조직, 국제재무, 국제기업환경론, 해외시장조사론, 국제경영전략론, 다국적기업론, 해외직접투자론, 비교경영론
무역상무분야	무역상무론, 무역계약론, 무역관습론, 신용장론, 해상운송론, 해상보험론, 상사중재론, 무역영어, 무역관계법

주요용어

무역, 국제무역, 세계무역, 외국무역, 해외무역, 대외무역, 내국무역, 수출무역, 수입무역, 직접무역, 중개무역, 중계무역, 통과무역, 스위치무역, 우회무역, 유형무역, 무형무역, 연계무역, 대응구매, 제품환매, 상쇄무역, 민간무역, 국영무역, 남북무역, 동서무역, 가공무역, 수탁가공무역, OEM방식, 녹다운방식, 플랜트수출

연습문제

1. 국제무역의 개념에 대해 설명하라.
2. 국제무역의 성격에 대해 설명하라.
3. 국제무역의 특징을 설명하라.
4. 직접무역과 간접무역에 대해 설명하라.
5. 연계무역에 대해 설명하라.
6. OEM방식에 의한 수출에 대해 설명하라.
7. 무역학의 학문적 성격에 대해 설명하라.
8. 무역학의 학문적 연구 분야에 대해 설명하라.

제2장 국제무역과 국민경제

오늘날 세계 경제질서 속에 존재하는 어떤 나라도 다른 나라의 국민경제와 관련을 맺지 않고는 존립할 수 없다. 최근 세계화 경향과 교통·통신의 발달, 무역장벽의 축소 등으로 경제적인 측면에서 국가간의 상호의존도가 심화되고 있으며, 국제무역이 급격히 증가하면서 무역은 각국의 국민경제활동에 핵심적인 요소가 되고 있다. 이에 따라 무역이 가지는 국민경제적 역할과 비중은 더욱 증대되고 있다. 특히 무역의존도가 높은 국민경제는 무역의 건전한 발전 여부가 그 나라 국민경제의 사활을 좌우하는 중요한 요인이 되고 있다.

제1절 무역의존도

1. 무역의존도의 개념 및 의의

앞에서도 설명하였듯이 오늘날 세계에 존재하는 어떠한 나라도 다른 나라 경제와의 상호의존적 관계없이 고립하여 독자적으로 경제활동을 영위하는 나라는 없다. 때문에 국제무역은 모든 국민경제에 있어서 필수불가결한 것이다. 여기서 국제무역이 한 나라의 국민경제에 대하여 차지하는 비중이 크면 클수록 국제무역이 그 나라의 국민경제에 대한 역할과 영향 정도는 커진다. 이와 같이 국제무역이 한 나라의 국민경제에 대하여 가지는 필요도 내지 중요도를 나타내주는 지표가 무역의존도(貿易依存度 : dependence on foreign trade)이다.

이러한 무역의존도에 대한 측정은 국민경제 전체규모에 대한 무역의 규모로써 측정하는데 다음과 같다.

$$\bullet\ \text{무역의존도} = \frac{\text{1년간의 무역총액(수출액 + 수입액)}}{\text{1년간의 국민총생산액(또는 국민총소득액)}} \times 100$$

$$= \text{수출의존도} + \text{수입의존도}$$

$$\bullet\ \text{수출의존도} = \frac{\text{1년간의 수출액}}{\text{1년간의 국민총생산액(또는 국민총소득액)}} \times 100$$

$$\bullet\ \text{수입의존도} = \frac{\text{1년간의 수입액}}{\text{1년간의 국민총생산액(또는 국민총소득액)}} \times 100$$

여기서 국민소득을 나타내는 지표는 GDP(gross domestic products, 국내총생산) 또는 GNP(gross national products, 국민총생산)를 말한다.

GDP와 GNP

미국 연방준비제도 이사회(FRB)의 앨런 그린스펀 의장은 "이번 세기 세계 경제의 주요 업적 중 하나는 나라의 경제 크기를 재는 기준을 국민총생산(GNP)에서 국내총생산(GDP)으로 바꾼 것"이라고 말했어요. 또 우리나라 경제정책을 책임지는 재경부 관계자는 "올해 GDP증가율이 예상을 뛰어 넘어 10% 수준에 달해 1인당 GNP가 8천5백달러로 추산된다"고 말하기도 했지요.

GNP와 GDP는 뭐길래 사람들이 대단한 것처럼 말했을까요? 두가지 다 한해의 총생산을 말해요.

우리나라에서 지난해 한 해동안 자동차 1백대(1대에 1만달러)와 쌀 2백t(t당 5천달러)이 생산됐다고 가정해 봐요. 그러면 우리나라에서 총 2백만달러어치가 생산된 것이 되지요. (자동차 1백대 × 1만달러) + (쌀 2백t × 5천달러)이니까요.

GDP는 이처럼 한 해 우리나라의 총생산을 뜻하는 말입니다.

이 총생산은 중간 중간에 새로 만들어지는 가치를 합한 것과 같아요. 마치 자동차 한대 안에 온갖 부품이 들어가는 것처럼 말이지요. 이렇게 생산과정에서 새로 추가되는 가치를 부가가치라고 하는데 총가치는 이런 부가가치의 합과 같게 되지요.

예를 들어 볼까요. 자동차 업자는 1만달러 짜리 자동차를 만들기 위해 6천달러의 부품을 구입했고, 부품업자들은 부품을 만들기 위해 철강업자로부터 3천달러 어치의 철강을 구입했다고 하죠.

그러면 기계부품업자는 3천달러의 철강으로 6천달러의 부품을 만들었으니 새로 생산된 부가가치는 3천달러라는 말이 되지요.

또 자동차업자는 6천달러의 부품으로 1만달러어치의 자동차를 만들었으니 4천달러어치를 새로 만들어낸 셈이죠. 이렇게 철강업자가 만든 3천달러, 부품업자가 만든 3천달러, 자동차업자가 만든 4천달러가 합해지만 최종 생산물인 자동차 1만달러와 같아진다는 얘기입니다.

앞에서 든 예는 우리나라 땅 안에서 일어난 활동이죠. 따라서 우리나라에 와 있는 외국인에 의해 생산된 것도 포함돼 있을 수 있어요.

그런데 자동차는 미국의 GM사가 우리나라에 지은 공장에서 만들었고 쌀은 우리나라 농민이 미국에 가서 3백t을 생산했다고 가정해 봐요.

이렇게 되면 우리나라의 생산수준을 알려고 할 때 우리나라에서 생산된 것과 우리나라 사람이 만든 것 중 어느 쪽을 기준으로 하느냐에 따라 달라질 겁니다. 즉 '땅'이냐 '국민'이냐에 따라 결과가 틀리겠죠.

누가 생산했든지 간에 그 나라 땅 안에서 생산된 상품으로 경제 전체의 생산 수준으로 본다면 앞에서 본 GDP가 이 경우일 거예요.

'땅'을 기준으로 하지 않고 '사람'을 기준으로 하면 경제수준은 어떻게 될까요. 우리나라 사람이 만든 것만 따지니까 한국에서 생산된 쌀 2백t과 미국에서 수확된 3백t만 계산에 들어가겠죠.

상품의 양에 가격을 곱하면 (5백t × 5천달러) 2백50만달러라는 수치를 얻게 되죠. 이를 GNP라고 부르지요. GNP 역시 '한 나라 사람들이 1년동안 새로 만들어낸 가치의 합'과 같게 됩니다.

한 나라의 생산수준은 GDP 또는 GNP로 볼 수 있어요. 위의 예처럼 외국사람이 우리나라에 들어와 제품을 만드는 가치(1백만달러)보다 우리나라 사람이 외국에 나가 만드는 상품의 가치(1백 50만달러)가 크다면 GNP가 GDP보다 더 크지요. 물론 그 반대의 경우도 있겠죠.

우리나라의 경우 1997년의 GNP는 4백 16조원이었는데 GDP는 4백 20조원이었요. 우리나라 사람이 외국에 나가 물건을 만드는 것보다 외국인이 우리나라에 들어와 만든 상품이 더 많다는 얘기지요.

그렇다면 한 나라의 생산활동을 알아보는 데 이 두 가지 중 어느 것이 더 중요할까요. 각각의 장단점이 있어서 어느 것이 낫다고 말하기는 어려울 거예요. 얼마 전까지만 해도 모든 나라에서 GNP를 사용했어요. 하지만 요즘엔 GDP로 바뀌어 가고 있지요.

미국은 91년부터, 우리나라는 94년부터 GDP를 사용하기 시작했어요. 전 세계적으로 무역이 자유화되고 기업체들이 세계 곳곳에 공장을 지으면서 우리나라 '사람'보다는 우리나라 '땅'에서 물건을 만들고 일자리를 만들어 주는 것이 더 중요하게 된 것이지요.

(자료 : 중앙일보, "GDP와 GNP", 김창규)

무역의존도는 국가와 국가간 무역의 중요성 정도를 비교한다든지 무역의 중요성 정도를 시간적으로 그 변화를 비교 관찰함으로써 해당국가에서 무역이 그 나라의 국민경제에 대해 어떠한 역할을 하며, 또 어느 정도 영향을 주고 있는가를 보여주는 지표로 활용된다.

한편 우리가 무역의존도의 개념을 볼 때 다음과 같은 두 가지 관점에서 기본적 인식을 할 필요가 있다. 첫째, 한 나라의 무역규모가 절대적으로 크다고 하여 무역이 중요도를 말해주는 무역의존도가 반드시 타국에 비해 높은 것은 아니다. 예를 들면 미국의 무역액은 한국에 비해 10배 정도 되지만 무역의존도는 1/5정도이다. 둘째, 일반적으로 '무역의존도가 높다'는 것은 한 나라의 국민경제가 타국 또는 세계경제와 상호 밀접한 관계를 가진다는 의미이다. 이는 한 나라의 국민경제가 외국의 경기에 의존하는 정도가 크므로 한 나라의 경제가 그 경제구조적인 측면에서 볼 때 불안정 요인이 크다는 것을 의미한다.

2. 무역의존도의 결정요인

일반적으로 무역의존도의 크기는 각국의 경제적 여건에 따라 상이하다. 무역의존도의 크기를 결정하는 기본적 요건으로서 경제적 측면에서는 크게 그 나라가 처해 있는 자연적 조건과 그 나라의 산업구조 두 가지 측면에서 살펴볼 수 있다.

첫째, 자연적인 조건으로서 한 나라의 국민경제가 보유하고 있는 자원의 부존량, 자원의 편중도, 인구 등을 말하는데 일반적으로 자원을 많이 보유하고 있는 나라일수록 자급자족의 능력이 커지고 따라서 무역의 양도 작아질 가능성이 있다. 하지만 자원의 부존량이 많아도 그 보유자원이 소수의 자원에 편중되어 있다면 오히려 무역의존도는 커진다.

둘째, 한 나라의 산업구조가 기술적 · 산업적으로 균형된 분업구조를 가지고 있는 나라일수록 무역의존도가 낮고, 산업구조가 편중되어 있는 나라일수록 무역의존도는 커진다.

셋째, 한 나라의 수출품의 구조가 농산물인 경우보다 공산품인 경우에 무역의존도가 높다. 농산물은 일반적으로 자급자족 성격이 강하기 때문이다.

넷째, 공업화 속도가 빠를수록 무역의존도가 높다. 공업화의 속도가 빠를수록 기업의 원료조달이나 마케팅 면에서 국내시장만으로는 불충분하므로 해외에 의존하는 경우가 많다.

제2절 무역과 국민경제

본 절에서는 국제무역(수출입)이 국민경제에 미치는 경제적 효과에 대해서 살펴보기로 한다.

1. 수출의 국민경제적 효과

수출은 국민경제의 유지·발전에 필요한 원자재나 자본재 등의 수입을 가능하게 해주는 확실한 외화획득의 수단이며, 국제수지의 구조적 균형을 달성하기 위한 가장 효과적인 방안이다. 뿐만 아니라 수출은 그 상품의 생산에서 선적에 이르기까지 관련 산업 전반에 걸쳐 광범위한 파급효과를 유발하고 이를 통하여 경제성장에 이바지함은 물론 고용창출과 소득증대에도 크게 이바지한다.

1) 외화공급의 원천

지속적인 경제성장을 위해서는 국내에서 조달되지 않는 필요불급한 원자재나 부품, 기계시설 등을 해외로부터 수입하여야 한다. 또한 국민생활을 위한 필수품이 국내에서 공급되지 못할 경우에도 해외로부터 수입해야만 한다. 이러한 수입을 위해서는 수출을 통해 획득한 외화를 지불해야만 하는 것이다. 일반적으로 장기적인 경제성장은 시설투자의 확대를 통해서 이루어진다. 시설투자를 위해서는 수입이 유발되는데, 이러한 수입을 하려면 외화를 조달하지 않으면 안 된다. 이와 같이 수출은 경제발전의 원동력이 되는 시설투자에 필요한 외화를 공급해 주는 가장 확실한 외화공급의 수단으로서의 역할을 하고 있다.

2) 산업구조의 고도화

수출은 국제분업의 원리에 의해 유리한 산업에 특화함으로써 대량생산에 의한 규모의 경제를 실현 가능하게 하여 일국의 산업구조의 고도화에 기여한다. 수출증대 → 생산증대 → 규모의 경제 실현 → 경쟁력 강화 → 수출증대로 이어지는 선순환이 계속됨으로써 산업구조 조정을 통하여 일국의 경제성장에 기여하는 것이다. 이와 같은 대량생산에 의한 경쟁력의 강화효과는 농수산업보다는 공업, 공업부문 중에서도 경공업보다는 중화학공업부문이 더 크기 때문에 수출을 통해 산업구조가 고도화 된다.

3) 경기조절 기능

수출은 국내경기의 완충적인 조정역할을 한다. 국내 내수경기의 침체로 국내수요가 둔화추세일 경우 수출을 통해 국내시장을 보완하고, 반면 국내수요가 과열될 경우 수출을 줄임으로써 안정된 수급상황을 유지함으로써 국내경기의 조절기능을 한다.

4) 생산유발의 효과

수출은 당해 수출산업의 수출품 생산을 유발하고, 수출품 생산과 관련되는 산업의 생산을 연쇄적으로 유발시킴으로써 국내 생산활동을 촉진시키게 된다.

예를 들면 선박을 수출하는 경우, 이는 직접적으로 선박생산을 유발시키고 동시에 간접적으로는 선박생산에 필요한 각종 기기 · 강판 · 페인트 등 중간재의 생산을 유발시키며, 이는 다시 철광석 등 관련 산업의 생산을 유발하게 된다.

5) 고용 · 소득 유발의 효과

일반적으로 수출의 증가는 앞에서도 살펴보았듯이 관련 산업의 생산 활동을 직 · 간접적으로 증대시킴으로써 이는 결국 고용을 창출하게 된다. 또한 수출의 생산유발효과가 발생하면 여기에 노동 등의 생산요소가 투입됨으로써 소득유발효과도 발생한다. 수출로 인한 고용유발의 효과는 한 나라 산업의 성격이나 노동집약도 및 자본집약도 등에 따라 크게 달라진다. 즉, 일국의 산업구조가 고도화되어 노동생산성이 향상되면 1단위의 수출상품을 생산하는 데 필요한 노동의 비율, 즉 노동계수가 낮아져 고용유발의 효과는 감소되고, 그 반대의 경우는 증가하게 된다. 수출로 인한 고용유발의 효과는 수출 100만 달러당 유발된 고용인원이 얼마인가로 산출되고, 수출로 유발된 고용인원이 총 취업인구에서 차지하는 비율로 그 기여도를 측정하게 된다.

2. 수입의 국민경제적 효과

일반적으로 수입품이 국산품과 경쟁재가 아니고, 또 국내에서 생산할 수 없는 자본 · 시설재나 원자재 등과 같은 경우라면 오히려 국내생산을 직접적으로 활성화시키고 경제성장 및 국민소득증대의 효과를 가져온다. 또한 경제성장에 대한 무역의 역할은 선진공업국과 후진국에서 다르게 작용한다. 선진공업국에서는 경제성장이 주로 수출을 통해 이루어지는데, 이와는 달리 후진국에서는 주로 수입을 통해 이루어진다. 즉, 후진국의 경우 국민경제발전을 위해 많은 자본재가 필요한데 그 대부분은 국내생산이 불가능하기 때문에 수입이 되어야만 한다.

1) 비경쟁 원자재 및 자본・시설재의 공급

공업화는 각국이 경제발전을 도모하기 위해 선택하는 필수적인 과정인데, 이러한 공업화를 추진하는 과정에서 국내에서 생산되지 않는 부품 및 원자재 등은 수입을 통해 반드시 확보되어야만 한다. 따라서 수입은 공업화에 필수 불가결하고 국내에서 생산이 불가능한 부품 및 원자재의 공급원으로서 중요한 역할을 하고 있다. 특히 우리나라와 같이 부존자원이 빈약한 국가에서는 공업화에 필수적인 원유・원목・철광석・기타 금속광물 등의 원재료 수입은 공업화를 이루는데 필수적이다.

일국의 국민경제의 발전과 확대를 위해서는 시설투자・기술혁신・생산근대화 등이 활발하게 진행되어야 하는데, 이러한 과정에서 자본・시설재에 대한 수요가 커지게 된다. 따라서 수입을 통하여 이러한 선진자본・시설재의 수요를 충당하게 되는 것이다.

한편, 경쟁수입의 경우 동종의 국내산업과 건전한 경쟁을 함으로써 특정산업의 독점화를 견제하는 간접적인 효과를 나타낼 수도 있다.

2) 소비자 후생의 증대

소비자 입장에서는 수입이 개방됨으로써 보다 싸고 품질이 우수한 외국상품의 사용으로 인한 후생증대의 효과를 기대할 수 있고, 국내기업의 입장에서는 외국기업과의 경쟁을 통하여 경쟁력을 제고시킬 수 있는 효과를 유발시킨다. 수입을 억제하는 보호정책은 소비자의 희생으로 생산자를 보호하는 결과를 가져온다. 특히 독과점 품목들의 경우는 더욱 그러하다. 그러나 수입이 이루어짐으로써 단기적으로 국내시장의 가격구조가 국제화되어 상품의 가격인하 효과를 얻을 수가 있고, 장기적으로는 국내산업의 체질이 강화되고 기술수준이 향상됨으로써 우수한 제품을 생산할 수 있다. 즉, 수입은 국내생산자로 하여금 외국기업과의 경쟁을 유발하게 하여 기술개발, 원가절감 등 기업의 경쟁력을 제고시킬 수 있게 한다.

주요용어

무역의존도, 수출의존도, 수입의존도, GNP, GDP

연습문제

1. 무역의존도의 개념에 대해 설명하라.
2. 무역의존도의 결정요인에 대해 설명하라.
3. 수출의 국민경제적 효과에 대해 설명하라.
4. 수입의 국민경제적 효과에 대해 설명하라.

제3장 국제무역이론

국제무역의 발생에 관한 이론적 체계는 국제분업이론에 그 근거를 두고 발전되어 왔다. 국제무역이론은 고전적 무역이론인 절대우위론과 비교우위론을 시작으로 근대무역이론으로 요소부존이론을 거쳐 현대의 무역이론으로써 대표수요이론, 제품수명주기이론 등으로 발전되어 왔다.

제1절 고전무역이론

1. 국제분업과 국제무역

한 사람이 필요한 모든 상품을 생산하는 것보다 각자가 가장 잘 만드는 상품을 생산하여 교환하면 훨씬 더 효율적이라는 것이 분업이론의 기본적인 발상이다.

국제분업[1](international division of labor)도 국내분업과 기본적으로 다를 것이 없다. 즉, 한 나라가 가장 유리하게 생산할 수 있는 상품에 생산 특화(specialization)한 후 무역을 통하여 다른 나라 상품과 교환하면 양국이 모두

1) 한 나라가 특정 상품에 특화하는 국제분업은 대체로 나라마다 다른 생산조건에 기인한다. 생산조건을 결정하는 요인은 첫째, 기후와 같은 자연조건 둘째, 천연자원의 부존차이 셋째, 노동·자본·토지·기술 등의 생산요소의 차이 등을 들 수 있다.

이익을 얻는다는 것이다.

국제분업의 원리에 의한 무역의 원인과 결과(무역이익)를 최초로 설명한 사람은 영국의 경제학자 아담 스미스(Adam Smith)였고, 후에 그의 이론을 계승·발전시킨 사람은 영국의 리카도(David. Ricardo)였다. 이 두 사람은 모두 국제분업과 자유무역에 이론적 기초를 두고, 무역발생의 원인을 국가간 생산비의 차이에서 찾아낸 공통점을 가지고 있다. 그러나 양자간에는 생산비 차이의 기준이 다르다. 즉, 아담 스미스는 생산비의 절대적 차이를 무역발생의 원인으로 보았으나, 리카도는 생산비의 상대적 차이에 의해 무역이 발생한다고 주장하였다. 그러나 이들 두 학자의 이론은 무역발생의 원인과 무역이익을 규명했다는 점에서는 높이 평가되고 있지만, 공급 측면만을 중시한 나머지 수요 측면을 무시했다는 결함을 가지고 있다. 이러한 문제점은 그 후 밀(J. S. Mill)의 상호수요설에 의해 보완·발전되었다.

2. 절대생산비설(Absolute Advantage Theory)

아담 스미스는 16세기부터 약 200년간 유럽을 지배하고 있었던 중상주의(重商主義 : mercantilism)를 비판하고 자유무역을 주장하였다. 중상주의에서는 국부(國富)인 금·은·귀금속 등의 국내유입을 위해서 외국과의 무역에서 수출촉진과 수입억제라는 무역정책 채택하였다. 그러나 아담 스미스는 "국부는 금·은의 유입에 의해서 증가하는 것이 아니다"라고 주장하면서 중상주의를 비판하였다. 그에 의하면 국부는 금·은과 같은 화폐 그 자체에 있는 것이 아니라, 재화를 얼마나 많이 생산할 수 있는가 하는데 있다는 것이다. 그러므로 국부가 증대되기 위해서는 노동생산성이 높아져야 하며, 이를 위해서는 분업을 통하여 가능하다는 것이다.

아담 스미스는 그의 분업이론을 외국무역에도 그대로 적용시켜 무역의 필요성을 설명하였다. 한 나라가 어떤 상품을 외국보다 싸게 생산할 수 있다면 그 상품생산에 특화할 것이고, 외국보다 비싸게 생산하는 상품은 국내에서 생산하지 않고 특화한 상품의 수출 대가로 수입할 것이다. 이 경우 생산량 증대에 따른 이익과 국제교환에 따른 이익이 발생할 것이므로 무역에 참가한 국가는 모두 이익을 얻게 된다.

〈표 3-1〉에 의해 구체적으로 살펴보자. 영국과 포르투갈 두 나라가 무역을 행한다고 하고, 각 나라에서 양복지와 포도주를 생산하며, 노동만이 유일한 생산요소라고 가정한다. 표에서 보면 영국은 양복지 1단위를 생산하는데 90명의 노동량이 필요하고 포도주는 120명의 노동량이 필요하다. 포르투갈의 경우는 양복지 1단위를 생산하는데 100명, 포도주 생산에는 80명의 노동량이 필요하다. 이 경우 영국은 양복지 생산에 절대적으로 유리하고, 포르투갈은 포도주 생산에 있어서 절대적으로 유리한 위치에 있다. 이러한 경우에 영국은 양복지 생산에, 포르투갈은 포도주 생산에 절대우위(absolute advantage)가 있다.

〈표 3-1〉 절대우위에 의한 무역

(단위 : 각 상품 1단위 생산하는데 드는 노동량)

	영국	포르투갈
양복지 1단위	90명	100명
포도주 1단위	120명	80명

영국과 포르투갈이 무역을 한다고 하면, 영국은 양복지 생산에 특화하고, 포르투갈은 포도주 생산에 특화한 후 생산하지 않는 재화는 수입하게 될 것이다. 여기서 영국이 양복지를 2단위 생산한다고 했을 때 180명으로 가능한데 이것은 주어진 전체 노동량(210명)에서 30명의 노동량이 절약되는 결과를 가져온다. 같은 원리로 포르투갈의 경우도 포도주 2단위를 생산하면 20명의 노동량이 절약된다.

이제 영국과 포르투갈은 각각 특화 생산된 상품 1단위씩을 상대국과 교환(수출입)함으로써 무역이 이루어지게 된다. 그 결과 영국과 포르투갈은 각각

무역전 국내생산량과 동일한 결과(양복지 1단위와 포도주 1단위)를 얻는데 영국은 노동량 30명, 포르투갈은 노동량 20명의 생산요소가 절약되는 것이다. 이것이 무역을 통한 무역이익인 것이다.

아담 스미스의 절대생산비설은 당시 만연하던 중상주의를 비판하고 최초로 자유무역이론의 기초를 제공하였다는 점에서 큰 의의가 있다. 그러나 노동만이 유일한 생산요소라는 비현실적인 가정에서 그의 이론이 출발하고 있다는 것이 문제점으로 지적되고 있다. 그리고 절대우위론으로 설명될 수 있는 무역의 범위가 좁다는 것과, 한 나라가 두 상품 모두를 싸게(절대우위) 또는 비싸게(절대열위) 생산하는 경우의 무역발생을 설명할 수 없다는 것이 절대생산비설의 한계이다.

3. 비교생산비설(Comparative Advantage Theory)

리카도는 1817년 발간된 그의 저서 「정치경제 및 과세의 원리」에서 비교우위론을 제시하였다. 이 이론은 아담 스미스의 절대우위론에서 제기된 자유무역이론을 더욱 체계화시켰다는 데 그 의의가 있다. 리카도는 아담 스미스와는 달리 생산비의 절대적인 차이 뿐만 아니라 상대적인 차이에 의해서도 무역이 발생한다고 설명하였다. 즉, 한 나라가 두 상품 모두에 절대우위를 가지고 있고 다른 나라는 그 반대의 경우에 있다고 하더라도 상호이익이 되는 무역이 발생할 수 있다는 것이다.

그 이유는 두 나라 각각 두 상품 중에서 상대적으로 우위에 있는 상품에 특화하여 수출하면 무역당사국 모두 이익이 발생한다는 것이다. 리카도는 포르투갈이 영국보다 양복지와 포도주 생산 모두에 절대우위가 있는 경우를 예로 들어 설명하고 있다. 이에 대한 설명은 〈표 3-2〉를 통하여 구체적으로 살펴보자.

〈표 3-2〉 비교우위에 의한 무역

(단위 : 각 상품 1단위 생산하는데 드는 노동량)

	영국	포르투갈
양복지 1단위	100명	90명
포도주 1단위	120명	80명

첫째, 포르투갈은 양복지와 포도주 생산에 영국보다 적은 노동단위를 투입하고 있으므로 두 상품 생산에 모두 절대우위를 가지고 있다. 그러나 생산비를 비교해 보면 양복지의 경우 영국의 90%(=90/100)이고 포도주는 66.7%(=80/120)이므로 포도주를 생산하는 것이 양복지를 생산하는 것보다 상대적으로 유리하다. 이 경우 포르투갈은 포도주 생산에 비교우위(comparative advantage)가 있다고 한다. 한편 영국의 경우, 양복지 생산비는 포르투갈의 111%(=100/90)이고 포도주는 150%(=120/80)이므로 양복지 생산이 상대적으로 덜 불리하다. 이 경우 영국은 양복지 생산에 비교우위가 있다.

둘째, 영국은 모든 노동력(220명)을 동원하여 양복지 생산에 특화하게 되면 2.2단위의 양복지를 생산하게 된다. 포르투갈은 170명의 노동력으로 포도주 생산에 특화하면 2.125단위의 포도주를 생산한다. 이와 같이 동일한 노동력으로 두 재화의 생산량은 특화 이후 증가한다.

셋째, 특화한 두 상품을 양국이 1 : 1의 비율로 교환하면 영국은 특화생산한 양복지 중 1단위를 포르투갈에 수출하고 그 대신 포도주 1단위를 수입한다. 이에 따라 영국은 무역 후 1.2단위의 양복지와 1단위의 포도주를 가질 수 있게 되었으므로 0.2단위의 양복지를 무역을 통하여 이익을 얻었다. 한편 마찬가지로 포르투갈은 특화생산한 포도주 중 1단위를 영국에 수출하고 그대신 양복지 1단위를 수입한다. 이에 따라 포르투갈은 1.125단위의 포도주와 1단위의 양복지를 무역 후 국내에서 소비할 수 있게 되었으므로 무역이익은 0.125단위의 포도주가 될 것이다.

비교우위론은 무역발생의 원인과 무역패턴 그리고 무역이익을 규명한 점에서 중요한 의의를 갖는다. 그러나 비교우위론 역시 가정조건 중 비현실적인 노동가치설(勞動價値說)은 많은 비판을 받았다. 그리고 공급측면만을 고려한 나머지 수요측면을 무시하게 되었고, 그 결과 무역당사국에 배분되는 무역이익을 정확하게 파악하지 못하였다.

4. 상호수요설(Reciprocal Demand Theory)

19세기 중반 이후 고전파 경제학을 완성한 밀(J. S. Mill)은 그의 저서인 「정치경제학의 원리」에서 교역상품의 국제교환비율, 즉 교역당사국간의 교역조건(terms of trade)에 의한 무역이익의 배분비율을 밝혔다. 밀은 리카도의 비교우위이론이 수요측면을 무시했다고 지적하고, 교역당사국간의 교역조건은 자국상품에 대한 외국의 수요와 외국상품에 대한 자국의 수요가 일치되는 점에서 결정된다고 하였다. 이러한 밀의 이론을 상호수요설(相互需要說)이라고 하며 후에 마샬(A. Marshall) 등에 의해 더욱 발전되었다.

〈표 3-3〉에서와 같이 동일 노동량을 투입하여 영국은 양복지 10야드 또는 린넨 15야드를 생산할 수 있으며, 독일은 양복지 10야드 또는 린넨 20야드를 생산할 수 있다고 가정한다. 이 경우 비교우위의 원리에 의하면 영국은 양복지 생산에 그리고 독일은 린넨 생산에 각각 비교우위를 가진다고 할 수 있다. 따라서 영국은 양복지를 특화·생산하여 수출할 것이고, 린넨은 수입할 것이다. 한편 독일은 린넨을 특화·생산하여 수출할 것이고, 양복지를 수입할 것이다.

〈표 3-3〉 상호수요설의 예시

(단위 : 동일 노동에 의한 생산량)

	영국	독일
양복지	10야드	10야드
린넨	15야드	20야드

여기까지의 설명은 리카도의 비교우위론과 같다. 그러나 여기서 밀은 양국간 상품교환비율이 어떻게 결정되는가 하는 문제를 제기한다. 즉, 무역이 발생하기 전 영국의 국내교환비율은 양복지 10야드 대 린넨 15야드 였고, 독일에서는 양복지 10야드 대 린넨 20야드 였다. 밀에 의하면 국제교환비율, 즉 교역조건은 양국의 국내교환비율 사이에서 상호수요가 일치되는 점에서 결정된다고 한다. 따라서 교역조건의 범위는 양복지 10야드에 대해 린넨 15야드 이상, 20야드 미만이 되어야 할 것이다.

그림 3-1. 교역조건의 범위

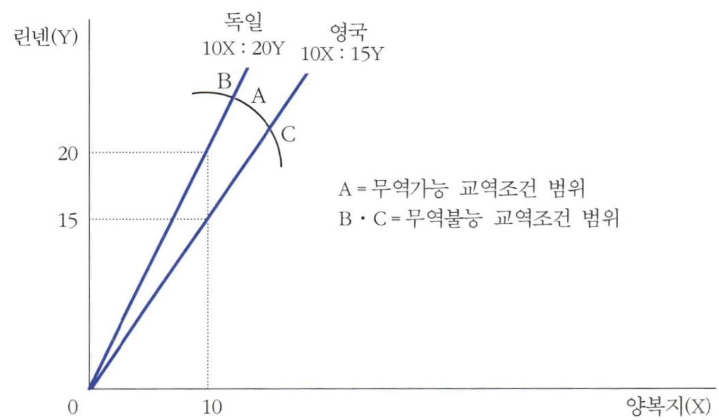

이 경우 만일 영국이 양복지 10야드의 수출에 대해 독일로부터 15야드 이하의 린넨을 수입한다면, 영국은 그러한 무역에 응하지 않을 것이다. 왜냐하면 이러한 경우에는 국내거래가 국제무역보다 유리하기 때문이다. 마찬가지로 독일의 경우에도 양복지 10야드의 수입에 대해 20야드 미만의 린넨 수출조건이 아니라면 무역에 참여하지 않을 것이다.

이와 같이 양국간의 무역이익은 교역조건에 따라서 달라지는데 영국의 국내교환비율(양복지 10야드 : 린넨 15야드)에 가까울수록 영국의 이익은 작아지고,

상대국인 독일의 이익은 커진다. 반대로 독일의 국내교환비율(양복지 10야드 : 린넨 20야드)에 가까울수록 독일의 이익은 작아지고 영국의 이익은 커진다. 밀에 의하면 영국의 양복지와 독일의 린넨의 교역조건은 영국의 양복지에 대한 독일수요의 크기정도와 수요탄력성 그리고 독일의 린넨에 대한 영국수요의 크기정도와 수요탄력성에 의해서 결정된다고 한다. 따라서 A구간에서 양국간의 상호수요가 일치하는 어떤 점에서 교역조건이 결정될 것이다.

이와 같이 밀은 교역당사국에 있어서 국제교환비율의 상한・하한선을 제시하였다는 점에서 그 의의가 있다.

5. 오퍼곡선

앞에서 살펴본 상호수요이론은 무역에 있어서 수요의 측면에서 교역조건에 미치는 영향을 규명하고 있다. 그러나 이것은 수요의 측면을 강조한 나머지 공급의 측면을 무시하는 오류를 가지고 있다. 마샬(Alfred Marshall)은 오퍼곡선을 도입하여 밀의 상호수요이론을 공급과 수요의 측면에서 체계화하였다.

1) 오퍼곡선

오퍼곡선(offer curve)은 수요와 공급의 상호작용에 따라 교역조건이 어떻게 달라지는가를 그림으로 설명하여 주는 것으로서 어느 한 나라가 두 상품을 교역함에 있어서 가격의 변동에 따라 수출입 하고자 하는 양이 어떻게 달라지는가를 나타내는 것이다. 오퍼곡선은 교역조건에 따라 수출을 위하여 제공되는 상품의 물량을 보여주는데, 한 상품의 상대적 가격이 인상되면 그 상품의 수출을 위한 공급량은 증가하게 되는 현상을 나타내고 있다.

[그림 3-2]에서 리카아도 모형에서 오퍼곡선이 어떻게 도출되는지를 설명한 그림이다. [그림 3-2] (a)에서는 무역 전 본국의 상대가격선은 생산가능곡선의

기울기인 $(PX/PY)_0$로, 생산 및 소비균형점은 사회무차별곡선이 생산가능곡선과 접하는 점 E로 표시되어 있다. 이제 무역이 시작되어 국제상대가격이 $(PX/ PY)_1$으로 주어진다면, 본국의 생산균형점은 완전특화점인 A에서 이루어지지만 소비점은 사회무차별곡선과 국제상대가격선이 접하는 C_1점이 된다. 즉, 본국은 AD_1만큼의 X재를 수출하고 D_1C_1만큼의 Y재를 수입하려 할 것이다. 한편, 국제상대가격이 $(PX/PY)_2$로 주어진다면 본국은 계속해서 A점에서 생산하지만 소비점은 새로운 사회무차별곡선과 국제상대가격선이 접하는 C_2점에서 소비하고자 할 것이므로, AD_2만큼의 X재를 수출하고 D_2C_2만큼의 Y재를 수입하려 할 것이다. 또한 교역전의 국내상대가격과 국제상대가격이 같다면 본국은 $E(C_0)$점에서 계속해서 생산·소비하거나 A점에서 생산하여 AD_0만큼의 X재를 수출하고 D_0C_0만큼의 Y재를 수입하여 $E(C_0)$점에서 소비할 것이다. 아울러 수요에 변화가 있을 경우에는 A점과 $E(C_0)$점 사이에서 소비균형점이 성립하게 되기 때문에 A와 $E(C_0)$점을 연결한 부분도 오퍼곡선의 일부라고 할 수 있다.

[그림 3-2] (b)는 가로축에 본국이 수출하고자 하는 X재의 양을, 세로축에 본국이 수입하고자 하는 Y재의 양을 놓고 (a)에서 논의한 내용을 다시 나타낸 것이다. 즉, 국제상대가격이 $(PX/PY)_0$인 경우에는 최대 $0D_0(A_0D_0)$만큼의 X재 수출과 D_0E만큼의 Y재 수입이 이루어지므로 오퍼곡선은 원점인 0점과 E점을 연결한 직선이 된다. 또 국제상대가격이 $(PX/PY)_1$인 경우에는 $0D_1(A_1D_1)$만큼의 X재 수출량과 D_1C_1만큼의 Y재 수입량을, 또 $(PX/PY)_2$인 경우에는 $0D_2(C_2D_2)$만큼의 X재 수출량과 D_2C_2만큼의 Y재 수입량을 대응시키고 이들 각점들을 매끄럽게 연결하면 오퍼곡선의 또 다른 부분인 ER을 얻게 된다. 따라서 본국의 오퍼곡선은 0ER이 된다. 이와 같은 방법으로 외국의 오퍼곡선도 구할 수 있다.

그림 3-2. 오퍼곡선의 도출

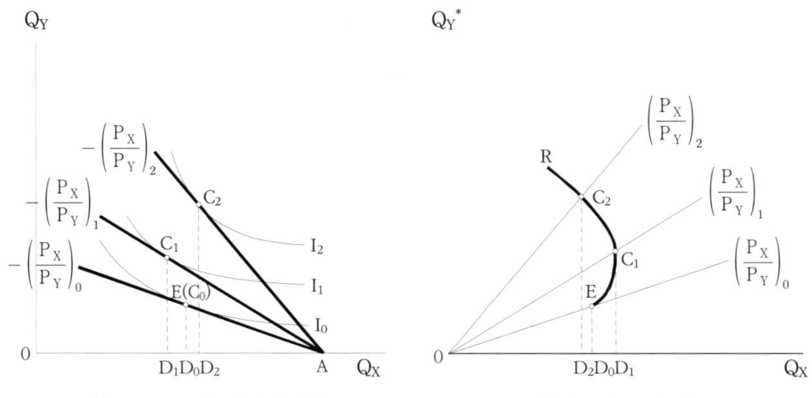

한편 오퍼곡선은 수요곡선으로써 다양한 교역조건에 있어서 수요가 유발되는 수입물품의 물량을 나타내고 있다. 국내의 기호와 선호도에 따라서 다르지만 오퍼곡선의 개념에 의하면 어느 물품의 상대적 가격이 하락하면, 그에 대한 수입수요는 증가한다고 하는 것이다.

2) 균형 교역조건

오퍼곡선의 분석에서 무역이 이루어지는 상대적 가격수준과 시장균형조건을 파악할 수 있다.

만일 현존 교역조건이 균형적 교역조건에서 이루어졌다면 한 나라에서 수출하기를 원하는 물량은 다른 나라에서 수입하기를 원하는 물량과 일치하게 된다.

[그림 3-3]에서는 본국의 오퍼곡선 0ER곡선과 외국의 오퍼곡선 0E*R*곡선을 나타내고 있다. 이 두 곡선이 만나는 Q점에서는 본국이 수출하고자 하는 X재의 양과 외국이 수입하고자 하는 X재의 양이 모두 $0X_1$으로 동일하고, 또

본국이 수입하고자 하는 Y재의 양과 외국이 수출하고자 하는 Y재의 양이 모두 $0Y_1$으로 동일함으로 양국간의 무역이 균형을 이루게 된다. 즉, Q점은 무역균형점이며 원점과 균형점을 잇는 직선 0Q의 기울기는 국제균형상대가격이 된다. 다시 말하면 이러한 국제균형상대가격하에서 본국과 외국이 의도하는 X재와 Y재의 무역량이 일치하게 되므로 실질적으로 무역이 이루어지게 되는 것이다.

한편, 특수한 경우 본국의 오퍼곡선이 외국의 오퍼곡선의 직선부분과 교차하면 국제균형상대가격은 무역개시전의 외국의 상대가격과 일치하게 되어 본국은 X재 생산에 특화하고 외국은 X재와 Y재 모두를 생산하게 된다. 반대로 외국의 오퍼곡선이 본국의 오퍼곡선의 직선부분과 교차하면 국제균형상대가격은 무역개시전의 본국의 상대가격과 일치하게 되어 외국은 Y재 생산에 특화하고 본국은 X재와 Y재 모두를 생산하게 된다.

즉, 국제균형상대가격은 무역개시전의 양국 상대가격 사이에서 결정되지만 특수한 경우 한 나라의 상대가격과 같을 수도 있다는 것이다.

그림 3-3. 균형교역조건

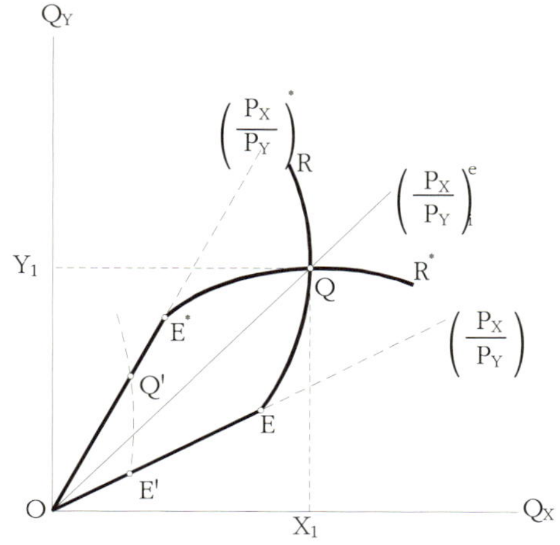

제2절 근대무역이론

1. 국제분업이론의 발전

국제분업이론에 기초를 둔 고전무역이론은 아담 스미스, 리카도, 밀에 의하여 발전되었다. 고전무역이론은 중상주의 이론을 배격하고 자유무역이론의 기본원리를 제시한 점에서 중요한 의의를 갖는다. 즉, 고전무역이론에서는 각국간 생산비의 차이로 인해 무역이 발생하고, 자유무역을 통하여 무역이익을 얻을 수 있다는 원리를 제시하였다. 그러나 고전무역이론은 비현실적인 노동가치설이라는 가정에 입각하여 이론을 전개하고 있으며, 생산량이 증가하거나 감소할 경우에도 생산비가 변하지 않는다는 불변생산비를 가정하고 있는 것이다. 그 후 신고전파 경제학자인 하벌러는 이러한 비교우위론의 한계를 극복하기 위하여 기회비용설을 제시하였다. 그리고 고전무역이론에서는 비교우위의 원인이 무엇인지 설명하지 못하였는데 헥셔와 오린은 비교우위의 원인이 요소부존비율의 차이에서 발생한다고 설명함으로써 무역이론의 새로운 장(場)을 열었다.

2. 기회비용설(Theory of Opportunity Cost)

현실적으로 대부분의 상품생산에 있어서 노동만이 유일한 생산 요소로 사용되는 것이 아니라 자본, 경영, 기술 등 많은 다른 생산 요소가 사용되고 있으며, 노동은 동질적인 것이 아니라 교육과 숙련정도에 따라서 크게 달라진다. 고전무역이론은 이러한 노동가치설에 근거하고 있기 때문에 현실적으로 많은 문제점을 내포하게 된다.

생산가능곡선을 통하여 기회비용의 개념을 살펴보기로 한다.

생산가능곡선(production possibilities curve)이란 상품생산에 일정한 생산요소를 완전히 투입하여 최대로 생산할 수 있는 2상품(X재 · Y재)의 생산량을 나타내는 곡선이다. 따라서 생산가능곡선상의 모든 점은 일정한 생산요소를 투입하여 생산할 수 있는 2상품의 여러 가지 조합을 나타낸다.

생산가능곡선은 생산비가 불변 · 체증 또는 체감하느냐에 따라서 그 형태가 각각 다르게 나타난다. 불변생산비(불변기회비용 : constant cost)하의 생산가능곡선은 직선으로 표시되며, 체증생산비(체증기회비용 : increasing cost)하의 생산가능곡선은 원점에 대하여 오목(concave to the origin)한 형태로 표시되고, 체감생산비(체감기회비용 : decreasing cost)하의 생산가능곡선은 원점에 대하여 볼록(convex to the origin)한 형태로 표시된다.

1) 불변생산비하의 생산가능곡선

[그림 3-4]는 어떤 나라의 생산가능한 식량과 옷감을 X축과 Y축에 각각 표시한 것이다. 이 때 불변생산비를 가정하고 또 모든 생산요소를 투입하여 식량만을 생산할 경우 200단위를 생산할 수 있으며, 옷감만을 생산하려고 하면 100단위를 생산할 수 있다. 그러나 식량과 옷감을 동시에 생산하려고 하면 P_1 점에서는 100단위의 식량과 50단위의 옷감을 생산할 수 있으며, P_2 점에서는 120단위의 식량과 40단위의 옷감을 생산할 수 있다.

이 때 식량 20단위를 추가 생산하기 위해서 옷감 10단위를 희생하여야 하며, 옷감 10단위를 추가 생산하려면 식량 20단위를 희생해야 하는 관계에 있는데, 이 희생되는 비용을 기회비용이라 한다.

[그림 3-4]에서 식량이나 옷감의 기회비용은 전혀 변동되지 않으므로 이는 불변기회비용이며, 그 생산비는 불변생산비이다. 즉, 불변기회비용 또는 불변생산비하에서는 어느 한 가지 상품의 생산량을 점점 증가시킴에 따라 다른 상품의 생산량은 동일한 양으로 감소되기 때문에 모든 생산요소가 하등의 손실없이 서로 완전히 대체될 수 있다. 그러므로 불변생산비하의 생산가능곡선

은 직선으로 표시되며 두 상품의 가격선과 일치한다. 즉, 생산가능곡선 AA' 의 기울기는 두 상품의 상대가격을 각각 나타낸다.

그림 3-4. 불변생산비하의 생산가능곡선

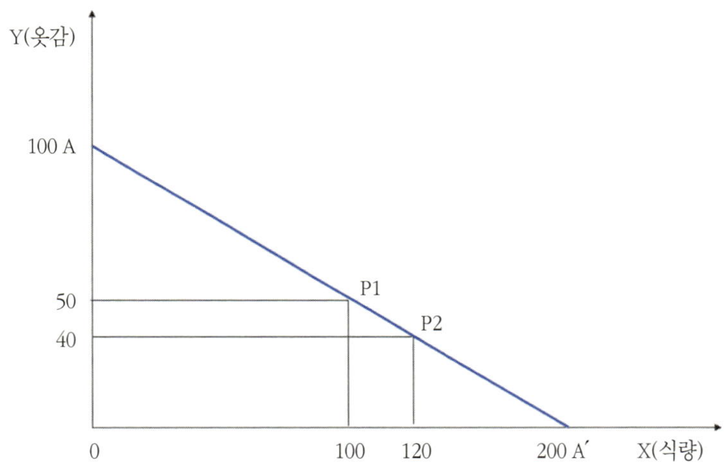

2) 체증생산비하의 생산가능곡선

체증생산비(체증기회비용)하의 생산가능곡선은 [그림 3-5]에서 나타난 바와 같이 원점에 대해서 오목하다. [그림 3-5]에서 일정한 생산요소를 투입하여 식량만을 생산한다고 하면 OA', 옷감만을 생산한다고 하면 OA를 생산할 수 있으며, P_1에서는 Oa'의 식량과 Oa의 옷감을 동시에 생산할 수 있고, P_2에서는 Ob'의 식량과 Ob의 옷감을 동시에 생산할 수 있다. 생산가능곡선 AA'가 원점에 대하여 오목한 것은 식량과 옷감의 생산에 있어서 기회비용이 체증하기 때문이다.

[그림 3-5]에서 식량의 생산단위를 a'b', b'c', c'd' … 만큼 일정하게 1단위씩 추가로 증가시킴에 따라 감소되는 옷감의 양은 ab, bc, cd … 만큼 점점

증가하게 된다. 즉, 어느 한 가지 상품의 생산량을 1단위씩 추가로 증가시킴에 따라 이에 의하여 희생되는 다른 상품의 양은 점점 증가되는 것이다. 기회비용의 개념에서 본다면 식량 1단위를 증가시킴에 따라 식량의 단위당 생산비는 점점 증가되므로 그 생산비는 체증생산비 또는 체증기회비용이다.

한편, 옷감의 생산량을 1단위씩 추가로 증가시킴에 따라 이에 의하여 희생되는 식량의 양은 점점 증가되므로 옷감의 단위당 생산비는 역시 증가된다. 체증생산비하의 생산가능곡선은 불변생산비의 경우처럼 직선으로 표시되지 않으며, 또한 가격선과 일치하지도 않는다. 생산가능곡선상의 한 점에서의 접선의 기울기는 한 상품과 다른 상품과의 대체가능한 비율을 나타내며, 또한 그 점에서의 상대적 기회비용을 나타낸다.

그림 3-5. 체증생산비하의 생산가능곡선

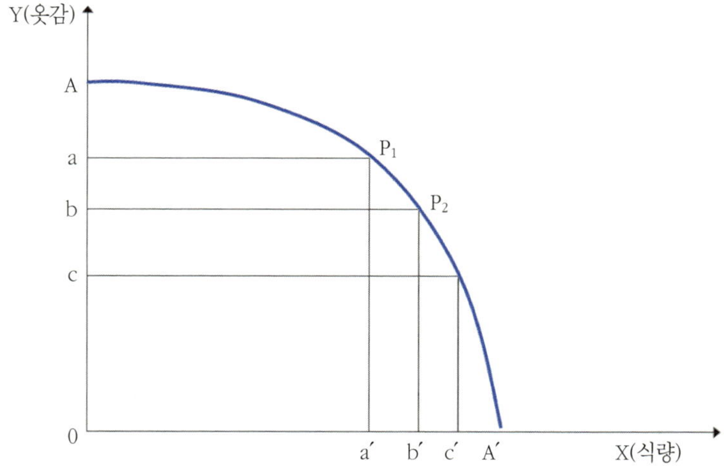

3) 체감생산비하의 생산가능곡선

체감생산비(체감기회비용)하의 생산가능곡선 [그림 3-6]에서 표시된 바와 같이 원점에 대해서 볼록하다. 이 [그림 3-6]에서도 일정한 생산요소를 투입하여 식량만을 생산한다고 하면 OA', 옷감만을 생산한다고 하면 OA를 생산할 수 있으며, P_1에서는 Oa'의 식량과 Oa의 옷감을 동시에 생산할 수 있고, P_2에서는 Ob'의 식량과 Ob의 옷감을 동시에 생산할 수 있다.

생산가능곡선 AA'가 원점에 대하여 볼록한 것은 식량과 옷감의 생산에 있어서 기회비용이 체감하기 때문이다. [그림 3-6]에서 식량의 생산단위를 a'b', b'c', c'd' … 만큼 일정하게 1단위씩 증가시킴에 따라 이에 의하여 감소되는 옷감의 양은 ab, bc, cd … 만큼 점점 감소되므로 옷감으로 측정한 식량의 기회비용은 체감한다. 한편, 옷감의 생산량을 한 단위씩 추가로 증가시킴에 따라 이에 의하여 희생되는 식량의 양은 점점 감소되므로 식량으로 측정한 옷감의 기회비용 또는 그 생산비는 체감한다.

그림 3-6. 체감생산비하의 생산가능곡선

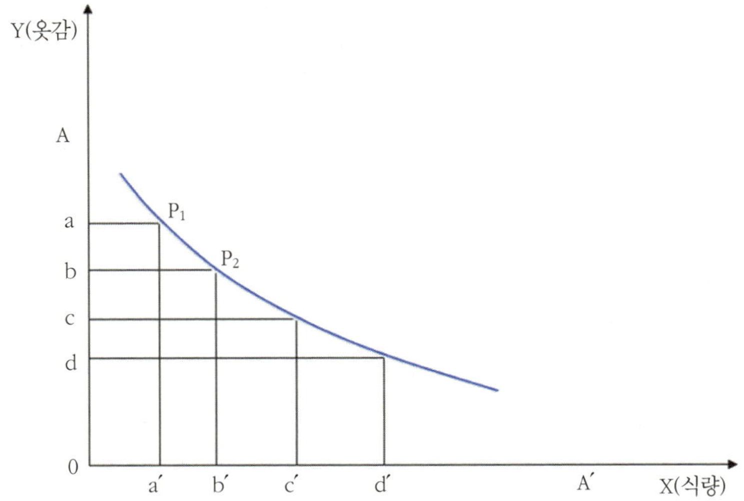

하벌러(G. Haberler)는 리카도(D. Ricardo)를 비롯한 고전무역이론에 있어서 노동가치설의 오류를 지적한 후, 노동가치적 비용 개념과는 전혀 다른 기회비용(機會費用)을 무역이론에 도입하여 비교우위의 이론을 전개했다. 이러한 이론을 기회비용설(theory of opportunity cost)이라 하는데 하벌러는 실질비용대신에 기회비용의 개념을 도입하여 비교우위론의 타당성을 제시하고 있다. 여기에서 기회비용이란 상품생산에 투하된 노동량이나 실질비용이 아니라 그 상품의 생산을 가능하게 하기 위하여 희생되어야 할 다른 상품의 생산량으로 표시되는 것을 의미한다. 기회비용설에 의하면 불변비용 뿐만 아니라 가변비용, 즉 체증비용과 체감비용의 상황에서도 상호이익이 되는 무역이 발생할 수 있다는 것이다. 그러나 기회비용설은 국가간에 기회비용의 차이가 왜 발생하는지를 규명하지 못했으며, 무역의 패턴과 교역조건의 결정에 있어서 수요부문을 고려하지 못한 문제점을 가지고 있다.

3. 헥셔-오린 정리

비교우위론에 의하면 한 나라가 어떤 상품에 특화하여 수출하는 이유는 그 상품생산비가 다른 나라에 비해 상대적으로 싸기 때문이라고 한다. 그러나 비교우위의 차이가 왜 발생하는지는 규명하지 못하였다. 이러한 비교우위 차이의 원인을 최초로 제시한 사람이 스웨덴의 경제학자 헥셔(E. F. Heckscher)와 그의 제자 오린(B.Ohlin)이다. 그들은 비교우위의 차이가 발생하는 원인은 생산요소의 부존량 차이에 기인한다고 주장하였다. 이러한 이론을 요소부존이론(factor endowment theory) 또는 헥셔-오린 정리(Heckscher-Ohlin theorem)라고 하는데 그 내용은 다음과 같다.

첫째, 각 나라에 있어서 생산요소의 부존량에 차이가 있다. 예를 들면, 어떤 나라는 노동이 풍부하고, 다른 나라는 자본이 풍부하다.

둘째, 상품생산에 필요한 생산요소의 집약도는 상품에 따라 다르다. 한 상품이 상대적으로 많은 노동을 필요로 한다면 노동집약적(labor-intensive)상품이 될 것이고, 만일 다른 상품이 상대적으로 많은 자본을 필요로 한다면 자본집약적(capital-intensive) 상품이 될 것이다.

셋째, 노동이 풍부한 나라에서는 노동집약적 상품을 낮은 가격으로 생산할 수 있으므로 그 상품의 생산에 특화하여 다른 나라에 수출할 것이다. 반대의 경우, 즉 자본이 풍부한 나라에서는 자본집약재를 낮은 생산비로 생산하여 다른 나라에 수출할 것이다. 각 나라는 자국에 풍부하게 부존되어 있는 생산요소를 많이 사용하는 상품을 수출할 것이며, 반대로 희소한 생산요소를 집약적으로 사용한 상품을 수입할 것이다.

헥셔-오린 정리는 나라마다 요소부존비율이 다르기 때문에 같은 상품이라고 하더라도 어느 나라에서 생산하느냐에 따라 생산비가 다르게 된다는 것을 설명하였다. 이와 같은 양국간 상품의 상대가격차가 무역발생의 원인임을 규명한 점에서 이 이론은 오늘날에도 높이 평가되고 있다.

4. 스톨프-사무엘슨의 정리

자유무역이 이루어지면 양국에서의 요소가격이 변동함에 따라 생산요소 간의 소득분배가 영향을 받게 된다. 다시 말해서 각국에 있어서 풍부한 생산요소의 소유계층에 귀속되는 소득은 증가되고, 희소한 생산요소의 소유계층에게는 불리한 소득이 재분배되는 것을 보여주게 된다.

따라서 자유무역이 이루어지면 각국에서는 희소한 생산요소의 공급자들이 자유무역을 제한하는 수입규제를 요구할 수도 있을 것이다. 그리하여 자유무역 대신 각국이 수입관세를 부과하게 되면 자유무역하에서의 경우와는 반대로 소득이 희소한 생산요소에 유리하게 그리고 풍부한 생산요소에는 불리하게 재분배된다. 이와 같이 수입규제 및 특정 무역정책의 수단들로 인해 교역상품의 가격이 영향을 받을 때 그로 인해 각국의 소득분배가 어떻게 영향을 받게

되는가를 설명하는 것이 스톨프-사무엘슨의 정리(Stolper-Samuelson theorem)이다.[2)]

5. 레온티에프 역설

레온티에프 역설(Leontief paradox)이란 헥셔-오린 정리의 제1명제, 즉 각국은 타국에 비하여 보다 풍부하게 부존되어 있는 생산요소를 많이 투입하는 상품을 수출하고 희소하게 부존되어 있는 생산요소를 사용해서 생산하는 상품을 수입한다는 비교생산비의 결정요인을 통계적으로 검증한 결과를 말한다. 레온티에프의 검증 결과를 보면 자본이 풍부하고 노동이 부족한 미국이 노동집약재를 수출하고 자본집약재를 수입했다는 것이다. 이러한 검증결과는 분명히 헥셔-오린 정리와는 배치되는 것이다. 따라서 이와 같은 레온티에프의 검증 결과를 레온티에프 역설이라고 부르게 되었다. 이러한 결과가 나온 것은 생산요소간의 관계가 실제로는 분명하지 않다는 점, 생산요소 효율성의 차이 문제 즉, 노동을 모두 동질적 생산요소로 취급했기 때문이라는 점 등이 지적되었다.

제3절 현대무역이론

아담 스미스는 국제분업의 원리를 최초로 제시하여 국제무역의 이익에 대해 설명한 점에서 높이 평가받고 있으며, 리카도는 비교우위원리라는 국제무역의 기본원리를 제시한 점에서 커다란 업적으로 인정되고 있고, 밀은 그의 이론인 상호수요설에서 국제상품교환비율의 범위를 밝힌 점에서 의의가 있으

2) 박형래 · 오대혁, 무역개론, 청람, 2014, p. 43.

며, 마샬은 오퍼곡선을 통하여 무역당사국간의 균형교역조건을 제시했다는 점에서 의의가 있다. 그러나 이러한 고전적 무역이론에 있어서 상품의 생산비는 오직 노동량 혹은 노동시간 등의 노동비용에 의해 결정된다는 노동가치설에 근거한 단순한 가정에서 출발하였으므로 현실적인 무역이론으로서 불충분하다. 또 근대적 무역이론으로서 헥셔-오린 정리도 각국 생산요소의 부존비율의 차이에 의해서 비교우위의 결정요인을 밝히고 무역이 요소가격에 미치는 영향을 밝힌 점에서는 높이 평가받고 있으나 헥셔-오린 정리 역시 현실세계와 거리가 먼 여러 가지 비현실적인 가정 위에서 전개되고 있기 때문에 많은 문제점을 가지고 있다. 헥셔-오린 정리의 검증결과인 레온티에프 역설이나 현실세계에서 요소집약도의 역전이 가능하다는 사실은 비교우위결정에 있어서 새로운 무역이론이 요구된다.

2차 세계대전을 기준으로 해서 전후 국제무역패턴의 특징 중 하나가 1차 상품과 공산품간의 수직적 무역형태에서 공산품 상호간, 중화학공업제품 상호간의 수평적 무역형태로 전환되는 현상이 많아졌다. 각국간에 비교생산비차가 존재하지 않더라도 혹은 생산요소의 부존비율의 차가 존재하지 않더라도 무역이 발생함을 볼 수 있다. 즉, 수요에 의해서 무역이 발생하고, 연구개발, 기술진보, 규모의 경제 등에 의해서도 무역이 성립되고 있기 때문에 새로운 무역이론이 등장한다.

1. 대표수요이론(representative demand theory)

소득수준이나 수요패턴이 비슷한 두 나라에 있어서는 대체로 생산요소의 부존비율이나 공업의 발전단계도 거의 같다. 이 경우 리카도에 의하면 양국의 비교생산비차가 거의 없고 또한 헥셔-오린 정리에 의하면 양국의 요소부존비율의 차이도 존재하지 않아 극단적으로 무역이 발생할 여지가 없다고 할 수 있다. 따라서 헥셔-오린 정리 또는 오늘날 수요구조나 소득수준이 비슷한 나라간의 공산품무역을 설명할 수 없다.

대표수요이론에서는 한 나라가 특정상품을 수출할 수 있으려면 우선 국내에 그 상품에 대한 커다란 시장이 존재해야 한다. 이러한 시장이 존재해야 규모의 경제를 통해 생산비를 낮추고 많은 양의 상품을 생산하여 그 남는 상품을 해외시장에 수출될 수 있기 때문이다. 이러한 국내시장을 배경으로 한 어느 정도의 큰 수요를 "대표적 수요"라 한다.

그 다음 이러한 상품이 수출되는데 이 수출품의 가장 유리한 시장은 소득수준과 수요패턴, 기호가 비슷한 나라가 가장 유리하다. 그래서 수요구조와 소득수준이 비슷한 나라간에 무역이 발생한다고 보는 이론이 대표수요이론이다.

린더(S. B. Linder)에 의하면 이 이론은 기호라든지 규모의 경제가 특히 중요시되는 공산품무역에만 적용되고 1차산품의 경우는 헥셔-오린 정리에 의해 무역패턴이 결정된다고 한다.

2. 연구 · 개발요소이론(research&development theory : R&D theory)

키싱(D. B. Keesing)은 미국상품의 국제경쟁력을 분석하는 과정에서 어떤 상품을 생산하는 전체고용자 가운데 연구개발 전문가가 차지하는 비율이 큰 산업일수록 강한 국제경쟁력을 가지고 있으며, 수출의 비율이 높다고 하였다.

미국과 같은 고소득 선진국에서는 신제품에 대한 수요가 강하고 과학자, 기술자, 숙련노동자 등 질적으로 우수한 노동력이 있으므로 연구 · 개발요소가 풍부하다. 이러한 나라는 연구개발 결과를 기업의 제품생산에 적용시키는 등 기술혁신적 상품의 수출에 비교우위를 갖게 된다는 것이다. 이 이론은 비교우위의 원천 즉 무역의 발생근거를 각국의 연구 · 개발수준에서 찾는 이론으로써 이러한 연구 · 개발요소에 의해서 무역이 발생한다는 이론이다. 비교우위의 원리를 도입시킨 점은 리카도의 이론이나 헥셔-오린 정리와 같다. 이 이론은 뒤에 제품수명주기이론의 이론적 설명력을 높여주었다.

3. 기술격차이론(technology gap theory)

기술격차이론(technology gap theory)이란 국가 간의 무역패턴은 국가 간 기술격차에 의해 결정된다는 것이다. 미국의 포스너(M. Posner)와 후프바우어(G. Hufbauer) 등의 학자에 의해 주장되었는데, 이들에 의하면 기술혁신국이 신제품을 개발하고 이 신기술을 기술후진국이 모방하여 제품을 생산하기까지는 많은 시간이 소요되게 되는 바 이러한 모방시차가 존재하는 기간 동안 기술혁신국은 신제품에 대해 비교우위를 가지고 이를 수출할 수 있다는 것이다. 예를 들면 한국이 신기술을 개발하여 신제품을 생산할 경우, 중국은 이 신제품을 한국으로부터 수입하지만 나중에는 한국의 생산기술을 모방하여 이를 상대적으로 저렴한 비용으로 생산한 후 다시 한국으로 수출하게 된다는 것이다. 이에 따라 중국의 무역패턴은 역전되고 그동안 새로운 기술을 개발한 한국은 기술 갭(technology gap)을 이용하여 수출을 하지만, 이에 비하여 한국으로부터 신기술을 모방한 중국은 기술 갭을 축소시켜 수출할 가능성을 갖게 된다는 것이다.

이와 같은 기술격차이론은 기술혁신국과 모방국 사이에 존재하는 기술격차를 무역발생요인으로 인식하고 공산품의 무역패턴을 설명하는 데는 기여했다고 할 수 있으나 국가 간에 존재하는 기술격차의 발생원인, 즉 왜 특정 국가가 기술혁신국이 되고 다른 국가들은 기술모방국이 되는가에 대한 설명이 부족하며, 특히 왜 어느 한 국가에서 신상품이 개발되면 그 상품을 가장 싸게 생산할 수 있는 곳이 생산지로 선택되지 않고 그 신상품이 개발된 나라에서 생산이 되는지에 관한 설명이 부족하다. 이러한 한계점은 다음에 설명되는 제품수명주기이론에 의해 구체적으로 보완되고 설명되었다.

4. 제품수명주기이론(product life cycle theory : PLC theory)

버논(R. Vernon)에 의해 주장된 이론으로써 제품수명주기이론에서는 새로운 상품은 생물과 마찬가지로 신제품단계, 성장・성숙단계, 표준화단계의 과정을 거친다고 설명하고 있다. 이 이론은 종전의 연구개발요소이론, 기술격차이론, 대표수요이론 등을 결합하여 무역패턴의 결정요인을 규명하고 있다. 이 이론은 상품의 생산에 관한 입지론적 관점에서 특정 수출상품의 생성・성장・성숙이 무역과 어떠한 관계에 있는가를 설명하는 이론이다.

제품수명주기의 관점에서 본 국제무역패턴은 다음과 같다. 먼저 신제품단계(new product stage)로써 신제품이 최초로 개발되어 시장에 도입・판매되는 나라는 소득수준이 높고 연구개발요소가 풍부한 미국과 같은 선진국이 될 가능성이 높다. 이러한 신제품이 점차 기타 선진국에도 알려져 미국은 그 제품을 수출하게 된다.

둘째, 성숙제품단계(maturing product stage)에 접어들면 수요가 탄력적이 되며, 규모의 경제가 가능해지고 경쟁이 치열해지면서 기타 선진국에서 후진국으로 수출이 일어나게 된다.

셋째, 표준화제품단계(standardized product stage)에 들어서면 생산거점이 후진국으로 이동되고 오히려 후진국에서 저임금을 바탕으로 선진국에 역수출된다.

이 이론은 기술혁신으로 신제품이 출현하고 시간이 경과함에 따라 이 제품의 수명이 성숙단계와 표준화단계를 거치는 과정에서 생산・소비・산업조직면에서 나타나는 주요변동을 무역패턴의 변화에 적용시킨 이론이다.

5. 불완전경쟁하의 무역이론

전통적 무역이론은 시장(재화시장, 요소시장)이 규모의 경제가 존재하지 않고 완전경쟁적 시장구조라는 전제하에서 국가 간에 존재하는 기술격차 또는 요소부존도의 차이로부터 비교우위가 결정되고 그것이 국가 간에 무역을 발생시키는 원인으로 설명하였다.

그러나 현실의 경제현상을 살펴보면 대규모 기업은 소규모 기업보다 규모의 경제효과가 있기 때문에 유리한 생산비 구조를 갖게 되고, 따라서 시장은 다수의 기업보다는 몇 개의 대기업에 의해서 지배될 가능성이 높다. 이에 따라 시장구조는 독점(monopoly), 복점(duopoly), 과점(oligopoly)의 모습을 보이고 있다. 그리고 각 기업의 생산에 규모의 경제가 존재하는 가운데 생산품의 질이나 디자인이 약간씩 다른 제품, 즉 차별화된 상품이 다수의 기업에 의해서 생산되는 경우 시장 구조는 독점적 경쟁(monopolistic competition), 생산요소의 이동성이 자유롭지 못한 시장의 모습들을 관찰할 수 있다. 이러한 다양한 형태의 시장구조를 불완전경쟁시장이라 하는데, 이러한 시장을 전제로 할 때 국제무역패턴이 어떻게 결정되고 국제무역의 역할과 효과에 대해 설명하려는 이론이 불완전경쟁하의 무역이론이라 한다.[3)]

이들 이론은 규모경제(economics of scale)하의 무역이론, 독점적 경쟁(monopolistic competition)하의 무역이론, 산업내 무역(intra-industry trade)이론, 요소특정성(specific factor)이론 등을 들 수 있는데, 이를 간단히 설명하면 다음과 같다.

규모경제하의 무역이론은 시장의 확대로 인해서 무역이익이 발생할 수 있다는 점을 강조하고 있다. 국내기업의 생산량이 상대국의 그것보다 많은 경우에는 다른 조건이 같다면 그 부문에서 생산비 우위를 갖게 되어 그 제품을 수출하게 된다는 것이다.

독점적 경쟁하의 무역이론은 각국의 기업이 규모의 경제가 존재하는 상태에서 차별화된 상품을 각각 생산하여 수출하는 무역패턴을 보이게 된다는 점을 설명하고 있다. 이 이론하에서의 무역이익을 살펴보면, 첫째 각국의 소비자는 좀 더 다양한 품질, 규격, 디자인을 가지면서 동종상품에 대한 선택의

3) 박형래 · 오대혁, 무역개론, 청람, 2014, p. 48.

폭이 크게 확대되며, 둘째 무역 후 각국은 규모의 경제가 존재하는 가운데 생산량을 증가시키기 때문에 생산비가 낮아지므로 소비자는 좀 더 싼 가격으로 소비를 할 수 있게 되어 실질소득의 향상을 가져올 수 있다.

산업내 무역이론은 각국 간 동종상품(동일산업 간)의 무역발생원인을 설명하는 이론으로서 제품이 차별화되어 있는 경우 각국 간 동종상품이 존재할지라도 그 상품을 외국으로 수출하기도 하고 수입하기도 하는데, 각국의 차별화된 제품에 대한 수요가 무역을 발생시킨다는 것이다. 예를 들면, 미국이 승용차를 일본에 수출하는가 하면 일본으로부터 승용차를 수입도 하는데 이것은 각국의 승용차에 대한 다양한 기호(차별화된 기호) 때문이며 이 경우 기존의 무역이론으로 설명이 곤란하나 산업내 무역이론으로 상기의 동종제품 간의 무역패턴을 잘 설명할 수 있다.

주요용어

국제분업, 특화생산, 중상주의, 절대우위, 비교우위, 교역조건, 오퍼곡선, 기회비용설, 생산가능곡선, 요소부존이론, 노동집약재, 자본집약재, 요소가격균등화 정리

연습문제

1. 절대생산비설에 대해 설명하라.
2. 비교생산비설에 대해 설명하라.
3. 상호수요설에 대해 설명하라.
4. 오퍼곡선에 대해 설명하라.
5. 생산가능곡선에 대해 설명하라.
6. 헥셔-오린 정리에 대해 설명하라.
7. 레온티에프 역설에 대해 설명하라.
8. 스톨퍼-사무엘슨 정리에 대해 설명하라.
9. 대표수요이론에 대해 설명하라.
10. 제품수명주기이론에 대해 설명하라.

제 Ⅱ 부

국제무역환경

제 4 장 국제무역질서와 WTO

무역은 기본적으로 국제환경의 차이 때문에 발생하고 또한 국제환경은 무역에 영향을 미치므로 국제무역환경을 잘 이해함으로써 무역거래 및 무역경영전략을 효율적으로 수행할 수 있는 것이다. 따라서 본 장에서는 국제무역환경의 변천과정에 대하여 살펴보기로 한다.

제 1 절 국제무역환경의 변천과정

세계무역정책의 흐름은 세계무역의 발전에 따라 다양하게 전개되어 왔다. 기본적으로 자유무역주의와 보호무역주의 정책의 흐름이 반복되는 추세라고 할 수 있다. 아래에서는 이러한 무역정책의 역사적 전개과정을 통하여 국제무역환경의 흐름을 살펴보기로 한다.

1. 중상주의

2차 세계대전 이전의 무역정책의 시발점은 중상주의(mercantilism)로부터 시작한다. 중상주의란 15세기 말 내지 16세기 초부터 18세기까지 근대적인 민족국가의 형성시기에 있어서 유럽제국을 지배했던 경제정책, 경제사상 혹은 무역정책이었다. 당시 유럽은 중앙집권적 국가체제가 확립됨으로써 통치자들은 확고한 권력유지를 위해서 금·은·귀금속 등 많은 화폐가 필요하게 되었다. 이를 위해 국가차원에서 대외무역정책에 간섭하기 시작했다. 이러한 중상주의 무역정책은 크게 중금주의(bullionism)정책과 무역차액정책 등의 특징으로 요약할 수 있다. 따라서 중상주의 사상의 핵심은 수출을 통해서 금·은·귀금속 등을 획득하고, 수입은 금·은 등의 유출이라는 인식하에 수출확대와 수입억제라는 형태의 무역정책을 말한다.

2. 자유무역주의

1) 중상주의의 비판

중상주의시대의 기본적 생각은 수출장려와 수입억제라는 지극히 단편적인 정책이었다. 18세기 후반에 이르러 케네(F. Quesnay), 흄(D. Hume) 등에 의하여 이러한 생각에 오류가 있음을 지적하고 있는데, 이를 살펴보면 다음과 같다.

(1) 케네의 중농주의

프랑스인 케네의 사상은 중농주의(重農主義)로 요약되는데 이것은 중상주의의 '국부의 증강은 금·은의 축척에 의하여 달성되는 것'이라는 생각에 오류가 있음을 지적한다. 이는 국부의 증강은 금·은의 축적이 아니라 재화의 생산증가에 의해 달성된다고 하여, 토지는 모든 재화생산의 원천이므로 토지를 바탕으로 하는 농업만이 유일한 산업이고 농업의 발전만이 진정한 의미의 국부가 형성된다는 사상이다. 케네의 이러한 사상은 자연법적 관점에서 그 유래를 찾을 수 있다. 즉, 개인의 이익이 보장되어야 사회도 발전한다는 것이다. 이를 위해서 국가는 단지 개인의 생명과 재산을 안전하게 보호하는 데 그쳐야 하고, 모든 사람들은 자기가 원하는 상품을 자기가 원하는 상대방과 자기가 원하는 장소에서 자유경쟁의 바탕위에서 자유롭게 거래할 수 있어야 한다는 주장이다. 어떤 의미에서 케네는 자유무역사상을 처음으로 주장하였으며, 무역에 대한 국가중심의 간섭정책인 중상주의를 비판하여 모든 재화생산의 원천인 농업을 존중하고 곡물의 자유거래, 자유수출 등이 보장되어야 진정한 의미의 국부를 증진시킬 수 있다고 보았다.

(2) 흄의 가격-정화 유출입 메카니즘

흄은 금본위제하의 국제수지의 자동적 조절원리인 가격-정화 유출입 메카니즘을 통해 무한한 수출초과는 무한한 금・은의 유입을 초래한다는 중상주의사상의 오류를 지적하였다. 즉, 수출초과 → 금・은의 국내유입 → 통화량팽창 → 국내물가상승 → 수입증가・수출감소 → 금・은의 국외유출 등 일련의 과정을 거침으로써 수출초과가 금・은의 유출을 가져오고, 오히려 수입초과가 금・은의 유입을 가져오게 되는 국제수지의 자동적 조절원리를 제시하였다.

2) 아담 스미스의 국제분업론

아담 스미스(1723~1790)는 자신의 명저인 「국부론」(The Wealth of Nations)에서 국부란 금・은 그 자체가 아니라 금・은으로 구입할 수 있는 재화의 양이라고 주장하였다. 따라서 재화를 많이 생산하는 것이 국부를 증대시키는 유일한 방법인데, 이를 위해서는 분업체계를 통하여 가능하며 이러한 분업의 원리를 국가간에 적용시킨 것이 국제분업론이다. 당시 영국의 산업혁명을 배경으로 아담 스미스는 케네의 농업편중주의를 비판하고 상공업의 중요성을 강조하였으며, 자유무역의 원리인 절대생산비설을 주장하여 자유무역주의의 이론적 배경을 제시하였다. 아담 스미스의 기본적 사상은 케네의 자유주의 사상을 이어받아 인간은 이기적 존재로서 개인의 이기적인 행동이 보이지 않는 손(invisible hand)에 의해 사회적 이익에 합치된다는 예정조화설에 그 뿌리를 두고 있다. 이러한 아담 스미스의 이론적 주장과 영국의 산업혁명을 배경으로 1700년대 중엽부터 약 100년간 자유무역주의의 분위기가 세계무역환경의 흐름을 주도하였다.

3) 자유무역주의의 전개

18세기 중엽에 이미 산업혁명을 마친 영국은 공장제 수공업형태에서 공장제 기계공업으로 생산형태가 전환됨에 따라 대량으로 생산되는 상품을 판매하기 위해 시장확대의 필요성이 생겼고, 이에 따라 외국과의 자유무역을 확대하기 시작하였다. 영국의 무역자유화는 수입관세의 폐지로부터 출발하였다. 하스킷슨 관세법개정(1822~1827) 및 필(Peel) 관세법개정(1841~1846)에 의하여 원료품에 대한 수입관세가 거의 폐지되고 제조상품의 관세도 대폭 인하되기에 이르렀다. 1846년에는 드디어 곡물관세도 폐지되고 곡물의 자유로운 수입까지 가능하게 된다. 이러한 과정을 거쳐 영국은 자유무역정책의 실현을 보게 된 최초의 국가가 되었고, 그 후 영국의 요청으로 영국과 프랑스는 상호주의에 의한 코브덴 슈발리에조약(Cobden-Chevalier Treaty)을 체결하였다. 이 조약에 의해 대부분의 교역상품의 관세가 폐지되거나 완화되었다. 이어서 영국은 독일·이탈리아·오스트리아 및 벨기에 등과 통상조약을 체결하여 유럽제국간에 관세인하가 일반화됨으로써 자유무역은 전 세계적으로 확대되었다.[1)]

그러나 1870년대 이후 독일과 미국을 중심으로 일기 시작한 보호무역주의 움직임으로 말미암아 자유무역의 흐름은 퇴색하기 시작한다.

3. 보호무역주의

1) 보호무역주의의 배경

18세기까지 영국의 고전학파에 의한 자유무역주의가 성행하여 국가의 경제정책 결정에 지배적 역할을 담당하였다. 그러나 19세기 중반 이후 독일, 오스트리아에서 이른바 '역사학파'가 대두하게 된다. 역사학파란 경제의 여러 가지 현상들을 분석하는데 있어서 역사적 사실에 입각하여 분석하는 것이다.

1) 신동수·김행권, 무역학개론, 법경사, 1996, pp. 224~225.

즉, 현재의 현상을 과거에 비추어 해석하고, 미래를 현재에 입각하여 분석함으로써 합당한 경제정책을 제시하는 경제학의 한 분파이다. 이러한 역사학파의 경험적 분석에 의하면 자유무역은 각국들 간의 경쟁과 대립을 불가피하게 만들기 때문에 자국이나 자국 국민을 보호하기 위해서 외국인의 활동을 규제할 필요가 있다고 주장하였다. 이러한 사상이 각국으로 파급되면서 보호무역주의의 이론적 배경이 된 것이다. 또한 19세기에 이르러 특히 교통・운송수단 등이 발전하면서 현실적으로 각국간 산업 및 무역에 있어 경쟁은 한층 더 치열해지고, 농업국과 공업국의 교역시 농업국은 교역조건상 불리하게 되므로 결국 자국 산업의 보호를 통한 공업화의 필요성이 대두되어 각국은 보호무역주의 정책을 채택하기에 이른다.

2) 보호무역 주장

1791년 당시 미국의 재무장관이었던 해밀턴(A. Hamilton)은 미국의회에 제출한 보고서에서 산업분화론(공업보호론)을 주장하였는데 이는 당시 미국의 국민경제 발전을 위해서는 농업생산에 특화하는 것보다 산업을 분화시켜 공업화를 이룩해야 한다는 주장이었다. 당시 미국은 정치적으로는 독립을 이룩했으나 경제적으로는 영국의 식민지 지배체제에서 벗어나지 못하고 있는 실정이었다. 이는 당시 미국의 산업구조가 농업이 지배적이었고 공업은 유치한 상태에 있었기 때문이다. 따라서 영국 등 유럽제국에 농산물을 수출하고 그들로부터 공산품을 수입하는 무역패턴을 보이고 있었다. 이러한 상황에서 미국내에서 공업화의 필요성이 대두된 것이다.

또한 1840년대 독일의 경제학자인 리스트(F. List)는 유치산업보호론(infant industry argument)을 주장하였는데 경제발전수준이 상이한 나라들 간에는 고전적인 자유무역이론이 적용될 수 없음을 지적하고, 후진국(당시 미국, 독일 등)의 상품이 선진국(영국, 프랑스)과 경쟁하기 위해서는 후진국은 자국의 장래에 성장가능성이 있는 유치한 산업을 일정기간 동안 관세 등과 같은 수단으로 보호해야 한다는 주장을 한 것이다.

3) 보호무역주의의 전개

미국은 1816년 관세법을 개정하고 자국의 산업혁명을 급속도로 진행하였으며, 이를 계기로 보호무역정책을 본격적으로 실시하였다. 1860년대에 몇몇 나라에서 자유무역정책이 실시되는 가운데에도 미국은 계속하여 수입품에 고율의 관세를 부과하는 보호무역정책을 고수하였다. 또한 독일은 1879년 철, 섬유류 및 유리 등의 화학제품 등을 대상으로 한 관세법의 개정으로 보호무역정책의 시대로 접어들었다. 이를 시발점으로 하여 유럽제국에서는 관세율의 인상조치가 잇달아 일어나 관세전쟁을 연상케 할 정도였다.

이와 같이 보호무역주의는 미국과 독일 등 당시의 후진국을 중심으로 19세기 말엽부터 세계 각국에 만연하게 된다. 그 후 세계경제는 1920년대와 1930년대의 세계 대공황과, 제1・2차 세계대전을 거치면서 극도로 침체기에 접어들게 된다. 그 후 2차 세계대전의 종전과 함께 미국이 국제무대에서 급부상하면서 미국을 중심으로 세계경제(무역)질서가 또 다시 자유무역주의로 새로운 흐름을 형성하게 된다.

4. 전후 국제무역질서의 전개과정

16세기 유럽제국에서 출발한 중상주의 경제사상이 약 200년간 세계경제의 흐름을 주도했다면 18세기 중엽부터는 국가에 따라서 조금씩은 달랐으나 영국의 산업혁명을 필두로 자유무역이 확산된 시기였다. 그 후 19세기에 이르러 미국과 독일이 중심이 되어 세계경제가 보호무역주의 추세로 이어지게 된다. 그러나 제1차 세계대전 이후 만연된 보호무역주의로 세계경제의 순조로운 발전을 기대하기 어려웠다. 1929년 대공황 이후 대다수의 국가들은 자국의 수출을 촉진하고 자국의 산업을 보호하기 위하여 외국으로부터 수입되는 상품에 대해 고율의 관세를 부과하거나 수입량을 제한하는 조치를 취하였다. 그 결과 전세계 무역량은 극도로 축소되었고 보복적인 무역장벽이라는 악순환을 초래함으로써 세계무역은 극도로 위축되게 된다.

그 후 제2차 세계대전의 종전과 함께 1940년대 중반 세계경제의 성장과 안정을 위해서 협력이 필요하다는 분위기 속에서 각종 경제협력형태가 이어지게 된다. 그 결과 제2차 세계대전 이후 국가간의 경제적 마찰을 줄이고, 세계경제의 조화로운 발전을 도모하기 위하여 브레튼우즈체제(Bretton Woods System)가 출범하게 된 것이다. 브레튼우즈체제는 국제무역부문에서 GATT, 국제금융 통화부문에서는 IMF-IBRD가 탄생하여 오늘날 세계무역질서의 근간이 마련되었고, 이를 토대로 전후 세계경제의 회복과 성장을 이룩하였다.

제2절 제2차 세계대전 이후의 국제무역환경

1. GATT

제2차 세계대전이 끝난 후 연합국 정상들은 1930년대의 각국의 무역장벽 강화와 국제통화제도의 불안정에 따른 무역마찰이 제2차 세계대전을 발발시킨 하나의 원인이 되었다는 점을 반성하고, 1944년 미국 뉴햄프셔주에 있는 브레튼우즈에서 세계경제의 회복과 자유무역의 확대라는 전후 세계경제질서 회복을 위한 국제무역질서와 국제통화제도를 이끌어갈 국제경제기구 설립에 대한 논의가 이루어졌다. 이러한 맥락 속에서 최초로 결실을 맺은 것이 국제통화금융 측면에서의 국제통화기금(IMF)과 세계개발은행(IBRD)의 창설이고, 국제무역 측면에서의 국제무역기구(International Trade Organization : ITO)를 설립한다는 데 합의한 것이다.

그러나 국제무역기구의 설립의 주도적 역할을 하던 미국이 자국의 의회에서 승인을 받지 못하게 되어 ITO의 설립은 실패로 돌아가고, 1946년 ITO헌장의 초안 중 일부인 관세 및 무역에 관한 규정을 발췌하여 23개국이 서명함으로써 '관세 및 무역에 관한 일반협정(General Agreement on Tariffs and Trade : GATT)'이 출범하게 된 것이다. GATT는 자유무역을 통해서 세계교역 증대와 인류의 공존·공영과 후생을 증진시킨다는 취지하에 1948년 1월 1일 그 협정문이 발효되어 공식 출범하게 된 것이다. GATT는 경제기구라기보다는 일반적인 협정에 불과하지만 그 수행기관으로서 사무국, 총회, 이사회, 각종 위원회를 가지고 있는, 사실상 국제무역기구로서 IMF와 함께 전후 세계경제질서를 주도하여 왔다.

1) GATT의 기본원칙

GATT의 규정은 전문과 본문을 합쳐서 4부 38조(당초 3부 35조)로 구성되어 있다. 먼저 제1부(1~2조)에는 최혜국 대우 및 관세에 관한 사항이, 제2부(3~23조)에는 수입제한 철폐에 관한 사항이 규정되어 있다. 제3부(24~35조)는 가입 및 탈퇴 등 행정절차에 관해 규정되어 있으며, 마지막 제4부(36~38조)는 개도국 무역확대에 관한 규정으로 1965년에 신설되었다.

GATT의 협정문 전문에는 '무역장벽의 완화와 차별대우의 폐지를 통하여 세계무역을 확대함으로써 생활수준의 향상, 고용증대, 소득증대, 세계자원의 효율적 이용, 상품생산과 교역의 지속적인 확대를 도모하는 데 있다'는 GATT의 설립목적과 그 이념이 규정되어 있다. 이는 무역자유화와 무역의 증대를 통한 전세계의 경제발전을 궁극적인 목표로 삼고 있으며, 이러한 기본목표를 달성하기 위해 GATT는 자유무역주의, 무차별주의, 다자주의 등의 기본원칙을 두고 있다.

(1) 자유무역주의

① **관세인하** : GATT에서의 무역자유화를 추진하기 위한 관세의 인하 방식

은 2국간 내지 다국간의 협상에 의하여 이루어진다. 2국간 교섭의 경우에는 개별적으로 관세인하 협상을 하고 그 결과 인하된 관세율을 전 가맹국에 적용하는 것으로 다국간 협상과 마찬가지의 결과를 가져온다. 또한 관세인하협상은 주로 호혜성의 원칙에 따라 이루어진다. 물론 어느 한 쪽이 일방적으로 관세를 인하하는 경우도 없지 않았으나, 대부분의 경우 수입국에게 관세인하를 요구하는 대가로 자국의 관세도 인하한다는 호혜주의 원칙에 따라 협상이 이루어진다.

② **수량제한의 철폐** : GATT는 국내산업의 보호수단으로써 기본적으로 관세는 인정하고 있지만, 수입에 대한 수량제한은 원칙적으로 인정하지 않고 있다. 이는 수량제한이 관세보다 한층 더 직접적인 무역의 장애요인이 되기 때문이다. GATT는 다만 국방, 공중도덕, 국민의 건강 등의 보호를 위해 불가피한 경우는 예외적인 것으로 수량제한을 인정하고 있다.

(2) 무차별주의

GATT는 기본적으로 '무차별대우의 원칙(non-discrimination principle)'에 입각하고 있다. 즉, GATT 가맹국은 '최혜국조항(제1조)'에 의거하여 가맹국 중 특정국에 대해서 타국보다 특혜를 베풀지 않는다는 것을 명시하고 있다. 이를 최혜국(most favored nations : MFN)대우 원칙이라고 한다. 또한 이렇게 해서 일단 수입된 물품에 대해서는 조세나 기타 정책수단의 적용에 있어서 국내상품과 차별대우하는 것을 금지하고 있는데 이를 '자국민대우'라고 한다.

(3) 다자주의

GATT의 기본목적은 자유무역의 실시와 무역장벽의 철폐에 따른 무역의 확대와 각국 국민경제의 성장 그리고 국제경제의 발전을 도모하는데 있다. 이러한 목적을 달성하기 위하여 GATT에서는 다자간 무역협상을 기본원칙으로 하고 있다. 또한 무역문제에 있어서 국가간 분쟁이나 마찰이 발생할 경우 분쟁 당사국간의 해결이 아닌 다자간 협상과 합의를 통해서 해결하여야 한다는 것이다.

2) GATT의 예외규정

GATT에서는 가맹국들의 특별한 사정이 있을 경우에는 GATT의 원칙을 배제할 수 있도록 하는 예외규정을 두고 있는데 그 중에서도 중요한 규정은 다음과 같다.

첫째, 무차별원칙의 적용에 있어서 영연방 특혜관세와 같은 기존의 특혜관세는 GATT의 예외규정으로 인정하며, 자유무역지역이나 관세동맹 같은 지역경제통합에 따른 동맹국과 비동맹국 사이의 차별적 관세 역시 인정하고 있으며, GATT에 새로이 가입하는 나라의 상품에 대하여는 GATT세율의 예외적 적용을 인정하고 있다.

둘째, 수량제한의 적용에 있어서도 다음과 같은 경우는 예외로 인정하고 있다. 즉, 국방, 공중도덕, 국민의 건강 등의 보호를 위해 불가피한 경우는 예외적인 것으로 수량제한을 인정하고 있다. 또한 국제수지상의 이유에 의한 경우, 어떤 나라가 국내에서 농수산물의 생산 혹은 판매수량을 제한하고 있는 경우, 또는 국내 농산물의 과잉재고를 처분하기 위해 무상처분이나 저가판매를 하고 있는 경우는 수입제한이 인정된다. 또한 저개발국이 자국민의 생활수준 향상을 위하여 특정산업을 보호하려는 경우와 국내 생산업자에게 중대한 손실이 있는 경우나 그러한 가능성이 있을 경우 일시적인 긴급수입제한조치로써 수량제한을 인정한다.

3) GATT의 성과

범세계주의 차원에서 출발한 GATT는 관세의 대폭적 인하, 비관세장벽에 대한 규범 마련, 국제무역에서 개도국의 우대조치 등을 통해 자유무역과 세계무역의 확대에 크게 기여하였다. 또한 체약국을 1942년의 22개국에서 1993년의 117개국으로 확대시키고 세계무역량의 91%를 점유하는 등 세계무역을 대부분 GATT체제로 편입시키는 등 많은 성과를 남겼다. 또한 GATT에서는 그 동안 8차례에 걸친 다자간 무역협상이 있었다. 그 동안 GATT체제하에서 이루어진 다자간 무역협상 중에 의미를 둘 수 있는 협상은 6차의 케네디 라운드(Kennedy Round), 7차의 동경 라운드(Tokyo Round), 그리고 8차의 우루과이 라운드(Uruguay Round)를 들 수 있다.

(1) 케네디 라운드

케네디 라운드(1964~1967)는 GATT의 제6차 다자간 무역협상으로서 케네디 대통령에 의해 추진되었다고 하여 붙여진 이름으로, 주로 관세율 인하에 중점을 두었다. 케네디 라운드에서 타결된 내용은 제조업 분야 약 3만개 품목의 평균 관세인하율이 35%, 관세인하 품목의 무역액은 약 40억 달러에 이르렀다.

케네디 라운드가 이루어진 배경으로는 미국이 GATT 규정에 의해 인정된 EEC(1958)의 차별적 관세장벽에 직면하자 1962년 대통령에게 대폭적인 관세인하 권한을 부여하는 통상확대법을 제정하여 EEC와 관세인하 협상을 벌이게 된다. 그 이전까지의 관세인하 협상은 주로 국별·품목별로 이루어졌으나 별 성과가 없었다. 그러나 케네디 라운드에서는 관세를 다수의 국가간에 거의 모든 품목에 대해 일괄적으로 인하하는 방식을 채택하였다는 데 의의가 있다.

그러나 케네디 라운드에서 개도국의 교역문제와 비관세장벽 제한 등에 대해서는 별 성과가 없었다. 즉 케네디 라운드에서는 선진국간 무역문제의 이해조정에 그치고 말았다는 것이 문제점으로 지적된다. 따라서 선진 공업국간의 자유무역을 증진시키는 데는 기여하였으나 개도국의 무역문제에 대해서는 별 성과가 없었다.

(2) 동경 라운드

GATT를 중심으로 한 무역자유화의 노력은 어느 정도 결실을 보아 1960년대 말까지만 해도 무역장벽으로서의 관세가 상당 부분 인하되었다. 그러나 1970년대 들어서서 세계경제에서 신흥개도국들이 부상하고, 1973년 말 오일쇼크를 계기로 자원민족주의가 대두되어 개도국을 중심으로 한 국제경제질서의 재편성의 요구가 강화되기 시작하였다. 또한 선진제국은 여러 가지 비관세장벽에 의한 보호무역주의를 강화하기 시작했다. 이러한 상황 속에서 세계무역의 발전을 위해서는 새로운 무역환경을 조성할 필요성이 제기된 것이다. 이에 따라 1971년 11월 27차 GATT 총회에서 제7차 일반관세인하교섭의 개최문제가 제기되었고, 2년간의 준비기간을 거쳐 1973년에 정식적으로 교섭이 개시되어, 동년 9월 동경에서 개최된 GATT각료회의에서 99개국 대표가 동경선언에 서명함으로써 다자간 무역협상이 공식출범하게 되었는데, 이 협상을 동경 라운드라고 한다.

동경 라운드(1973~1979)는 GATT의 제7차 다자간 무역협상으로 케네디 라운드에서 다루지 못한 비관세장벽 문제와 개도국 무역에 관한 문제를 주로 다루었다. 특히 동경라운드의 성과라 할 수 있는 것은 비관세장벽에 관한 협정 중에서 덤핑방지관세(anti-dumping duty) 및 상계관세(countervailing duty) 등에 대한 행동준칙에 합의를 본 점이다. 또한 동경 라운드에서는 선진국들이 국제무역질서 개편과 관련하여 우리나라와 같은 신흥공업국에 대해서는 더 이상 저개발국에 부여하는 특혜조치를 인정하지 않는 졸업규정(graduation clause)이라든가 신흥공업국들의 수출로부터 선진국의 시장을 보호하기 위한 긴급수입제한조치에 관한 규정을 신설하려고 했으나 신흥공업국 가맹국들의 거센 반발로 타결을 보지 못하였고, 그 후 선진국들은 이를 근거로 GATT 규정을 무시하면서까지 신흥공업국으로부터의 수입규제를 강화하고 있다.

(3) 우루과이 라운드

앞에서 1948년 GATT가 성립된 이래 그 동안 8차례의 다자간 무역협상을 통하여 국제무역의 발전에 크게 기여하였다고 언급한 바 있다. 그러나 1980년대에 접어들면서 나타나기 시작한 선진국들의 저성장, 고실업 등 경제불황, 신흥공업국들의 성장 등은 자유무역주의, 무차별주의, 다자주의를 기본원칙으로 하는 GATT체제를 크게 약화시켰다. GATT체제의 약화는 이러한 세계경제의 구조적 변화라는 외생적인 요인 뿐만 아니라 GATT체제 자체의 내부적인 결함에도 크게 기인하였다. 즉, GATT는 세계적인 기구(조직)로서의 역할과 기능을 제대로 수행하지 못함으로써 여타의 국제기구와는 달리 의사결정 권한이 극히 제약되어 있었고, 결정사항에 관한 집행력도 크게 결여되어 있었으며, 가입국의 의무 불이행에 따른 분쟁이 발생하여도 효과적인 대응능력을 발휘하지 못하는 실정이었다. 또한 GATT는 서비스, 지적재산권, 농산물 등 새로운 무역현상이 대두되고 있음에도 이에 대한 적절한 규범을 제시해 주고 있지 못한 실정이었다. 이와 같은 내·외적 요인으로 GATT를 중심으로 한 다자간 교역체제가 크게 약화되자, GATT는 1990년대 및 2000년대의 국제교역질서를 강화하기 위하여 1986년 9월 우루과이 라운드(UR)를 공식 출범시킨 것이다. 우루과이 라운드(1986~1993)는 GATT의 제8차 다자간 무역협상으로 1986년 9월 우루과이의 푼타델에스테(Punta Del Este)에서 개최되었던 GATT 각료회의에서 출범하였다. 원래 4년간을 협상기한으로 정하였으나, 농산물 분야에서 합의에 실패하게 됨에 따라 7년 반 동안 협상이 이루어져 1994년 4월 12~15일 모로코의 마라카시(Marrakesh)에서 개최된 UR 각료회의를 끝으로 협상이 완전타결에 이르렀던 것이다.

우루과이 라운드의 주요 내용은 크게 3가지 분야로 구분할 수 있는데 첫째, 시장개방분야로 관세, 비관세장벽, 농산물, 섬유, 천연자원 등의 분야와 둘째, GATT의 규정강화 분야, 셋째는 새로운 분야로서 서비스시장과 지적소유권 분야로 구분할 수 있다. 이 중 농산물과 서비스시장 및 지적소유권 분야는 이전까지는 다루어지지 않았던 분야로 선진국과 개도국간의 첨예한 입장 대립이 있었던 분야이다.

우루과이 라운드의 최대 성과라고 할 수 있는 것은 전체 협상 참가국 125개국 대표들이 GATT의 한계를 극복하고 향후 국제무역질서를 더욱 효과적으로 규율하기 위하여 세계무역기구(WTO : World Trade Organization)를 신설하는데 합의한 것이다. 이에 따라 전후 47여년 동안 세계무역질서를 이끌어 온 GATT체제는 1995년에 신GATT체제라 할 수 있는 WTO체제가 출범함으로써 그 막을 내리게 되었다. WTO체제에 대해서는 다음 절에서 자세히 살펴보기로 한다.

2. 신보호무역주의

1) 신보호무역주의의 대두

제2차 세계대전 이후 미국을 중심으로 한 자유무역체제가 성립된 이래 무역은 더욱 확대되고 세계경제는 고도성장을 지속하였다. 그러나 1970년대 중반 이후에 미국의 경제력 쇠퇴, 한국을 비롯한 신흥개도국의 급부상, 국제통화체제의 동요와 중동의 OPEC에 의한 자원내셔널리즘 등으로 자유무역주의가 퇴조하기 시작하면서 새로운 보호무역주의, 즉 신보호무역주의(new-protectionism)의 경향이 대두되기 시작한다.

1980년대에 들어서 더욱 심화된 이러한 신보호무역주의 현상은 다음의 몇 가지 배경에 그 원인이 있다. 첫째, 세계경제의 저성장과 고실업을 배경으로 한 세계경기적인 측면이다. 1970년대 전반까지 연 5%에 달했던 선진국들의 경제성장률은 두 차례의 오일쇼크를 겪으면서 연 2~3%대로 크게 낮아진 반면, 실업률은 1970년대 말의 5% 수준에서 1980년대 중반에는 9% 정도로 높아졌다. 특히 실업의 급증으로 인한 노동조합의 보호주의 압력이 커지기 시작한다. 둘째, 신보호무역주의의 심화는 근본적으로 세계경제의 비교우위구조가 변화되었음에도 불구하고 각국의 산업구조조정 노력이 미흡했다는 구조적 측면에서도 파악될 수 있다. 특히 선진국들이 기술혁신을 통한 적극적인 산업구조 조정보다는 국내 사양산업을 보호하여 고용안정을 도모하려는 소극적인 구조조정으로 일관하여 왔다. 산업구조조정의 지연은 결국 사양산업에 대한 수입규제의 강화로 귀착되고, 사양산업에서의 노동생산성의 저하는 산업구조조정을 더욱 지연시키는 등의 악순환은 대외적인 보호무역주의의 팽배로 나타나게 되었다. 셋째, 신보호무역주의의 심화에는 선진국 특유의 정치・사회적 요인이 크게 작용하였다. 즉, 선진국의 경우 정치제도상 유권자의 압력을 무시할 수 없기 때문에 압력단체의 보호주의 요구에 순응하기 쉽다. 그리고 수입규제는 전통적인 거시경제정책에 비하여 그 효과가 크고, 정부재량의 여지가 크기 때문에 더욱 선호되는 것이다.

2) 신보호무역주의의 특징

고전적인 보호무역주의는 19세기 말 이래 후진국에 의해 자국의 유치산업 보호, 재정수입 확보, 교역조건 개선 등을 위하여 실시되어 왔다. 그러나 신보호무역주의는 선진국에 의해 사양산업 보호 등의 목적으로 실시되고 있는 등 다음의 두 가지 측면에서 종래의 고전적 보호무역주의와는 그 성격을 달리한다.

첫째, 과거에는 후진국들이 공업화하는 과정에서 유치산업(infant-industry)의 보호와 육성을 위하여 보호무역을 실시하였다. 그러나 신보호무역주의는 선진국들이 경쟁력을 상실한 자국의 사양산업을 보호하기 위하여 보호무역을 실시하고 있다. 이러한 선진국에 의한 신보호무역주의는 자국의 사양산업인 노동집약적 산업을 보호함으로써 자국의 고용을 유지하는 데 목적이 있었다.

둘째, 고전적 보호무역주의는 주로 관세라는 수단에 의해 실시되어 왔는데, 신보호무역주의에서는 주로 비관세장벽에 의해 차별적, 선별적으로 이용되고 있다. 그 이유는 전후 GATT를 중심으로 선진국의 평균 관세는 이미 한 자리 수로 낮아졌으므로, 더 이상 유효한 보호수단이 되지 못했기 때문이었다.

제3절 WTO체제

1. WTO의 성격 및 조직

UR협정에 따른 가장 커다란 국제무역체제의 변화는 세계무역기구(World Trade Organization : WTO)의 출범이다. 1995년부터 출범한 WTO는 모든 교역

분야에서 자유무역의 질서를 확대·강화하고 제도화하기 위한 목적으로 출발한 국제법인격이 부여된 국제기구이다. WTO체제하에서는 GATT체제에서는 없었던 서비스교역, 지적재산권분야, 농업, 섬유분야를 포함한 거의 모든 무역분야를 다루고 있으며, 무역정책검토기구를 산하에 두어 각국의 무역정책, 무역관행을 주기적으로 감시할 기능을 부여하고 있다. 또한 회원국의 협약 불이행에 대해 분쟁해결절차를 통해 강력한 제재를 가할 수 있게 되었다. 즉 과거의 GATT가 무역에 관한 단순한 국제협정이어서 구속력이 약했는데, WTO는 무역에 있어서 회원국에 대한 강력한 구속력을 갖고 있다. 즉, WTO 체제는 GATT체제에서는 볼 수 없는 세계 각국의 시장개방 확대, 공정하고 명료한 무역규범 마련, 규범 이탈자에 대한 제재를 강화할 수 있는 효과적인 분쟁해결절차를 마련하는 등의 특징을 가지고 있다.

WTO의 조직은 크게 각료회의와 일반이사회로 구성되어 있다. 각료회의에서는 회원국 대표들이 협의를 통해 주요 사안들을 결정하며, 상설적으로 운영되는 일반이사회(주로 각국의 WTO대사가 대표로 참석)가 각료회의의 결정을 집행한다. 일반이사회는 상품교역이사회를 비롯하여 서비스교역이사회와 지적재산권이사회로 구성되어 있다. 일반이사회 밑에는 분쟁해결기구가 있으며, 이 기구가 WTO회원국간의 통상분쟁을 해결하는 세계무역의 경찰 역할을 한다. 무역정책검토기구는 모든 회원국의 무역정책과 관련제도 및 관행을 정기적으로 평가하고 이를 통해 각국의 전반적인 무역제도에 대한 투명성을 제고하게 된다.([그림 4-1] 참조)

그림 4-1. WTO의 조직구조

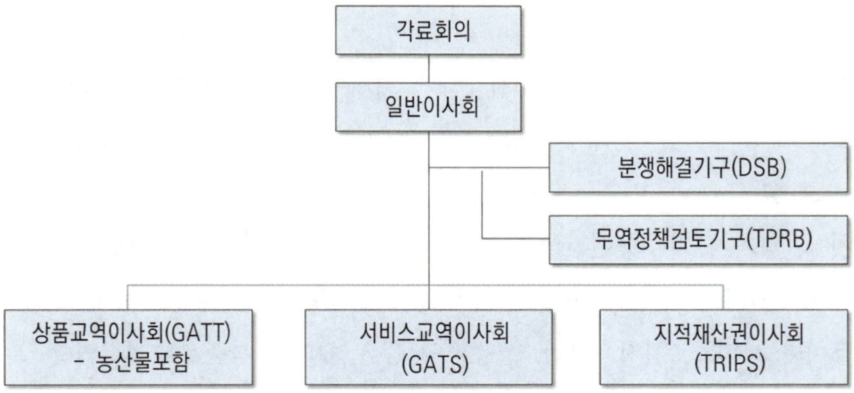

WTO체제는 선진국에게만 이익이 되는가?

우리나라는 지난 1961년만 해도 일인당 국민소득이 100불에도 못 미치는 최빈 개도국이었으나, 1996년에 만불 소득을 달성하게 된 것은 무엇보다도 자유무역을 지향하는 다자간 무역체제에 힘입은 바 크다. 만일 국제무역환경이 시장개방보다는 보호주의를 추진하는 분위기였다고 한다면 우리기업이 아무리 좋은 물건을 값싸게 만들어도 해외시장에 내다팔 수 없었을 것이며, 오늘과 같은 정도의 생활수준을 누릴 수 없었을 것이다. 결국, 우리나라는 세계적 무역 및 투자 자유화에 따라 세계에서 가장 큰 혜택을 누린 나라 중의 하나로 볼 수 있다.

WTO가 미국 등 선진국의 이익을 주로 대변하고 있으며, 우리나라 등 중진국과 개도국의 이익 대변에는 소홀하다는 견해도 있다. 그런데, 종전의 GATT체제하에서의 분쟁해결사례를 보면, 선진국이 개도국을 제소한 사례에서 패소한 사례가 별로 없었지만 WTO가 출범한 이후에는 개도국들이 선진국을 제소한 사건에서 선진국이 패소한 사례들이 많이 나오고 있다. 우리나라도 반도체 D-RAM에 대한 미국의 반덤핑관세 부과를 WTO에 제소하여 승소한 바 있다.

WTO는 선진국의 이익을 대변하기보다는 룰에 근거한 세계무역질서(rule-based system)라고 할 수 있다. 회원국들은 WTO규범에 합치 여부에 따라 발언권을 확보할 수 있게 되었기 때문에 우리나라와 같은 중진국과 개도국들에게는 오히려 유리한 측면이 있다. 종전에 미국이 전가의 보도처럼 활용하던 슈퍼301조의 발동을 최근 자제하고 있으며, 더욱이 슈퍼301조 자체가 WTO에 제소된 사실은 선진국의 일방적 무역조치가 WTO체제하에서는 상당히 무력화 되었다는 것을 입증한다.

(자료 : 대외정책연구원)

2. WTO와 GATT의 차이점

앞서 살펴본 바와 같이 WTO체제하의 세계무역질서는 GATT체제와는 크게 다르다고 할 수 있다. 구체적으로 WTO체제하의 세계무역질서와 GATT체제는 크게 다음의 두 가지 측면에서 그 차이점이 있다.

첫째, 양자가 다루었던 국제무역규범의 범위의 차이면에서 보면 WTO체제는 GATT체제에 비해 그 규율 범위가 상당히 넓다고 할 수 있다. GATT는 농산물이나 서비스, 지적재산권, 섬유무역 등은 제외된 상품무역질서였다. 그러나 WTO체제에서는 농산물 교역이 자유화되었고, MFA도 폐지하도록 됨에 따라 WTO체제는 거의 모든 상품을 포함하는 무역질서가 되었다. 구체적으로 WTO가 서비스무역을 규율하는 GATS(General Agrement on Trade in Service)를 발족시켰고, 한걸음 더 나아가서 지적재산권에 대한 무역질서를 규정하는 TRIPS(Trade Related International Property Rights)를 두고 있어 과거의 GATT체제와는 비교할 수 없을 정도로 무역규범의 범위가 넓어졌다.

둘째, 국제무역규범의 강화와 협정 위반자에 대한 제재조치의 강화를 들 수 있다. 분쟁해결의 실질성 측면에서 보면, GATT는 국제기구라기보다는 단순한 국제협정에 불과했지만 WTO는 강력한 기능을 가진 법인격의 성격을 지니고 있다. 다시 말해 WTO가 세계무역질서를 이끌 수 있는 실질적인 능력을 가지게 되었다는 점이다. 과거 GATT체제하에서는 무역분쟁의 해결을 원칙적으로 당사국간의 협의 또는 권고안의 제시 등에 의해서 해결하도록 함에 따라 GATT가 국제무역분쟁에서 무력하다는 비난을 받아왔으나 WTO체제는 분쟁해결절차를 제정하여 법적인 요소를 대폭 가미함으로써 실질적인 역할을 수행할 수 있게 되었다. 구체적으로 공정하고 명료한 무역규범을 마련하기 위해 무역정책검토기구(trade policy review body : TPRB)를 설치하였으며, 각 회원국의 무역정책과 관련제도 및 관행을 정기적으로 평가하기 위한 무역정책 검토제도도 실시하도록 하였다. 또한 GATT체제가 상설분쟁기구가 없음으로 인해 국가간 분쟁발생시 권고조치만으로 끝나던 것을 실질적으로 분쟁을 해결하기 위해 상설기구인 분쟁해결기구(dispute settlement body : DSB)를 설치하여 해결하도록 하고 있다. 특히 분쟁해결의 단계적 절차와 이행기간을 명료화하였으며, 분쟁기구의 결정사항이 용이하게 집행될 수 있도록 하기 위해 교차보복(cross-sector retaliation)의 조치를 취할 수 있도록 하였다.

〈표 4-1〉 GATT와 WTO의 차이점

구 분	GATT	WTO
기구의 성격	• 국제협정일 뿐 엄밀한 의미의 국제기구는 아니었음	• 국제법인으로서 국제기구의 역할을 수행함
국제교역 상품	• 공산품과 일부 농산품 • 농산물과 서비스교역 제한됨	• 농산물, 공산품, 서비스 등 국제적으로 교역되는 모든 상품
국제규범	• 포괄적인 무역규범의 제정에는 실패 • 보조금협정과 반덤핑협정의 제정 • NTB(Non-Tariff Barriers)에 대한 규범제정을 시도했으나 실패	• 17개 다자간 협정과 4개의 복수간 협정 포괄 • 서비스(GATS) 제정 • 지적재산권(TRIPS) 제정 • 반덤핑관세 부과기준 강화 • 보조금의 운용기준 강화 • 세이프가드협정을 통해 회색조치 철폐 의무화
분쟁해결 절차	• 상설분쟁해결기구가 없으며, 무역분쟁에 대한 권고안만 제시 • 교차보복이 없음	• 상설분쟁해결기구인 DSB의 신설과 상소기구의 신설 • 분쟁해결의 단계적 절차와 이행기관 명료화 • DSB결정사항의 집행용이 • 교차보복이 가능

이제 이러한 WTO체제의 출범으로 인한 세계무역질서의 변화가 우리기업에 어떤 영향을 미칠 것인가 하는 점을 생각해 보자. 우선 정부가 수입으로부터 국내산업을 보호할 수 없게 되었다는 점을 들 수 있다. 수입제한이 허용되지 않음은 물론 보조금 지급도 원칙적으로 금지되어 무역에 있어서 국내외 시장에서 정부의 보호나 간섭없이 선진국과 동등하게 경쟁하게 되었다는 점이다. 또한 서비스교역의 자유화와 무역관련 투자에 대한 제한의 금지로 외국

기업이 우리나라에 진출하거나 우리기업이 외국에 진출하기가 훨씬 용이해졌다. 이제 기업은 자유롭게 전세계 어디에서나 경영활동을 할 수 있게 그 폭이 전보다 훨씬 넓어진 것이다. 즉, 지구촌적 관점에서 제품을 가장 싸게 만들 수 있는 곳에서 생산하여 가장 비싸게 팔 수 있는 지역에 수출하는 무한경쟁시대에 접어들게 된 것이다. 이제 기업의 경쟁력은 오직 경쟁우위요소 즉, 경영능력이나 기술수준에 의해 좌우된다고 할 수 있다. 이와 같이 WTO체제가 출범함으로써 세계가 국경이 없이 하나의 시장이 되어 가고 있고, 기업은 경쟁우위요소를 확보하기 위해 어디로든지 이동이 가능한 그야말로 지구촌시대가 도래하게 된 것이다.

3. WTO체제하의 뉴라운드

뉴라운드가 출범하면서 새로운 통상이슈로 대두된 무역과 투자(외국인투자에 대한 국제적 기준의 수립), 무역과 경쟁정책(경쟁정책을 일정한 국제적 수준으로 규율), 무역원활화(통관절차의 신속화 및 투명성 증대), 정부조달에서의 투명성(정부조달에 있어 부패관행의 규제에 관한 국제적 기준을 도입), 전자상거래(인터넷을 통해 이루어지는 거래에 대한 무관세 부여) 등이 논의되었다. 그러나 일부 선진국들과 대다수의 개도국들이 관련제도의 미비와 국내정책 수행에 제약이 가해질 것을 우려하여 유보적인 입장을 보여 최종 합의에 이르기까지에는 다소간의 논란이 있었다.

전체적으로 보아 선진국들은 뉴이슈를 협상의제로 채택하자고 주장하는 반면에 개도국들은 현재의 여건으로는 이들 분야에 있어 최소한의 국제적 기준을 충족하는 것조차 쉽지 않다는 점을 들어 규범 제정 논의에 매우 소극적인 입장을 견지하였었다.

뉴라운드가 뭔가요?

새해 경제가 어려울 것이라고들 합니다. 이 고비를 넘기는 방편은 역시 수출입니다. 물론 "올해에는 또 무슨 '라운드'가 생겨 우리를 더 궁지로 몰지 않을까"라는 우려를 할 수도 있겠군요.

하지만 새로 등장하는 '뉴라운드'를 두려워만 할 필요는 없을 것 같아요. 너무 낙관적 발상이 아니냐고 할 수도 있겠네요. 구체적으로 살펴보죠. 우선 국제무역질서의 역사부터 알아야 할 것 같아요.

제2차 세계대전 이전에는 무역이란 것이 주변 국가들끼리 적당히 하는 정도여서 별 문제가 없었습니다. 그런데 전쟁을 거치면서 배·비행기·철도 등 운송수단이 발달해, 상품들이 대륙의 이쪽 저쪽 끝을 쉽게 오가는 상황이 되면서 문제가 생겼죠. 예컨대 미국의 값싼 밀가루가 유럽에 쏟아지고 유럽의 농민들이 자국 정부에다 밀가루 수입 좀 막아달라고 시위하는 상황이 된 것입니다.

그래서 각 나라 정부는 수입상품에 부과하는 세금인 관세를 앞 다퉈 올려 자기나라 상품을 보호하려 했습니다. 그러다 보니 어떤 상품도 수출·수입하기가 힘들게 돼버렸습니다.

결국 미국·유럽이 중심이 된 23개국 대표가 1947년 제네바에 모여 이 문제를 논의하게 됐습니다. 여기서 탄생한 것이 관세 및 무역에 관한 일반협정(GATT)입니다. 협정의 구속력이 없다는 한계는 있었습니다.

이후 GATT는 여러 차례 회의를 열어 관세를 조금씩 내렸고, 61년에는 딜론 미국 재무장관의 제창 아래 참여국가들이 모두 공산품의 관세를 7% 포인트 더 내리기도 했습니다. 이 회의를 '딜론 라운드'라고 합니다.

참, 여기서 왜 국제무역과 관련된 새로운 제도에 '라운드'가 붙는지 설명해야 할 것 같군요. 라운드는 원래 원탁회의(Round Table Meeting)를 의미하는 것으로 딜론 라운드 때 처음 사용됐습니다. 이후 미국의 케네디 대통령이 제창한 '케네디 라운드'가 있었고 이어 73년에는 회의 장소의 명칭을 딴 '동경 라운드'가 이뤄졌습니다.

동경 라운드에서는 관세뿐 아니라 덤핑·보조금 문제가 처음으로 거론됐습니다. 어떤 나라의 기업이 당분간 손해를 보더라도 시장 진출이나 시장 잠식을 위해 자기나라에서 파는 가격보다 훨씬 싼 값에 수출해서는 안 된다는 사실을 명시한 겁니다. 게다가 정부가 자기나라 기업이 값싸게 수출할 수 있도록 간접적으로 돈을 지급하는 것도 막기로 했습니다. 하지만 이 역시 일부 국가만 서명했기에 국제적인 조약이 되지는 못했습니다.

당시에는 각국이 외국시장에 진출하기 위해 자동차·TV 등을 헐 값에 수출하는 일이 많았습니다. 게다가 미국과 같이 힘센 나라는 자기들 상품을 많이 수입하지 않는 나라의 수출품에 엄청난 보복관세를 매기는 일도 비일비재했죠. 게다가 이같은 분쟁을 조정하거나 누가 잘못했다고 판정할 기구도 없었죠.

당시에는 자유무역을 하면 가격경쟁력을 잃은 나라의 근로자들이 일자리를 잃는다는 생각에 이 같은 보호무역 정책을 썼던 것이죠. 하지만 이렇게 관세와 같은 무역장벽을 치면 보호받는 분야의 근로자만 잠시 이익을 볼 뿐 국가 전체로는 교역·서비스와 같은 경제활동이 위축돼 결국 모두가 손해를 본다는 연구들이 나왔습니다. 실제로 미국이 수입품에 관세 30%를 부과하면 미국 근로자들의 평균 임금은 최고 5%까지 줄어든다는 OECD의 보고서도 나왔죠.

우루과이 라운드(UR)가 생겨난 것도 각국이 이 같은 이치를 깨달았기 때문입니다. UR는 우선 국제무역정책을 만들고 무역분쟁을 판정·조정하는 세계무역기구(WTO)를 탄생시켰습니다. 또 반덤핑·상계관세·세이프가드 등 복잡한 각종 무역조치에 대한 절차·방법·기준 등을 자세히 정한 WTO규정도 만들게 된 거죠.

그렇다고 모든 문제가 해결된 것은 아니었습니다. UR에서 농업·서비스 부문은 상품 종류에 따라 "2002년까지 또는 2004년까지 관세를 몇 % 일단 내린다"는 식으로 타결했기에 그 이후 어떻게 할지의 문제가 남았습니다. 그런 미비점을 2000년까지 '새로운 협상(뉴라운드)'에서 해결하기로 하고 일단 UR를 타결했던 것입니다. 뉴라운드의 명칭은 여기서 나온 것입니다.

99년 11월 미국의 시애틀에서 열렸던 'WTO 회원국가 장관회의'가 바로 '뉴라운드'를 논의하기 위한 것이었죠. 그러나 가맹국들의 입장이 엇갈린데다가 비정부기구(NGO)의 시위까지 겹쳐 회의가 결국 무산됐습니다. 그렇지 않았다면 뉴라운드는 '시애틀 라운드'로 이름이 바뀌었을 겁니다.

현재 뉴라운드 회의는 올 하반기에 '장관회의'를 한다고만 정해졌고 장소는 아직 정해지지 않았습니다. 하지만 이미 10여차례 실무회담을 거친 바 있어 올해는 예정대로 뉴라운드가 타결될 가능성이 큰 상황입니다.

(자료 : 중앙일보, "뉴라운드가 뭔가요?", 이효준)

4. 도하개발어젠다[2)]

세계무역기구(WTO) 도하개발어젠다협상(DDA : Doha Development Agenda)은 2001년 11월 카타르 도하에서 개최된 제4차 WTO 각료회의에서 출범했다. DDA는 우루과이라운드협상에 이어 제2차 세계대전 이후 시작된 9차 다자간무역협상이며, WTO 출범 이후 첫 번째 다자간무역협상이다. "개발"이라는 이름이 붙은 것은 앞선 협상들과 달리 개도국의 개발에 중점을 두어야 한다는 개도국들의 주장을 반영했기 때문이다.

2001년 협상을 출범시켰을 때의 계획은 2005년 이전에 협상을 일괄타결방식으로 종료한다는 것이었다. 그러나 농산물에 대한 수입국과 수출국의 대립,

2) 박형래·오대혁, 무역개론, 청람, 2014, p. 105.

공산품 시장개방에 대한 선진국과 개도국 간의 대립 등으로 협상이 난항이었지만, 2015년 12월 제10차 WTO 각료회의에서 농업분야 3개(수출경쟁, 특별긴급관세, 식량안보목적 공공비축), 변화, 최빈개도국 우대 관련 2개 합의가 이루어졌다.

DDA의 협상의제는 ① 농산물, 농산물을 제외한 나머지 상품(공산품 및 임수산물), 서비스시장의 개방과, ② 반덤핑, 보조금, 지역협정, 분쟁해결에 대한 기존 WTO협정의 개선, 그리고 ③ 관세행정의 개선 등을 추구하는 무역원활화, 환경, 개발 그리고 지적재산권 등 크게 세 그룹으로 나누어진다.

주요용어

국제무역질서, 중상주의, 중금주의, 중농주의, 가격-정화 유출입 메카니즘, 국제분업론, 보호무역주의, 역사학파, 산업분화론, 유치산업호론, 브레튼우즈체제, GATT, ITO, 자유무역주의, 무차별주의, 다자주의, GATT예외규정, 케네디 라운드, 동경 라운드, 우루과이 라운드, 신보호무역주의, WTO, GATS, TRIPS, TPRB, DSB, 교차보복, 뉴라운드, 도하개발어젠다

연습문제

1. 중상주의에 대해 설명하라.
2. GATT의 기본원칙에 대해 설명하라.
3. 우루과이 라운드에 대해 설명하라.
4. 신보호무역주의에 대해 설명하라.
5. WTO의 성격을 GATT와 비교하여 설명하라.
6. WTO체제하에서 예상되는 뉴라운드에 대해 설명하라.

제5장 국제통화제도

제1절 국제통화제도의 개념 및 기능

국제통화제도(international monetary system)란 국가간의 무역거래(상품무역, 서비스무역) 및 자본거래를 원활히 하기 위한 국제결재제도를 말한다. 이러한 국제통화제도의 기본 목적은 각국간의 교역확대와 세계경제의 발전을 촉진시키는데 있다. 국제통화제도는 외환과 국제수지 측면에서 이러한 역할을 수행하고 있는 것이다. 구체적으로 이러한 국제통화제도의 기능을 살펴보면 다음과 같다.

첫째, 국제유동성(international liquidity)을 원활하게 공급하여야 한다. 국제유동성이란 대외채무의 결제를 위한 지급수단으로써 국가간의 무역, 서비스 및 자본거래가 원활히 이루어지기 위해서는 각국의 통화가 믿을 수 있는 대외거래의 결제수단으로서의 기능을 발휘할 수 있어야 한다. 그러나 각국 경제사정과 통화의 신뢰성 등을 고려할 때 모든 통화가 국제통화로서의 기능을 할 수는 없다. 이러한 이유로 인해 국제거래를 원활히 하기 위해 국제유동성의 공급을 가능하게 하는 제도적 장치가 필요하게 되었고 이것이 바로 국제통화제도의 해야 할 기능인 것이다.

국제통화(international currency)란 무역과 투자 등의 국제거래에 이용되는 화폐, 또는 정부와 기업의 유동성 준비로서 사용되는 화폐, 즉 국제간의 상품, 서비스 및 자본이동에 따르는 대차관계를 결제하기 위한 자본수단으로써 범세계적으로 자유롭게 통용되고 있는 통화를 말한다. 구체적으로는 미 달러화가 국제통화로서 이용되는 경우가 많고, 그밖에 IMF의 SDR(특별인출권 : Special Drawing Rights) 및 유럽연합(EU)의 공통통화인 유러화도 국제통화로 이용되고 있다. 국제통화는 국제통화제도의 변천에 따라 그 형태를 달리하여 왔다. 금본위제하에서는 금이 국제통화의 역할을 수행하였으나 금은 그 산출량이 제한되어 있어서 늘어나는 국제무역에 적합하지 않았다. 이러한 유동성 부족 문제를 해결하기 위해 금을 대신하는 국제유동성의 역할을 한 것이 달러화와 파운드화였다. 그러나 이러한 국제통화도 그 나라의 경제가 불안정할 경우 국제유동성으로서의 기능을 충분히 발휘하지 못할 경우가 발생한다. 이러한 경우를 대비해 등장하게 된 것이 IMF의 SDR이다. 이처럼 국제유동성이 중요한 이유는 국제유동성의 공급이 수요를 따르지 못할 경우 국제무역은 위축되고, 반대의 경우에는 국제적인 인플레를 초래할 수 있기 때문이다.

둘째, 국제통화제도가 갖추어야할 또 하나의 기능은 각국의 국제수지의 조정기능이다. 국제통화제도는 국가간에 국제수지의 조정기능을 수행하여 국제수지의 불균형이 발생할 경우 이를 조정하기 위한 정책수단으로 사용될 때 지켜야 할 규칙이 마련되어야 한다. 이러한 규정이 없을 경우 각국의 독자적인 국제수지 조정정책을 실시하게 되어 전세계적인 국제수지 불균형을 초래할 수 있기 때문이다.

제2절 국제통화제도의 변천과정

1. 금본위제도

금본위제도(gold standard system)는 19세기 초 영국이 처음 채택한 이후 19세기 중엽 유럽의 여러 나라가 이를 받아들이면서 제1차 세계대전까지 세계 주요국들이 일반적으로 채택하고 있던 국제통화제도이다. 금본위제도는 통화한 단위의 가치가 일정한 무게의 금으로 정해져 있는 제도이다. 따라서 금본위제도하에서 각국 통화간의 교환비율은 각국 통화의 금평가(gold parity)에 의해 결정되었다. 이와 같이 금본위제도는 일종의 고정환율제도로써 금본위제도하에서는 국제수지의 불균형이 자동적으로 조정되었다. 즉, 어떤 나라에서 국제수지적자가 누적되면 금의 유출이 이루어져 통화량이 줄어들고, 통화공급이 감소되면 물가가 떨어져 수출이 증가하게 되므로 국제수지는 흑자로 돌아서게 된다. 결국 금본위제도하에서의 문제는 국제유동성의 공급문제로 귀착되는데 당시 세계교역량이 확대에 따른 국제유동성의 문제는 어떻게 해결되었는가? 19세기에는 미국과 남아프리카에서 발견된 대규모의 금광으로 국제결제수단으로서 금의 충분한 공급이 가능한 가운데 당시 국제무역과 국제금융의 중심지이던 영국의 국제수지와 금보유상태가 대체로 균형을 이루어 영국의 파운드화가 국제결제에 널리 사용되고 있었다. 즉, 금과 함께 국제통화인 파운드가 국제준비자산으로서 국제유동성의 역할을 잘 해낼 수 있었던 것이다. 따라서 제1차 세계대전 이전의 금본위제도를 금-스털링 본위제도라고도 한다.

그러나 20세기로 접어들면서 금본위제도는 세계경제 및 무역의 확대에 비해 금의 생산이 절대적으로 부족해지고, 미국의 일방적인 국제수지 흑자가 지속됨에 따라 금편재 현상이 가속화되면서 흔들리기 시작했다. 여기에다 1914년 제1차 세계대전의 발발로 금의 자유로운 유출입과 태환이 어려워지면서 금본위제도는 붕괴하게 된다.

그 후 제1차 세계대전이후 미국은 금본위제도로 복귀하였으나 영국을 비롯한 유럽의 주요 국가들은 일시적으로 변동환율제도를 실시하게 된다. 그 후 1925년 전세계 주요국들이 다시 국제통화제도로서 금본위제도로 이행하게 된다. 그러나 금본위제도로 이행하는 데 있어서 국제수지의 균형문제, 국제유동성인 금의 공급문제가 해결되지 못했다. 금본위제도가 안고 있던 이러한 취약점은 1929년대 세계 대공황과 국제적 금융위기로 금본위제도가 붕괴되면서 국제무역은 극도로 위축되게 된다.

2. IMF체제

1930년대 이후부터 제2차 세계대전까지는 국제통화제도가 제대로 정착되지 못하였고 이에 따라 국제무역은 극도로 위축된다. 그 후 제2차 세계대전이 종전되면서 세계 각국은 세계경제의 회복을 위해서는 실물부분의 국제무역을 뒷받침할 새로운 국제통화제도의 정착에 대한 필요성을 실감하고, 1944년 7월 미국의 뉴햄프셔주에 있는 브레튼우즈에서 국제통화제도에 관한 논의를 하게 된다. 이것이 브레튼우즈회담으로서 당시 회의에서의 합의사항은 크게 세 가지로 요약된다. 첫째는 국제통화기금(IMF)과 세계개발은행(IBRD)이 탄생하게 되었고, 둘째는 금환본위제를 기반으로 미국의 달러화를 국제통화로 지정하였으며, 셋째로 고정환율제도를 택하였다. 그 후 IMF의 창설과 함께 국제통화제도에 관한 모든 논의는 IMF 주도로 이루어지게 된다. 이것이 제2차 세계대전 이후부터 오늘날까지 국제통화제도를 이끌어 가고 있는 IMF체제라고 할 수 있다. 오늘날의 IMF체제도 최초의 브레튼우즈체제에서 몇 차례 중요한 과정을 거치게 된다.

1) 브레튼우즈체제

브레튼우즈체제(1946~1971)의 가장 중요한 특징은 미국의 달러화를 기축통화(key currency)로 하는 금환본위제(gold-exchange standard system)로서, 이것은 미국의 달러화를 금과의 일정한 교환비율을 유지하고, 타국의 통화는 달러화와의 평가를 통해 금에 간접적으로 연계시키는 제도이다. 이에 따라 금 1온스당 35달러라는 가치가 책정되었으며 달러화의 가치는 특수한 경우를 제외하고는 변동할 수 없게 하였다. 또한 브레튼우즈체제에서의 각국의 환율변동은 당초 설정된 평가의 상하 1%의 범위내에서 허용하며, 특히 가맹국 중 자국의 국제수지가 기초적(구조적) 불균형 상태에 있는 경우 IMF와 협의하여 환율을 변동시킬 수 있으며 특히 10%이상 환율변동을 하고자 하는 경우 IMF의 승인을 받도록 하는 조정가능 고정환율제도의 특징을 갖고 있다. 그 외에 가맹국들이 일시적으로 국제수지 불균형 상태에 빠졌을 때 IMF기금에서 자금을 공여받을 수 있는 신용공여제도라든지, 선진국인 경우 외환관리를 실시하지 못하도록 제한(IMF 8조국)함과 동시에 후진국의 경우 외환관리의 실시를 허용(IMF 14조국)하는 등 환율을 안정시키고 국제수지 불균형을 해소함으로써 국제통화제도의 정착을 통하여 국제무역을 증대시키자고 하는 것이 브레튼우즈체제의 목적이었다.

그러나 1960년대에 접어들면서 미국의 월남전 참전과 자국의 국제수지가 악화되어 그 적자폭이 크게 확대되면서 브레튼우즈체제의 문제점이 드러나기 시작한다. 특히 미국의 달러화가 유동성딜레마(liquidity dilemma)에 봉착하게 되는데 유동성딜레마란 국제통화의 원활한 공급과 가격안정간의 모순을 말한다. 브레튼우즈체제의 국제통화제도하에서는 미국의 달러화가 국제통화로 사용되고 있으며 국제유동성의 수요는 대부분 달러화의 공급에 의해 충당된다. 따라서 미국이라고 하는 특정국의 국내통화가 국제통화로 사용되고 있는 제도하에서는 그 가치가 절대적으로 안정되어야 하고 국제유동성이 원활하게 공급되어야 한다. 그러나 미국의 입장에서 자국의 국제수지가 악화되었을 때 달러화의 공급은 미국의 국제수지 적자를 통해서 가능하므로 국제유동성인 달러화의 원활한 공급과 가격안정이 양립할 수 없게 된다. 즉, 미국이 국제유동성을 원활하게 공급하려면 미국의 국제수지는 적자가 되고, 미국이 국제수지를 개선하려면 세계의 국제유동성 부족현상이 발생하게 된다. 이에 따라 IMF에서는 이러한 유동성딜레마를 제거하고 국제통화체제를 확립하기 위해 국제유동성문제를 해결하기 위한 새로운 형태의 국제준비자산인 SDR을 창출하기에 이른 것이다. 그 후 SDR로 인해서 국제유동성문제는 어느 정도 해결되었으나, 미국의 국제수지적자 확대와 인플레이션 등으로 미국의 달러화에 대한 신인도가 급격히 저하됨에 따라 마침내 1971년 미국의 닉슨대통령이 미국의 국제수지개선과 달러방위를 위해 달러화의 금태환 정지를 선언하면서 브레튼우즈체제가 붕괴된다.

2) 스미소니언체제

미국이 달러화의 금태환 정지로 국제금융체제가 혼란에 빠지게 되자 이를 수습하기 위해 선진 10개국의 재무장관과 중앙은행총재가 1971년 12월 미국 워싱턴의 스미소니언 박물관에 모여 국제통화제도에 관한 협정을 체결하는데 이것이 스미소니언체제이다. 스미소니언체제에서는 미국의 달러화를 평가절하(금 1온스 = 35달러에서 38달러로)하는 것을 비롯하여 주요국 통화의 평가 재조정이 있었고, 환율변동 허용폭을 종래의 상하 1%에서 상하 2.25%로 확대하였다. 그러나 스미소니언체제는 브레튼우즈체제의 근본적인 모순점을 해결하려 한 것이 아니라 일시적인 국제통화 불안을 진정시키기 위한 잠정적인 협정에 불과하였기 때문에 그 후 각국이 국제수지 불균형 상태가 확대됨에 따라 스미소니언체제도 붕괴되었다.

3) 킹스턴체제

스미소니언체제의 붕괴 이후 IMF를 중심으로 국제통화제도에 관한 논의가 계속 진행되어 오던 중, 1976년 자메이카의 수도 킹스턴에서 열린 IMF임시위원회에서 환율문제, IMF의 신용제도 개선문제, 금의 역할문제 등에 관한 IMF 협정 개정안을 채택하게 된다. 이것이 오늘날 국제통화제도로서 운용되고 있는 킹스턴체제(1973~현재)이다. 킹스턴체제에서는 주요국이 변동환율제 등 자국 경제에 적합한 환율제도를 이행하고, 금의 공정가격 및 금평가제가 전면적으로 붕괴된 현실을 인정하고, SDR의 기능 및 이용도를 제고하여 점진적으로 SDR본위제를 이행할 수 있는 기틀을 마련하였다. 이로써 세계는 변동환율제도의 시대로 접어들게 되었다.

4) 국제통화제도의 전망

1976년 킹스턴체제의 출범으로 IMF의 국제통화제도는 오늘에 이르고 있다.

그러나 이러한 킹스턴체제가 앞으로 안정된 국제통화제도로서 세계경제의 발전을 위한 기반이 될 수 있는가에 대해서는 많은 논란의 여지를 남기고 있다.

1973년과 1979년 두 차례에 걸친 석유파동 이후, 비산유 개도국들은 자국의 국제수지가 악화되고 불균형이 심화되면서 변동환율제도가 국제수지 조정기능을 잘 해내지 못하고 있다고 주장하고 있다. 그리고 유럽에서는 EU제국을 중심으로 독자적인 유럽통화제도를 마련하였으며, 미국에서는 다시 금본위제도로의 복귀문제를 거론하고 있는 등 여전히 국제통화제도에 대한 많은 논란이 제기되고 있다.

또한 선진국·후진국의 정상회담, IMF-IBRD 총회, UNCTAD 총회 등 국제적인 논의의 기회가 있을 때마다 현 IMF체제를 개혁해야 한다는 논의가 거듭되고 있지만 각국의 이해관계가 상충되어 아직은 뚜렷한 결실을 맺지 못하고 있는 실정이다. 그러나 IMF의 기본 이념은 역시 고정환율제도로의 복귀에 있는 바, 앞으로 세계경제 여건이 허용되면 IMF 총투표권의 85% 찬성에 의해 '안정적이면서도 조정가능한 평가제도', 즉 고정환율제 형태로 복귀할 수 있도록 규정되어 있다. 이러한 점에서 과거와 같은 완전 금본위제도로의 복귀는 어렵다 하더라도 앞으로 국제통화제도 내에서 금의 역할이 부각될 가능성도 결코 무시할 수 없다고 하겠다.

3. 한국의 통화제도 변천과정

한국 환율제도의 변천과정을 살펴보면 해방 직후인 1945년 10월부터 1964년 5월 2일까지는 고정환율제도를 사용하였고 그 이후인 1964년 5월 3일부터 1980년 2월 26일까지는 단일변동환율제도를 사용하였다. 그리고 1980년 2월 27일부터 1990년 3월 1일까지는 복수통화바스켓제도를 사용하였고 1990년 3월 2일부터는 시장평균환율제도를 사용하다가 1997년 12월 15일부터는 자유변동활율제도를 사용해 오고 있다.

주요용어

국제유동성, 국제통화, SDR, 금본위제도, 금평가, 금-스털링본위제도, 금환본위제, 유동성 딜레마, 스미소니언체제, 킹스턴체제, 고정환율제

연습문제

1. 국제통화제도의 개념에 대해 설명하라.
2. 국제통화제도의 기능에 대해 설명하라.
3. 국제통화제도의 변천과정에 대해 설명하라.
4. 금본위제도에 대해 설명하라.
5. IMF체제의 변천과정에 대해 설명하라.

제6장 지역경제통합

제1절 지역경제통합의 개념 및 형태

1. 지역경제통합의 개념

최근 전세계적으로 지역경제통합이 급속히 확산되면서 이에 대한 체계적인 이론과 경험적인 분석이 여러 학자들에 의해 제시되어 왔지만, 현존하는 경제통합체들의 내용이나 형태 등에 있어서 서로 다른 점이 너무 많고 다양하기 때문에 아직까지 통일된 정의는 없는 실정이다. 그러나 대체적으로 지역경제통합이란 경제적으로 상호의존성이 높은 국가들이 동맹을 결성하고, 역외국에 대해서는 기존의 관세 및 비관세장벽을 그대로 유지하면서 동맹국 상호간에는 재화 및 생산요소의 자유이동을 도모하는 경제협력체라고 정의할 수 있다. 어떠한 경제통합이든 간에 경제통합체들이 공통적으로 추구하는 목표는 가맹국들 간의 무역자유화이다. 세계 각국간의 경제발전수준의 차이가 현저한 현실상황에서는 WTO에서 추구하는 것처럼 전세계 국가가 자유무역을 행한다는 것이 어렵기 때문에 지리적으로 인접해 있고, 이해관계가 비슷한 소수 국가들 간이라도 서로 협력하여 자유무역을 지향해 보자는 의도이다. 그러므로 지역경제통합은 자유무역의 실현 가능성이 더 크고, 이러한 소수 국가간의 지역별 자유무역협정이 인근 국가로 파급될 경우, 이는 궁극적으로 전세계적인 자유무역을 달성하는 데에도 기여할 것이라는 논리이다.

2. 지역경제통합의 형태

지역경제통합체의 경우 대부분 초기에는 역내국간의 경제협력 강화 및 관세를 철폐하는 단순한 형태로 시작하나, 점차 결합의 정도를 강화해 나가고 있으며, 통합의 정도와 진행과정에 따라서 다음과 같이 5단계로 구분하고 있다.

1) 자유무역지역(free trade area)

자유무역지역이란 지역경제 통합의 가장 초기적인 형태로서 통합에 참가한 각 가맹국 상호간에 무역의 자유화를 실현하기 위하여 상품이동에 대한 관세라든지 수량제한 등 일체의 무역제한조치를 철폐하여 역내에서는 자유무역을 보장하는 한편, 역외의 비가맹국에 대해서는 각국이 독자적인 관세정책 및 무역제한조치를 취하는 형태의 경제통합이다. 자유무역지역에서는 역외의 상품이 역내 저관세국을 통하여 수입되어 역내 다른 국가에 수출될 가능성이 있어, 각 가맹국의 무역정책에 혼란을 가져올 수 있다. 이를 방지하기 위해 수입물품 원산지규정과 같은 역내국간 협력적인 무역정책이 채택되고 있다. 북미자유무역지역(NAFTA : North America Trade Agreement), 유럽자유무역연합(EFTA : European Free Trade Association), 한-칠레FTA 등이 여기에 해당된다.

2) 관세동맹(customs union)

관세동맹은 자유무역지역에서 한 단계 더 진전된 형태로서 역외공동관세를 부과하는 형태의 경제통합이다. 즉 가맹국 상호간에는 상품의 자유이동이 보장될 뿐만 아니라, 역외 비가맹국으로부터의 수입에 대해서는 공통의 수입관세를 부과한다. 그러므로 이것은 관세에 관한 한 단일 경제단위가 되어 있는 상태이며, 간접 수입의 가능성은 배제된다. 베네룩스(Benelux) 관세동맹이 여기에 해당된다.

3) 공동시장(common market)

공동시장은 관세동맹 형태가 더 발전하여 역내국간 생산요소의 자유로운 이동까지 보장하는 형태의 경제통합이다. 즉 가맹국 상호간에는 상품 뿐만 아니라 노동, 자본과 같은 생산요소의 이동까지 국내시장에서와 똑같이 자유화함으로써 가맹국간의 모든 시장을 개방하는 형태의 경제통합체이다. 이의 예로서는 중남미공동시장(CACM)을 들 수 있다.

4) 경제동맹(economic union)

경제동맹은 공동시장에서 더 발전한 경제통합의 형태로서 역내 국가들간에 상품과 생산요소의 자유로운 이동 뿐만 아니라 산업, 금융, 통화, 무역, 외환 등 모든 경제정책의 여러 분야에 걸쳐 통합을 이루는 단계이다. 공동시장 형태가 가맹국들 간의 상이한 경제정책으로 인해서 생산요소의 이동에 제약요인으로 작용하기 때문에 가맹국간의 모든 경제정책을 조화시킴으로써 이를 해소하기 위해서 나타난 경제통합체의 형태라고 할 수 있다. 유럽연합(EU)이 여기에 근접해가는 형태를 보이고 있다.

5) 완전경제통합(complete economic integration)

가맹국들간에 경제정책을 조정하는 데 그치지 않고 모든 경제정책을 통일화시키려는 경제통합의 가장 발전된 형태이다. 이를 위해서는 재정, 금융 등의 경제정책을 수행하기 위한 초국가적인 독립기구가 필요하게 되고, 경제적인 측면 뿐만 아니라 정치적인 통합까지도 가능하게 될 것이다.

최근 EU의 주된 논의가 유럽중앙은행(European Central Bank)과 단일통화의 설립에 맞혀졌다는 사실에서도 알 수 있듯이, EU는 완전한 경제통합을 목적으로 하고 있는 것으로 보여진다. 완전한 경제통합이 이루어진다면 다음으로는 정치적 통합까지도 생각할 수 있을 것이다. 제2차 세계대전 이후 형성되기 시작한 지역경제통합은 지역별·통합체별로 다양한 목표하에서 다양한 형태로 급속히 증가하여, 현재 그 수가 30여개에, 가맹국은 120여개국에 달하고 있다. 현재 시장기반과 경제력을 갖춘 지역그룹은 유럽연합(EU), 북미자유무역협정(NAFTA), ASEAN, AFTA, CEFTA, CACM 등 10여개 정도이다.

자유무역협정(FTA)이 발효되면……

사람들이 시장에서 서로 필요한 물건을 사고 팔 듯 세계의 모든 나라는 국제무역을 통해 필요한 것을 수출입한다. 그런데 되도록 수출은 늘리되 수입은 줄여 나라의 부를 쌓으려고 한다. 수출이 늘면 생산이 증가하고 소득이 높아지기 때문이다. 그래서 수입을 억제하려고 나라마다 여러 무역장벽을 만든다. 대표적인 무역장벽이 수입품에 부과하는 관세다. 관세를 높게 매길수록 수입품 값은 그만큼 더 오르고, 가격이 오르면 수입은 준다. 이런 현상이 연쇄적으로 일어나면 국제교역은 감소하고 불황을 겪는다. 1920년대 세계 대공황이 일어난 것도 이 때문이다.

제2차 세계대전 뒤부터 세계는 무역장벽을 낮춰 국제교역을 늘리고 경제발전을 이루자는 취지에서 '관세 및 무역에 관한 일반 협정(GATT)'을 출범시켰다. 그리고 협정을 통해 '다자간 무역 자유화 협상'을 전개했다. 다자간 무역 자유화 협상은 세계적으로 적용되는 협상이다. 우루과이라운드(UR)는 GATT 체제에서 이뤄진 마지막 다자간 협상이었다. 1995년부터는 세계무역기구(WTO)가 GATT를 대체했고, WTO는 현재 도하개발어젠다(DDA) 협상을 진행중이다. 무역자유화가 경제발전에 긍정적인 효과를 주긴 하지만 다자간 협상에는 140여개 WTO 모든 회원국이 참여하기 때문에 5~10년의 긴 기간이 소요된다. 협상에서 자국이 필요로 하는 것을 얻기도 어렵다.

따라서 주요 교역국들이 FTA에 관심을 갖기 시작했다. FTA란 마음이 맞는 나라들끼리 무역자유화를 조기에 이루기 위해 협정을 맺고 무역장벽을 없애는 것이다.

FTA는 회원국간에는 관세를 부과하지 않지만 비회원국에는 기존 관세를 그대로 적용하므로 수출할 때 회원국보다 불리하다.

FTA 체결은 다양한 장점이 있다. 수출시장이 확대돼 기업은 생산량을 늘릴 수 있고, 그 결과 상품의 평균 생산비가 낮아진다. 소비자들은 값싼 수입품을 쓸 수 있다. 정부나 기업은 사업환경을 개선하게 되고, 외국기업들은 개선된 환경을 활용하기 위해 FTA를 맺은 나라에 대한 투자를 늘려 현지 주민에게 일자리를 만들어준다.

FTA가 장점만 있는 것은 아니다. 가장 큰 문제는 관세 철폐로 수입품이 늘면 경쟁력이 약한 산업(기업)은 문을 닫거나 다른 업종으로 바꿔야 한다.

칠레와 FTA 추진 과정에서 보듯 우리 농업은 경쟁력이 약해 농업계는 FTA 추진을 반대한다. 그러나 자원이 적은 우리의 특성상 경제를 성장시키려면 수출이 필요하다. 대신 정부는 FTA로 피해를 보는 산업을 최소화하고 보상·지원을 해야 한다.

(자료 : 중앙일보, "자유무역협정이 발효되면", 정인교)

제2절 지역경제통합의 경제적 효과

2개국 이상이 어떤 형태의 경제통합을 형성하고, 그 경제통합에 따른 경제적 효과를 규명하는 이론으로서 관세동맹의 정태적 효과를 분석한 관세동맹이론과 공동시장의 형성에서 발생하는 동태적 효과를 분석한 대시장이론이 있다.

1. 관세동맹이론

관세동맹이론의 기본적 발상은 관세동맹 형태의 경제통합으로 가맹국간의 무역자유화에서 생기는 이익과 비가맹국과의 무역차별화에서 생기는 불이익을 전체적인 입장에서 그 효과를 따져보는 것이다. 관세동맹의 효과로는 역내국가간의 교역량이 증가하게 되는 무역창출효과(trade creating effect)와 역외국가에서 역내국가로 교역대상국이 바뀌게 되는 무역전환효과(trade diverting effect)가 있다. 여기서 무역창출효과란 역내국가간의 관세장벽 등의 철폐로 인해 무역자유화에 따른 교역량이 늘어나는 효과를 말한다. 무역전환효과는 역외국가에 대한 공동의 관세장벽이 설정됨으로써 역내국가 상품의 절대가격이 역외국가의 가격보다 높을지라도, 관세효과가 이를 상회하는 경우 역외국에서 역내국가로 상품을 수입하게 되는, 즉 교역대상국이 역외국가에서 역내

국가로 바뀌게 되는 효과를 말한다. 무역창출효과는 역내국가간에 교역량이 증가하고, 자원이 효율적으로 배분되는 결과를 가져오는 반면, 무역전환효과는 역외국가에 대한 인위적인 관세장벽으로 인해 자원배분이 비효율적으로 배분되는 결과를 초래하게 된다. 따라서 관세동맹의 효과를 크게 하기 위해서는 무역창출효과를 극대화하고, 무역전환효과는 극소화하는 방향으로 통합내용이 결정되어야 바람직하다고 볼 수 있다.

2. 대시장이론

대시장이론은 경제통합으로 시장이 확대됨에 따라 규모의 경제가 실현되고 경쟁이 촉진되어 가맹국들에게 경제성장과 국민소득 향상을 가져다 준다는 이론이다. 이러한 대시장이론은 EC통합 배경의 이론적 근거가 된다. 즉, EC가 결성되기 전 유럽 각국의 공통적 불만은 자신들의 시장은 너무 작아서 대규모 공장을 세우기가 어렵다는 것이었다. 반면 미국은 거대한 국내시장을 바탕으로 대규모 공장을 설립할 수가 있고 이를 통해 규모의 경제가 가능하다는 것이다. 이러한 상황에서 유럽 각국은 자신들의 시장을 통합하여 대규모화하는 시장확대의 필요성을 절감하게 된 것이다.

FTA, 맺으면 뭐가 좋아요?

요즘 백화점이나 할인점에 가면 외국에서 수입한 물건들을 흔히 볼 수 있습니다. 어린이들이 많이 타는 자전거나 인라인 스케이트도 잘 보면 중국에서 만든 것을 들여온 경우가 많습니다. 수입해서 파는 물건 값에는 우리나라에서 만든 물건과 달리 관세라는 세금이 포함돼 있습니다. 원래 물건 값보다 관세만큼 값이 비싼 셈입니다.

관세를 물리는 이유는 크게 두 가지입니다. 하나는 나라 살림을 위해 쓸 돈을 마련하기 위해서입니다. 다른 하나는 우리나라 산업을 보호하기 위해서입니다.

같은 물건을 우리나라와 외국에서 같은 값에 만들 수 있다면 외국에서 수입하는 물건의 값은 당연히 관세만큼 비싸집니다. 똑같은 물건을 일부러 비싼 값에 살 사람은 없겠지요. 따라서 값비싼 외국산 물품 대신 국산품이 더 많이 팔리게 되고 그만큼 그 물건을 만드는 국내산업이 보호를 받는 셈입니다.

관세를 높게 매기면 매길수록 보호의 정도는 더 커집니다. 관세를 지나치게 높게 매기면 아예 외국 물건이 수입되지 못할 수도 있습니다. 그렇게 비싼 세금을 물고서는 이익을 낼 수 없을 테고, 손해를 보면서까지 우리나라에 물건을 팔지는 않을 것이기 때문입니다. 이를 '관세장벽'이라 하고, 높은 관세장벽을 유지하는 정책을 '보호주의 무역정책'이라고 합니다.

그러나 이렇게 해서 국내산업을 보호하는 것이 꼭 바람직할까요. 그렇지는 않습니다. 우선 소비자들이 피해를 봅니다. 값싼 외국제품 대신 국내에서 만든 제품을 비싸게 살 수 밖에 없기 때문입니다. 또 다른 산업이 피해를 볼 수 있습니다.

우리나라가 어떤 산업을 보호하기 위해 높은 관세장벽을 쌓아 외국제품의 수입을 막으면 그 물건을 수출하려던 나라에서는 반대로 우리나라가 그 나라에 파는 물건에 높은 관세를 매겨 수출 길을 막을 것이기 때문입니다. 이런 식으로 모든 나라가 자기 나라의 국내산업을 보호하기 위해 경쟁적으로 높은 관세를 물리면 어떤 일이 일어날까요. 전세계적으로 물품의 교역이 끊기고 모든 나라의 소비자들과 수출기업들이 손해를 보게 됩니다. 우리나라처럼 수출의 비중이 큰 나라가 보는 피해는 더 커질 수밖에 없겠지요.

자, 이제 정 반대의 경우를 생각해 봅시다. 모든 나라가 관세를 아주 없앤다면 어떨까요. 값싸고 질 좋은 물건들이 국경을 넘나들며 자유롭게 팔리겠지요. 물론 그동안 관세장벽을 통해 보호를 받던 각국의 경쟁력 없는 산업들은 문을 닫거나 경쟁력 있는 지역으로 옮겨갈 것입니다. 그러나 소비자들과 수출기업들에게는 분명히 득이 되는 일입니다. 이를 자유무역(Free Trade)이라고 합니다. 말 그대로 관세의 부담없이 자유롭게 물건을 사고 팔 수 있다는 뜻입니다.

그러나 자유무역이 모든 나라에 이롭다는 것을 알면서도 현실은 그렇지 않습니다. 나라마다 경제발전 단계가 다르고, 경제논리만으로는 설명하기 어려운 국내 사정 때문에 보호해야 할 산업이 있게 마련입니다. 모든 나라가 선뜻 완전한 자유무역에 나서지 못하는 것도 이런 이유 때문입니다. 우리나라가 경쟁력이 별로 없는 일부 농산물시장을 단박에 개방하지 못하는 사정도 마찬가지입니다.

그렇다고 그동안 자유무역을 위한 노력이 전혀 없었던 것은 아닙니다. 여러 나라들이 함께 모여 전세계적으로 관세를 낮추자는 회의를 여러 차례 열었습니다. 여러분도 무슨 무슨 '라운드'라는 말을 들어보셨을 겁니다. 가장 최근의 예로는 우루과이 라운드를 들 수 있습니다.

하지만 많은 나라가 모여 한꺼번에 관세를 낮추는데 합의하기는 말처럼 쉬운 일이 아닙니다. 조금씩 진전은 있지만 그 속도가 더디기만 합니다.

그래서 어떤 나라들은 보다 손쉬운 방법을 찾았습니다. 처지가 비슷하거나 지역적으로 가까운 나라들이라면 합의하기가 수월할 것이라고 생각한 것이지요. 우선 합의한 나라끼리 서로 관세를 낮춰주거나 아예 관세를 물리지 않으면 서로 득을 볼 수 있다는 것입니다. 이렇게 합의한 것을 자유무역협정(FTA : Free Trade Agreement)이라고 하고, 그렇게 해서 자유무역을 시행하는 지역을 '자유무역지대'라고 부릅니다.

현재 전세계에는 이런 식으로 2백50여개의 자유무역협정이 맺어져 있습니다. 한 나라가 여러 개의 FTA를 맺은 경우도 많습니다. 유럽연합(EU)처럼 아예 돈(화폐)까지 통일해 한 나라처럼 만든 곳도 있고, 북미자유무역협정(NAFTA, 미국・캐나다・멕시코)처럼 무역만 자유롭게 허용하는 수준에서 합의한 경우도 있습니다.

이처럼 지역별로 뭉치는 것을 '지역주의 현상'이라고 합니다. 그러나 FTA가 꼭 지역별로 이뤄지는 것은 아닙니다. 요즘은 미국과 싱가포르처럼 서로 멀리 떨어진 나라끼리도 이익이 된다고 판단되면 다투어 FTA를 맺는 추세입니다. 많은 나라가 FTA를 맺으면 여기에 끼지 못한 나라만 외톨이가 돼 손해를 봅니다. 다들 서로 서로 관세를 낮춰주고, 없애주는데 혼자서만 관세를 물고 수출을 하자니 어려워지는 게 당연하지요.

다른 나라에 비해 늦긴 했지만 우리나라도 지난 10월 태평양 건너 칠레와 처음으로 FTA를 맺었습니다. 앞으로 칠레산 포도주나 구리제품은 관세없이 우리나라에 들여오고, 우리나라가 경쟁력이 있는 자동차나 휴대전화 등은 칠레에 관세를 물지 않고 수출하게 된 것입니다. 정부는 앞으로 일본・싱가포르・멕시코 등과도 FTA를 맺는데 적극적으로 나서겠다고 합니다.

(자료 : 중앙경제, "FTA, 맺으면 뭐가 좋아요?" 홍병기)

제3절 지역경제통합의 실제

1. 유럽연합(EU)

1950년 프랑스 외상 슈만(Schuman)의 제안에 따라, 1951년 서독, 프랑스, 이탈리아 등 유럽 6개국이 유럽석탄철강공동체를 결성한 것이 오늘날 유럽연합의 효시였다. 이후 1957년 로마협약에 의한 유럽경제공동체(EEC)의 출범과 함께 유럽원자력공동체를 통합하여 유럽공동체(EC)로 발전하였다. 1986년까지 유럽공동체에는 서유럽 12개국이 가입함으로써 서유럽의 단일 경제권을 형성하게 되었으며 같은 공동시장의 조속한 완성을 위하여 유럽단일법이 제정되어 1993년 1월에 이르러 공동시장이 완성되었다. 1993년 11월 마스트리히트조약에 의해 오늘날의 유럽연합(EU)이 발족됨으로써 단일시장단계를 넘어 보다 강화된 경제통합기구로 발전되었다. 유럽연합은 경제기구로서의 차원을 넘어 궁극적으로 정치・사회적인 차원에서의 통합체를 목표로 하고 있다. 유럽연합의 통합은 EEC시기, EC시기 그리고 EU단계의 과정을 거쳐왔으며 각 단계별 주요내용은 다음과 같다.

첫째, EEC시기(관세동맹추진단계)로 1957년 로마협약에 의하여 EEC가 결성된 이후 EC로 통합되기까지 기간은 관세동맹의 추진시기였다. 이 기간 동안 역내국가간의 관세와 수입쿼터가 단계적으로 폐지되었고, 역외국가에 대해서는 공동관세를 부과하였다. 그 후 약 10여년간에 걸친 각 회원국간의 협의를 통해 1968년 관세동맹이 완성되었다.

둘째, EC시기(공동시장추진단계)로 EC에서 EU가 출범되기까지는 공동시장의 추진시기였다. 관세동맹의 완성 후 EC는 보다 고도의 경제통합을 실현하기 위하여 역외국가에 대한 공동무역정책의 시행, 생산요소의 자유화, 농업·운송에서의 공동정책 시행, 경쟁제한금지정책의 시행, 국가간 재정·금융정책의 조정·공동시장 운영을 위한 국내법 조정 등의 정책을 추진하였다. 1980년대 유럽경제가 침체되고 역내시장의 자유화가 진전되지 않자 EC는 역내시장의 내부결속을 강화하고 통합을 완결해야 한다는 인식하에 역내공동시장의 완성을 위한 세부계획을 설정 1992년까지 추진하였다. 상품시장, 서비스시장, 자본시장, 노동시장, 정부조달시장의 개방, 세제의 통일 등 각 분야에 걸친 공동시장 형성을 위한 제도적 기반을 마련함으로써 1993년 1월 단일시장을 출범시키게 되었다.

셋째, EU시기(경제동맹추진단계)로 EC가 추진해 온 단일시장이 완성됨에 따라 1993년 11월 발족된 유럽연합은 공동시장의 단계를 넘어 완전경제동맹을 목표로 하여 통화정책, 금융정책 등 다양한 분야로 통합의 영역을 확대하고 있다. 또한 유럽연합은 경제적인 통합뿐만 아니라 장기적으로 정치적인 통합을 목표로 추진해나가고 있다.

EU에 동유럽 가입 - 우리에게 미치는 영향

초등학교 6학년인 박철민(12·서울 성동구)군의 아버지는 무역업을 합니다. 박군의 아버지는 요즘 굉장히 바쁩니다. 중유럽과 동유럽 여러 국가에 출장가는 일이 부쩍 늘어서입니다. 아버지는 “2004년 5월에 새로 유럽연합(EU)에 가입하는 나라들이 10개국이나 된다”며 “장

사할 기회가 늘어나기 때문에 지금부터 준비해야 한다"고 말씀하십니다.

유럽연합에 10개국이 새로 가입하면 박군의 아버지같이 무역일을 하는 분에겐 어떤 영향을 주는 걸까요. 나아가 우리나라와 세계 경제에 미치는 영향은 뭘까요.

유럽연합은 '유러피언 유니언'(European Union)을 말합니다. 영어 이름의 앞글자만을 따 EU라고도 합니다. 제2차 세계대전이 끝난 후 유럽 각국은 유럽 대륙의 평화 유지와 공동 발전을 위해 여러 나라이지만 마치 한 나라처럼 경제활동을 할 수 있는 경제공동체를 만들었고, 그것이 바로 EU입니다.

그동안 EU의 회원국들은 오스트리아 · 벨기에 · 덴마크 · 독일 · 프랑스 · 핀란드 · 그리스 · 아일랜드 · 이탈리아 · 룩셈부르크 · 네덜란드 · 포르투갈 · 스페인 · 스웨덴 · 영국 등 15개 나라였어요. 이들 나라는 정치 · 외교 · 국방 등은 독자적으로 하지만 경제적으론 한 나라나 마찬가지예요.

예를 들어볼까요. 보통 한 나라가 다른 나라 물건을 수입하면 세관을 통과할 때 관세를 매기죠. 하지만 이 나라들은 자기들끼리 거래되는 상품은 자기 나라에서 만드는 것으로 간주하고, 수입품으로 보지 않기 때문에 관세를 물지 않습니다. 또 이들 국가는 EU 회원국이 아닌 나라에서 수입한 물건에 대해선 똑같은 관세를 매깁니다. EU 국가들이 한 나라라고 생각하기 때문이죠. 이들 국가는 EU 내에서 자유롭게 공장을 짓거나 투자할 수도 있어요. 우리나라 기업이 공장을 경기도에 짓든 경상도에 짓든 아무 문제가 없듯이, 독일에 있는 회사가 스페인에 투자할 때 아무런 제약을 받지 않는 거예요.

그런데 이 EU에 5월 1일부터 중유럽 · 동유럽에 있는 10개 나라가 새로 가입하게 됩니다. 폴란드 · 헝가리 · 체코 · 에스토니아 · 리투아니아 · 라트비아 · 슬로바키아 · 슬로베니아 · 몰타 · 키프로스 등이에요.

이번에 가입하는 나라 중 상당수는 그동안 소련의 영향권에 있다가 소련이 무너지고 난 뒤 독립했어요. 공산주의 체제하에 있다가 안정적인 시장경제체제를 갖춘 지 얼마 되지 않았어요. 그래서 경제발전 정도도 더디고, 노동자들이 받는 임금도 기존 EU에 속해 있던 국가들보다 싼 편이에요. 예를 들면 체코 공장직원의 인건비는 독일 직원의 5분의 1 수준밖에 안 된다고 합니다.

그런데 이들 국가가 EU에 가입하면 어떤 일이 벌어질까요. 우선 이들 국가와 현재의 EU 국가 사이에 오가는 물건의 통관절차가 간단해지고 관세도 물지 않겠지요. 그러다 보니 EU에 속하지 않은 나라 입장에선 이제 공장을 서유럽이나 동유럽 어디에 짓더라도 마찬가지가 됩니다. 이왕이면 중유럽이나 동유럽에 공장을 세우거나 투자하는 것이 유리합니다. 왜냐하면 서유럽에 비해 인건비가 훨씬 싸니까요. 쉽게 설명하면 유럽보다 월급을 적게 주면서도 서유럽에서 물건을 만드는 것과 같은 효과를 거둘 수 있는 거예요.

그래서 기아자동차, 그리고 자동차 부품을 만드는 현대모비스가 슬로바키아에 자동차 공장을 만든다는 얘기가 나오는 거예요. 삼성전자도 슬로바키아에 있는 공장의 규모와 직원을 늘린다고 하네요. 우리나라 뿐만 아니라 서유럽 · 일본 · 미국의 유명 회사들도 동유럽에 지은 공장의 규모를 잇따라 늘리고 있어요.

EU에 신규 가입하는 국가들도 이익이 많아요. 다른 나라 기업들이 투자를 많이 하니 자연스럽게 일자리가 늘고, 소득도 높아집니다. 이곳에 사는 사람들이 넉넉해지면 당연히 새로운 물건을 많이 사고 싶어 할 거예요.

그래서 우리나라 기업들도 냉장고 · 컴퓨터 · 카메라 · 휴대전화 같은 디지털 기기들을 많이 수출할 수 있게 돼 좋아져요. 게다가 우리나라가 이들 10개국에 직접 수출할 때 그동안은 국가별로 그 나라가 정한 각기 다른 관세를 내야 했는데 5월 1일부터 EU가 정한 관세(평균 3.6%)만 내면 돼 관세가 내리는 효과도 있어요.

하지만 우리나라 기업들에 좋은 점만 있는 것은 아니에요. 조심해야 할 점도 많아집니다. 라트비아 · 에스토니아에 공산품을 수출할 때는 그동안 무관세였는데 5월부터는 EU 수준의 관세를 내야 해요. 리투아니아에 기계류와 전기 · 전자 제품을 수출하는 경우에도 이전엔 관세가 없었는데 같은 수준의 관세를 물게 됩니다.

게다가 서유럽에 전자 · 기계 제품, 의료 · 조명기기 같은 공산품을 수출할 때는 우리나라의 KS마크와 비슷한 'CE마크'를 꼭 따야 하는데, 이제 신규 가입 국가 10개국에도 마찬가지로 적용됩니다. 또 공장을 지을 때 환경 규제도 당장은 아니지만 몇 년 안에 EU 수준으로 엄격해지기 때문에 유해한 배기가스나 폐수 배출을 줄이는 방향으로 지어야 합니다.

더불어 기존에 서유럽에 수출했던 것을 이들 10개국에 빼앗길 가능성도 무시하지 못하기 때문에 이에 대한 대비를 철저히 해야 합니다.

(자료 : 중앙경제, "EU에 동유럽 가입 - 우리에게 미치는 영향")

2. 북미자유무역협정(NAFTA)

북미자유무역협정(NAFTA : North America Free Trade Agreement)은 1989년 미국, 캐나다간 자유무역협정에 이어 1992년 미국, 캐나다, 멕시코 등 3국을 회원국으로 체결, 1994년 1월에 발효되었다. 북미자유무역협정에서는 시장접근, 무역규칙, 서비스, 투자, 지적재산권, 분쟁해결절차 등에서 회원국 상호간에 자유무역과 정책협조를 위한 규범을 마련하고 지역내 자유무역을 추진해 나가고 있다.

주요 분야별 추진현황을 간략히 정리하면 다음과 같다.

① **시장접근** : 회원국간 상품이동에 대한 관세철폐를 목표로 단계적인 관

세철폐를 시행해 나가고 있다. 또한 역내국가간에 존재하는 비관세장벽의 제거, 통관절차의 간소화, 정부조달의 규제 완화 등이 추진되고 있다.

② **무역규칙** : 반덤핑관세, 상계관세, 긴급수입제한조치 등의 공정한 운용과 규정의 통일 등 관련 무역규칙이 정비되고 있다.

③ **서비스교역** : 역내국가의 기업에 대해서는 무차별원칙을 적용하여 자유로운 서비스 교역의 확대를 도모하고 있다. 그러나 개별국가의 사안을 감안하여 항공산업, 금융산업 등 일부 예외를 허용하고 있다.

④ **투자** : 역내국 기업에 대해서는 내국민대우, 최혜국대우를 부여하기로 하였으며 투자에 대하여 부과되는 수출실적, 국산부품 사용의무, 기술이전 등의 부수 의무요건을 폐지하기로 하였으나 투자수익에 대해서는 자유로운 본국 송금도 허용하기로 하였다.

⑤ **분쟁해결절차** : 역내국가간에 분쟁이 발생할 경우 2국간 또는 3국간 패널을 구성하여 판정토록 하고, 이 판정에 불복하는 피제소국은 특별 패널을 소집하여 재판정을 요청할 수 있도록 하였다.

3. 아시아태평양경제협력체(APEC)

아시아태평양경제협력체(APEC : Asia Pacific Economic Cooperation)는 1989년 한국, 미국, 캐나다, 일본, 오스트레일리아, 뉴질랜드, 아시아 6개국 등 12개국이 참가하여 결성되었고, 그 후 중국 등이 추가로 가입하여 현재 18개 회원국으로 구성되어 있다. APEC은 첫째 지역내 무역 및 투자의 자율화, 둘째 지역내 통신, 교통, 인력 등의 특정분야에서의 경제협력 및 기술이전, 셋째 지역내 공동경제정책의 수립과 협력, 넷째 무역, 투자 등의 사업기회에 대한 정보 교환과 데이터시스템의 구축 등을 경제협력의 주요사안으로 추진하고 있다. APEC은 경제통합기구라기보다는 경제협력기구로서의 성격이 강하여 결속력이 비교적 약한 편이지만 보다 실질적인 경제협력기구로 발전시키기 위해 역내의 무역 및 투자자유화를 위한 보고르선언(1994)이 채택되었고 오사카선언(1995)에서는 이와 관련한 행동지침이 채택되었다.

APEC은 회원국의 교역량이 세계 교역량의 절반을 차지하고 있을 뿐만 아니라 회원국의 높은 경제성장률로 세계경제에 미치는 경제협력기구로서의 잠재적 영향력은 매우 크다. 그러나 경제통합에 있어서 중요한 요소인 국가간의 동질성에 있어서, 경제, 사회, 문화적인 차이가 매우 크고 또한 지리적으로도 분산되어 있는 점이 결속력 있는 경제통합체로 발전하는 데 장애요인이 되고 있다.

FTA로 인한 이익과 손실은 무엇인가?

1. FTA의 이익

각 나라마다 FTA를 체결하는 데에는 그만한 이유가 충분히 있을 것이다. 과연 FTA를 체결함으로써 기대할 수 있는 이익은 무엇일까? 여기에는 경제적인 효과와 함께 정치·외교적인 효과까지도 고려할 수 있는데, 우선 경제적인 효과부터 살펴보자. 협정체결 전에 소비하던 고가의 국산제품이 상대적으로 저가인 역내산으로 대체되는 무역창출효과(trade creation effect)를 기대할 수 있다고 바이너(Viner)는 말한다. 협정이 체결되면서 관세가 인하되면 체결국은 비교우위를 갖게 되는 재화를 중심으로 상호교역을 하게 되고, 따라서 비싼 국산재화를 다른 회원국이 생산한 값싼 상품으로 대체하게 된다. 다시 말해, 무역창출을 통해 각 역내국의 비교우위상품의 시장이 확대되면 동 상품의 생산과 수출이 증대하는 것을 의미한다. 즉 비교우위산업에 대한 특화가 강화되는 것이다. 따라서 각 경제 내의 생산요소들이 자연스럽게 비교우위산업으로 이동하게 됨으로써, 생산 측면에서 볼 때는 자원배분의 효율성이 증가하고, 소비 측면에서는 보다 값싼 제품을 소비할 수 있게 되어 후생수준이 증가하게 된다.

FTA를 체결하면 경쟁촉진과 경제성장을 가속화할 수 있는 경제적 효과를 기대할 수 있다. FTA가 규정하는 관세철폐와 각종 비관세장벽이 제거되면서 관세장벽이 완화되면 다른 회원국 기업의 자국시장 내 진출을 유도하고, 기업들간의 경쟁도 촉진된다. 이러한 경쟁촉진은 여러 가지 측면에서 긍정적인 효과를 가져오게 된다. 경쟁이 격화되는 가운데, 기업은 시장을 지속적으로 유지하거나 확대하기 위해 가격인하 경쟁을 벌이게 되고, 이로 인해 상품가격이 인하되는 것은 물론 재화공급과 각종 서비스 측면에서도 질적으로 향상된다. 또 새로운 제품, 양질의 제품, 효율적인 생산기법 등을 개발하려는 기업들의 경쟁이 유발되고, 그로 인한 신기술의 개발과 기술의 축적 및 파급 등은 산업기술의 발달을 촉진시킨다. 이는 결국 생산성이 증가하게 되면서 경제성장에 기여하게 된다.

또한 FTA로 기대할 수 있는 경제적 효과는 외국인 직접투자에도 영향을 미친다. FTA은 실제로 역내시장을 확대하는 것을 의미하는데, 이 확대된 역내시장에서 영업 기회를 확보하기 위해 외국인 직접투자가 역내로 증가하게 된다. 또한 FTA를 체결함으로써 교역장벽이 철폐되고, 통상규범이 강화될수록 역내시장에 대한 예측 가능성을 제고시키고, 또 역내 경제활동에 안정성을 제공하기 때문에 역외기업들이 역내에 생산거점을 마련하도록 하는 중요한 유인으로 작용하게 된다. 일반적으로 기업이 해외직접투자를 고려할 때에는 시장규모와 더불어 시장의 성장 가능성, 이윤창출 및 시장 진출의 전망, 정치 및 사회의 안정, 법적·제도적 장치의 투명성, 노동력의 질, 사회간접자본 등이 중요한 변수가 되는 것으로 알려져 있다. 이러한 요소들 중 상당수는 FTA로 개선될 수 있다.

경제적인 측면 외에도 정치·외교적인 효과도 기대할 수 있다. 소수 국가간에 FTA를 체결하면 관련 국가들이 정치적으로 안정되고 민주적인 제도가 정착되는 등 여러 가지 효과도 기대할 수 있다. FTA 회원국은 비상사태나 자연재해 발생시 공식적인 협력체제를 통해 신속한 지원을 받을 수 있고, 국제적인 지원이나 협력이 필요할 때에도 도움이 된다. 예를 들어, 1994년 12월 멕시코의 제2차 금융위기가 발생하자 클린턴 미 대통령은 동년 1월부터 발효중이던 NAFTA와 미주지역 경제통합(FTAA)에 미칠 부정적인 영향을 우려하는 의회의 반대에도 불구하고 외환안정기금 200억 달러를 멕시코에 긴급지원함으로써 멕시코의 외환위기 극복에 큰 힘이 되었다는 것은 널리 알려진 사실이다.

2. FTA로 인한 손실

FTA 체결은 무역과 투자 측면에서 전반적으로 긍정적인 효과를 가져 온다고 할 수 있으나 부정적인 효과도 수반한다. 경제적으로 소국에 해당하는 나라와 대국에 해당하는 나라가 지역무역협정을 맺을 경우 일종의 "중심국과 주변국(hub and spoke)"의 관계가 될 가능성이 있다. 경제적 소국은 경제적 대국의 무역협정 추구 전략에 휩쓸려 주변국(spoke)으로 밀려날 가능성이 있다. 즉, 경제적으로 소국인 나라는 주변국에 머물게 됨으로써 자국의 경제적인 이해관계를 내세운 독자적인 FTA 추진이 어렵게 된다.

FTA 체결은 회원국간 관세철폐가 교역상의 왜곡을 가져올 수 있다. 관세철폐 이전에 보다 효율적인 생산구조를 가진 역외교역국이 존재하고 있었다면, 특혜적인 관세철폐로 역외 저가상품의 수입이 저해될 것이고, 이 경우 체약국의 후생수준은 악화될 수 있다. 이러한 손실을 '무역전환효과'라고 부른다. 무역전환효과는 역내관세철폐로 인하여 상대적으로 더 저가인 역외 외국재화가 고가의 역내상품으로 대체된 경우를 말한다. 회원국은 비효율적인 생산구조를 가진 산업에 대해 자원을 투입하게 되고, 그 결과 회원국간 자원배분의 효율성이 악화되는 결과를 초래하게 된다. 뿐만 아니라 취약산업에 고용되었던 생산요소들의 산업간 이동이 순조롭지 못할 경우 협정 이행 초기에 실업과 같은 경제구조의 조정비용(adjustment costs)이 발생할 수 있다.

물론 다른 회원국에 비해 경쟁력이 취약한 산업이 FTA를 체결한다고 하여 완전 도태되는 것은 아니다. 그 예로 1965년에 체결된 미국·캐나다 자동차협정에서 캐나다 자동차산업의 경우를 보면 알 수 있다. 자동차와 부품에 대한 자유무역이 실시되면 미국보다 경쟁력이 취약한 캐나다 자동차업계는 상당 부문 위축되고 그 결과 대량실업이 발생할 것으로 전망되었으나, 예상과 달리 캐나다 자동차산업은 생산 및 고용에서 오히려 성장하였다. 협정체결 전인

1962년에 캐나다는 미국에 1천 6백만 달러어치의 자동차를 수출하였으나, 협정체결 후인 1968년에는 24억 달러어치의 수출을 기록하였다. 이는 역내 원산지규정을 충족시키기 위해 미국 자동차업계가 캐나다산 부품을 더 많이 수입하여 사용하였고, 캐나다 기업들도 확대된 북미시장을 효율적으로 활용하기 위한 마케팅 전략을 수립하는 등 미국과의 경쟁에서 살아남기 위해 생산성을 향상시키는 데에 주력하였기 때문에 가능하였다.

이와 같이 FTA를 체결하는 데에는 다소 불안한 측면도 있다. 그러나 FTA협상에서 시장을 개방할 준비가 되어 있지 않다면 협정 이행 초기에 시장개방의 폭을 축소하여 구조조정의 시간을 확보해야 한다. 더 나아가 특정 산업에 대한 심각한 피해가 우려된다면 이를 보완해야 하는데, FTA에서 자유화 이행 기간 중에 허용되는 양자간 세이프가드는 이러한 산업의 피해를 효과적으로 방지해 준다. 이러한 이유로 대부분의 FTA는 협정 이행 초기에는 민감하지 않은 품목 위주로 자유화를 실시하게 된다. FTA의 영향으로 경제 전체적으로는 이익을 보더라도 업종에 따라 손실을 입는 계층이 있을 수 있으므로, 이들 계층에 대한 정부의 배려가 있어야 한다.

(자료 : 대외정책연구원)

4. ASEAN지역의 경제협력[1)]

아세안자유무역지대(AFTA : ASEAN Free Trade Area)는 1992년 1월 28일 제4차 ASEAN정상회의에서 브루나이, 인도네시아, 말레이시아, 필리핀, 싱가포르 및 태국 6개국에 의해 AFTA 창설의 기본 골격이 되는 싱가포르선언이 채택되고 '아세안경제협력증진에 대한 골격협정(Framework Agreement on Enhancing ASEAN Economic Cooperation)'이 서명됨으로써 합의되었다.

AFTA는 역내 무역을 활성화하고 지역경제의 발전을 도모하려는 ASEAN국가들의 여러 가지 시도가 회원국 간의 경제와 산업구조가 상호 보완적이기보다는 경합적인 성격을 가진 이유로 큰 결실을 보지 못하고 1990년대 새로운 국제경제환경에 직면함에 따라 강력한 경제협력프로그램이 절실히 요구되면서 그 필요성이 제기되었다. 특히, 단일유럽시장(EU) 형성과 NAFTA의 추진 등

1) 박형래 · 오대혁, 무역개론, 청람, 2014, pp. 117~118.

세계경제가 보호주의 무역블록으로 나누어지는 경향을 보임으로써 이들 지역 수출에 크게 의존하고 있던 아세안국가들은 불안감을 갖게 되었으며, 기존 국제경제환경의 변화에 따른 아세안의 협상력 강화 필요성이 대두되었다. 또한 아세안 경제성장의 큰 힘이 되었던 외국인 직접투자가 다른 개도국들로 빠져나가는 심각한 상황을 맞게 되었다. AFTA는 이상과 같이 아세안 제품의 경쟁력을 유지하여 중국 등 후발국에 대한 비교우위를 지키고 주요 시장인 미국, 일본 및 유럽으로의 지속적인 시장접근을 확보함으로써 고도경제성장을 유지하기 위한 필요성에서 추진되었다.

5. 남미공동시장(MERCOSUR)

남미공동시장(MERCOSUR)은 남아메리카지역에서의 자유무역과 관세동맹을 목표로 결성된 경제블록이다. 1980년대 브라질과 아르헨티나의 양국경제협력 프로그램을 시발로 하여 1991년 인접국인 우루과이와 파라과이를 포함한 아순시온조약(Treaty of Asuncion)이 체결됨으로써 제도적 골격을 마련한 남미공동시장은 4년 동안의 준비기간을 거쳐 1995년 1월 1일 정식 발효되었다.

남미공동시장의 정식 회원국은 아르헨티나, 브라질, 파라과이, 우루과이 4개국이다. 칠레와 볼리비아가 자유무역지대수준에서 준회원국으로 참가하고 있으며, 페루, 에콰도르, 콜롬비아, 베네수엘라와 남미자유무역지대 결성을 위한 협상이 진행되고 있다. 역외적으로는 1995년 유럽연합(EU)과 경제블록 간의 협력합의가 서명되었다. 통합의 단계로는 초기 자유무역지대에서 관세동맹을 거쳐 궁극적으로는 회원국들 간의 자본과 인력의 자유로운 이동과 동등한 권리를 보장하는 공동시장 형성을 목표로 한다. 아순시온협약에서부터 MERCOSUR가 결성되기 전인 1994년 말까지의 과도기는 자유무역지대의 형성단계였으며, 현재 MERCOSUR는 대외공동관세제도를 채택함으로써 관세동맹의 형태를 띠고 있으나 일정기간 예외품목규정을 두고 있기 때문에 엄밀하게 구분한다면 자유무역지대와 관세동맹의 중간단계로 볼 수 있다.

MERCOSUR의 결성은 중남미의 경제통합에 새로운 모델을 제공하였다. 과거 경제통합의 시도가 수입대체산업화와 역내 국가로의 교역의 단순한 전환을 통한 소극적인 방식이었다면 MERCOSUR는 개방화와 상호 경제보완에 근거한 새로운 교역의 창출 시도로 국제경쟁력을 강화하는 개방적인 모델이다. 경제공동체로서 MERCOSUR의 성공적인 출발은 선진국들의 모임이라고 할 수 있는 EU나 미국이 실질적인 역할을 하고 있는 NAFTA와 달리 개도국들 간의 협력으로 이루어졌다는 점에서 남미에서뿐만 아니라 다른 지역경제권에 대해서도 훌륭한 통합사례가 될 수 있음을 보여준다.

주요용어

지역경제통합, 자유무역지역, 관세동맹, 공동시장, 경제동맹, 완전경제통합, 관세동맹이론, 대시장이론, EU, NAFTA, APEC, AFTA, MERCOSUR

연습문제

1. 지역경제통합의 형태에 대해 설명하라.
2. 지역경제통합의 경제적 효과에 대해 설명하라.
3. 유럽연합(EU)의 성립과정에 대해 설명하라.
4. 북미자유무역협정(NAFTA)에 대해 설명하라.
5. 남미공동시장(MERCOSUR)에 대해 설명하라.
6. 한-칠레 FTA에 대해 설명하라.

제7장 외환과 국제수지

제1절 외환의 기초개념

1. 외환의 개념

외환은 다음의 두 가지 개념을 가진다. 하나는 다른 경제주체들 사이의 경제거래를 위한 지급수단으로 사용되는 것으로서 외국통화, 외화증권 및 외화채권 등을 말한다. 다른 하나는 국내거래와는 달리 원격지로 인한 현금거래의 어려움을 해소하기 위한 방안으로서 국제거래 당사자 사이에 발생하는 외환의 교환행위를 말한다. 이러한 두 가지 의미를 종합하여 볼 때 외환이란 외국과의 국제거래에 따라 각종 외국통화를 교환하는 거래행위로서 교환의 대상은 외국통화나 외국채권 등이 되며, 거래방식은 현금거래가 아닌 환거래가 발생하게 된다는 성격을 가진다.

일국내에서는 자국통화만으로 거래가 가능하나 국제거래에서는 자국통화뿐만 아니라 외국의 통화가 필요하다. 따라서 국제적인 자금결제에 있어서는 거래 상대방이 필요로 하는 각종 통화를 거래 수단으로 사용하게 된다. 그리고 일국내가 아닌 국가간 거래에 있어서는 현금결제보다는 환거래가 발생하게 된다. 즉 국가간의 거래는 거리가 멀고 일반적으로 대규모의 거래이기 때문에 직접적인 현금수송이 어려우므로 환거래를 이용하는 것이 편리하다. 일반적으로 환이란 직접 현금을 송부하지 않고 원격지간의 송금이나 자금의 수수 그리고 채권・채무의 결제를 일정한 신용수단에 의해서 행하는 방법을 말한다. 이런 의미에서 외환이란 환거래가 일국내가 아닌 국가간의 거래에 적용되는 것이라 할 수 있다.

2. 외환시장

1) 외환시장의 개념

외환시장이란 외환을 사고 파는 거래가 이루어지는 장소나 거래 메카니즘을 말한다. 일반적인 재화시장이 유・무형의 재화를 매매대상으로 하는 것에 비하여 외환시장에서는 매매대상이 외국통화를 대상으로 한다. 외환시장의 대표적인 예로는 런던, 뉴욕, 동경 등의 세계적인 도시에서 운영되고 있는 국제금융시장을 들 수 있다.

2) 외환시장의 당사자

① **외국환은행**(foreign exchange bank) : 국가간 통화의 자금결제를 중개하는 은행으로써 외환시장에서 외환을 직접 사고 팔기 때문에 외환시장에서는 딜러(dealer)라고 한다.

② **고객**(customer) : 외환의 수요자 또는 공급자로서 고객은 수출입을 행하는 무역회사, 보험회사, 해운회사 등의 기업 뿐만 아니라 해외여행자, 개인송금자, 해외투자가 등의 개인도 여기에 포함된다.

③ **외환중개인**(exchange broker) : 외국환은행간에 또는 외국환은행과 고객 사이에 발생되는 각국 통화의 거래행위를 중개해주는 역할을 하고 그 대가로 중개수수료를 받는 자를 말한다. 브로커와 딜러의 차이는 거

래행위에 따른 책임소재와 위험 부담 여부에 달려 있다. 딜러는 자기의 책임하에 자기 스스로 거래행위를 담당하며 거래상의 위험을 자기가 부담하지만, 브로커는 단지 거래의 중개만 담당하기 때문에 거래에 따른 위험 부담이 전혀 없다.

④ **정부 또는 중앙은행** : 외환시장의 불안을 막고 자국 환율의 안정을 도모하기 위해 외환시장에 각국 정부 또는 중앙은행이 개입하게 된다. 이러한 각국 정부 또는 중앙은행의 개입은 환율의 변화에 따른 자국경제에 미치는 영향이나 국제수지상의 안정을 유지하기 위해서 필요하다. 특히 환율제도가 고정환율제도에서 변동환율제도로 전환된 이후 그 개입 정도가 증가되고 있는 실정이다.

3) 외환거래의 형태[1]

(1) 현물거래

외환거래에서 가장 빈번한 거래로서 현물거래[2]는 거래가 이루어진 후 두 번째 영업일에 결제하기로 하는 거래이다. 현물거래에 따른 지불지시가 은행제도를 통해서 결제되는 데는 보통 2영업일이 소요되기 때문에 현물환[3]의 경우에 계약이 성립된 지 이틀 후에야 실제로 외환이 거래되는 것이다.

---

1) 박형래 · 오대혁, 무역개론, 청람, 2014, pp. 358~360.

2) 현물(환)거래(spot exchange transaction)는 통상 외환매매계약 후 2영업일 이내에 외환의 인수도가 이루어지는 거래를 말한다.

3) 외국환은 거래된 외국환을 언제 건네받는가에 따라 현물환과 선물환으로 구분된다. 현물환(spot exchange)은 외국환 매매계약과 동시 또는 2영업일 이내에 받는 외국환을 말한다. 선물환(forward exchange)은 장래의 일정기일 또는 기간 내에 미리 정한 금액과 종류의 외환을 약속한 환율로 건네받는 것을 말한다. 기간은 1주일 내지 6개월이 일반적이다. 고객거래는 매매계약과 동시에 인도되는 현물환이 보편적이다. 단 은행 간 거래는 규모를 감안해 보통 2영업일을 기준으로 하고 있다. 현물환은 주로 무역거래 목적으로 사용한다. 선물환은 환시세변동에 따른 환리스크(환위험)를 사전에 방지하기 위한 것이다. 수출업자는 수출계약 체결과 동시에 환계약을 체결함으로써 수출계약 때부터 수출대금회수 때까지 환율변동에 따른 손해를 예방하게 된다. 또 선물환은 환차익을 적극적으로 이용한 환투기나 외국환은행의 각종 환조작에도 이용된다.

(2) 선물거래[4)]

미래에 이루어질 두 통화의 교환비율을 거래액과 함께 계약일에 미리 결정해두고, 결제는 계약일로부터 세 번째 영업일 또는 일정기간이 지나서 이루어지는 외환거래를 말한다. 이러한 선물거래에 적용되는 선물환율[5)]은 현물환율[6)]과 같지 않으며 선물환 계약의 만기에 따라 각기 다른 선물환환율이 존재한다. 어떤 통화의 선물환율이 현물환율보다 높을 경우 그 통화가 그 선물만기에서 할증(premium)으로 거래된다고 말하고, 현물환율보다 낮을때는 할인(discount)으로 거래된다고 하며 같을 때는 선물환율이 동률(flat)이라고 한다.

(3) 스왑(swap)거래[7)]

일정금액의 특정 통화를 동시에 사고팔고 하는 것을 의미하는데 이때 매입과 매도가 같은 은행을 상대로 행해지지만 각각의 결제일은 서로 다르게 된다. 흔히 볼 수 있는 스왑거래의 예로서 현물-선물은 딜러가 특정 통화를 현물환시장에서 매입함과 동시에 같은 금액을 선물환시장에서 매도하는 경우이다.

---

4) 선물거래란 미리 정한 가격으로 미래의 특정 시점에 상품을 사고팔기, 즉 매도와 매수를 하기로 현재시점에서 약속하는 거래를 말한다.

5) 선물환율(forward exchange rate)이란 선물환거래에 적용되는 환율로서 일반적으로 현물환율과의 차액으로 표시되며 이 차액을 선물마진이라 한다. 선물환율이 현물환율보다 높은 경우를 프리미엄, 낮은 경우를 디스카운트라 하며 선물마진 옆에 P 또는 D의 부호를 쓰고, 같은 경우에는 F 또는 E로 표시한다. 선물환율은 일반적으로 현물환율과 내외국 간의 금리차에 의해 결정된다. 자국통화 표시의 경우 일반적으로 고금리국에서는 선물환율이 현물환율보다 높고 저금리국에서는 그와 반대이다.

6) 외환의 매매계약의 성립과 동시에 외환의 인도와 대금결제가 이루어지는 외환거래를 현물거래(spot transaction)라 하고 이때 적용되는 환시세를 현물환율(spot exchange rate)이라 한다. 외환현물시장에서의 결제는 거래일로부터 2영업일에 이루어지는 것이 보통이다. 이에 상응되는 것으로 매매계약 후 3영업일 이후 특정일 또는 특정 기간 내에 외환의 인도가 이루어지는 거래를 선물환거래라 한다.

7) 스왑거래(swap transaction)란 서로 다른 금리 또는 통화로 표시된 부채를 상호교환하는 거래를 말한다. 스왑거래에는 동일한 통화이지만 금리가 다른 금리스왑, 같은 금리이지만 결제통화가 다른 통화스왑 등이 있다. 또 외환시장에서 외국통화 현물과 같은 액수의 선물(先物)을 교환하는 거래도 있다. 이 경우의 스왑거래는 수출입을 하는 기업이 외국환결제은행과 예약한 외환결제기간을 연장할 경우 등에 주로 이용된다.

제2절 환율

1. 환율의 개념

환율이란 어느 한 나라의 통화와 외국통화와의 교환비율이라 할 수 있다. 상품의 거래시에 가격을 통한 거래가 이루어지듯이 각국 통화의 거래에도 거래의 기준이 되는 가격이 존재하게 되는데 이를 환율이라 할 수 있다. 또한 각국의 통화를 하나의 상품이라 한다면 환율이란 각국 통화에 대한 수요와 공급에 따라 결정되는 한 나라 통화의 대외적인 가격이라고도 할 수 있다. 따라서 환율이란 외국통화와의 교환비율을 나타낼 뿐만 아니라 한 나라 통화의 대외가치를 나타낸다고 할 수 있다.

2. 환율의 표시방법과 등락

환율을 표시하는 방법에는 방화표시법(direct quotation)과 외화표시법(indirect quotation)의 두 가지가 있다. 방화표시법이란 자국통화표시법이라고도 하는데 외국통화 1단위에 대한 자국통화의 교환비율을 나타내는 방법으로서 우리나라와 같이 미국의 1달러에 대한 한국 원화 1200원($1 = ₩1200)과 같이 표시하는 방법을 말한다. 영국을 제외한 거의 대부분의 나라들이 이 방법을 채택하고 있다. 반면 외화표시법이란 자국통화 1단위에 대한 외국통화의 교환비율을 나타내는 방식을 말한다. 영국은 전통적으로 다른 통화에 대한 표시를 이 방법으로 나타내고 있다. 예를 들면, 영국의 1파운드에 대한 미국의 1.43달러와 같이 표시하는 방법을 말한다.

환율은 각종 통화간의 교환가치를 지칭하는 것으로서 환율가치의 상승이나 하락, 그리고 평가절하 또는 평가절상 등의 개념을 사용하게 된다. 환율의 표시방법 중 방화표시방법을 사용한다는 전제에서, 우리가 흔히 접하게 되는 환율상승이라는 의미는 1달러당 1200원에서 1300원으로 변경되는 것을 말한다. 이와 같은 의미의 사용은 자국통화의 대외적인 구매력의 하락, 즉 자국통화의 평가절하라는 개념과 같은 의미이다. 이와는 달리 환율의 하락은 1달러당 1200원에서 1100원으로 환율표시가 떨어진 것으로 대외적인 구매력의 상승, 즉 자국통화의 평가절상을 의미한다.

3. 환율의 종류

1) 매도환율과 매입환율

외환의 매매에 있어서 외국환은행의 역할에 따라 매도환율과 매입환율로 구분된다. 매도환율이란 외국환은행이 외환을 팔 때 적용하는 환율을 말하고, 반대로 고객으로부터 외환을 매입할 때 적용하는 환율을 매입환율이라 한다. 일반적으로 매도환율이 매입환율보다 높게 적용되는데 이러한 차이를 스프레드(spread)라고 하며, 이러한 스프레드가 은행의 외환거래수익의 원천이라 할 수 있다.

2) 현물환율과 선물환율

외환거래가 매매계약과 동시에 결정되는 현물환거래시 적용되는 환율을 현물환율(spot exchange rate)이라 하고, 일정 기간 후에 일정율로 환거래를 할 것을 미리 예약하여 실제의 거래는 일정 기간이 지나서야 거래가 이루어지는 선물환거래시 적용되는 환율을 선물환율(forward exchange rate)이라 한다.

4. 환율제도[8)]

1) 고정환율제도

환율변동을 전혀 인정하지 않거나 그 변동폭을 극히 제한하는 환율제도를 고정환율제도(fixed exchange rate system)라 한다. 가장 전통적인 고정환율제도는 19세기 말에서 20세기 초의 금본위제인데 동 제도하에서 각국은 자국통화의 가치를 금에 고정시키고 금태환성을 보장함으로써 모든 통화에 대한 환율을 안정적으로 유지할 수 있었다. 예를 들어 영국은 금 1온스에 4.5파운드로 고정하고, 미국은 금 1온스에 27달러로 고정하면 양국통화 간 환율은 고정된다. 제2차 세계대전 이후 1973년까지 유지되었던 브레튼우즈체제도 고정환율제도의 한 형태로서 이 제도하에서는 미달러화만이 금에 대해 가치가 고정되었고 금태환성이 보장되었다. 그리고 기타 국가는 미달러화에 자국통화의 가치를 고정시켜서 운용하였다.

고정환율제도를 설명하면 다음과 같다. 고정환율제도란 1달러 800원이라고 못을 박으면 영원히 환율이 800원에서 변하지 않는 환율결정 메커니즘을 말한다. 생각해 보면 매우 편하고, 환율계산도 쉬워서 좋을 것 같지만 사실은 그렇지가 않다. 예를 들어 환율이 1달러에 1,000원으로 묶여 있고, 우리나라 제품이 너무 좋아서 수출이 증가하여 달러를 많이 벌어들이고 있다고 하자. 달러가 흘러 들어오는 만큼 원화가 풀리고, 원화가 풀리는 만큼 물가는 뛰게 된다. 물가를 낮추고, 외국의 통상압력을 피하기 위해서는 수출을 줄여야 하는데 환율은 여전히 1달러에 1,000원이기 때문에 수출은 줄어들지 않는다. 환율을 낮추면 수출이 줄어들 수 있겠지만 환율이 고정되어 있기 때문에 어쩔 수가 없다. 고정환율제도의 최대 단점은 이처럼 국제수지를 조정하는 역할을 할 수 없다는 데 있다. 즉, 고정환율제도는 환율이 안정적으로 유지됨에 따라

8) 박형래 · 오대혁, 무역개론, 청람, 2014, pp. 338~339.

경제활동의 안정성이 보장되어 대외거래를 촉진시키는 장점이 있으나 환율변동에 의한 국제수지의 조정이 불가능함에 따라 대외부문의 충격이 물가불안 등 국내경제를 불안정하게 하는 단점도 있다.

2) 변동환율제도

환율이 시장의 수요와 공급에 따라 변하는 제도를 변동환율제도(floating exchange rate system)라고 하며 현재 우리나라가 선택하고 있는 환율제도가 바로 변동환율제도이다. 달러에 대한 수요가 많아지면 달러의 가치가 올라가서 환율이 800원에서 1,000원으로 뛰고, 반대로 달러에 대한 수요가 줄면 환율이 1,000원에서 800원으로 변하는 제도가 바로 변동환율제도이다.

환율이 시장의 수요공급에 따라 급격하게 변하면 1달러에 1,000원일 때 900원짜리 상품을 1달러에 수출하면 100원의 이익이 발생한다. 그런데 막상 대금결제를 받을 때에 환율이 변해서 1달러에 800원이 되면 수출업자는 가만히 앉아서 100원을 손해보게 된다. 이처럼 환율의 변동으로 오는 손실을 환차손이라고 하고, 환율의 변동으로 오는 이익을 환차익이라고 한다. 환율이 변동하면 환차손을 보아야 할 뿐만 아니라 원자재를 많이 수입하는 업체는 연초에 수립하였던 예산을 수정해야 한다. 이 같은 문제에도 불구하고 많은 나라들이 변동환율제도를 선택하는 이유는 변동환율제도가 국제수지를 조정하는 역할을 하기 때문이다.

환율이 1달러에 800원에서 1,000원으로 올랐다고 가정하자. 그러면 우리나라 제품의 수출은 늘어나고 달러는 늘어나게 된다. 수출이 많으면 많을수록 좋다고 생각할 수도 있겠지만 수출을 많이 해서 달러가 들어오면 기업은 임금을 주기 위해서라도 원화로 바꾸어야 하는데 지나치게 많은 달러가 들어오면 물가가 폭등하고, 경제에 거품이 생기는 현상도 발생할 수 있다. 이 같은 문제를 해결하기 위해서는 수출을 줄어야 하는데 변동환율제도하에서는 굳이 인위적인 수단을 강구하지 않아도 수출이 줄어들게 된다. 그 이유는 달러가 많이 들어오게 되면 환율이 1달러에 1,000원에서 1달러에 800원으로 떨어지기 때문이다. 미국기업의 입장에서는 옛날에 1달러를 주고 1,000원짜리 물건을 살 수 있었는데 이제는 800원짜리 물건밖에 살 수 없게 되어 구매선을 다른 나라로 돌리게 되고 이로 인해 당연히 수출은 줄어 들 수밖에 없는 것이다.

3) 관리변동환율제도

관리변동환율제도(managed floating exchange rate system)는 환율이 외환시장의 수급상황에 따라 변동되도록 하되 중앙은행이 적정하다고 판단하는 수준에서 환율을 안정시키기 위해 수시로 외환시장에 개입하여 환율수준을 관리하는 환율제도로서 고정환율제도와 자유변동환율제도의 장점을 살린 중간 형태라 할 수 있다. 1970년대 브레튼우즈체제가 무너지면서 변동환율제도로 이행한 이후의 국제통화제도는 환율변동 허용 정도에 따라 여러 가지 제도가 혼재되어 있다. 주요 선진국들이 자유변동환율제도를 채택한 데 비하여 개도국들은 관리변동환율제도를 채택하는 경향이 있다.

4) 환율제도의 변천

1800년 이후부터 시행된 국제통화제도를 살펴보면 고정환율제도와 변동환율제도가 번갈아 시행되는 양상을 보이고 있다. 특히 세계경제가 활황기를 보일 때는 변동환율제도가 많이 시행되었으며 불경기인 경우에는 고정환율제도를 선호하고 있는 경향을 보이고 있다(본서 제5장 국제통화제도를 참조할 것).

1976년 이후 변동환율제도를 적법화한 킹스턴체제 이후 각국은 자국의 사정에 맞는 환율제도를 택할 수 있게 됨에 따라 세계의 환율제도는 여러 가지가 혼용되고 있는 실정인데, 그 중에서도 정부의 자의적인 개입을 어느 정도 허용하는 관리변동환율제도를 채택하는 국가가 많다.

환율이 떨어지면 무슨 문제가 생기나요?

환율은 말 그대로 한국돈 원화와 외국통화 간의 교환비율을 말합니다. 더 자세하게 말하면 국제사회에서 물건을 사고 팔 때 대부분 미국 달러화로 거래하기 때문에 신문에서 그냥 환율이라고 하면 원화와 달러화의 교환비율을 의미할 때가 많습니다. 교환비율이라고 하면 말이 어려워지니까 달러화를 사과나 배와 똑같은 상품이라고 생각해 보세요.

1달러에 1천 2백원하던 달러가 1천원이 됐을 때 환율이 떨어졌다고 말합니다. 환율이 하락했다는 것은 다시 말해 달러값이 떨어졌다는 것을 뜻합니다. 환율은 상대적인 것이니까 달러값이 떨어졌다면 원화값은 올랐겠지요. 정리하면 '환율 하락 = 달러값 하락 = 원화값 상승'이 됩니다.

환율이 떨어지면 어떤 일이 벌어질까요. 먼저 수출업자를 살펴보죠. 원가가 1천2백원하는 장난감을 미국에 수출하는 A기업이 있습니다. 그런데 환율이 달러당 1천원으로 떨어졌다고 해보죠. A사는 1달러에 수출할 경우 개당 2백원씩 손해를 봅니다. 손해를 보지 않으려면 수출가를 1.2달러로 올려야 합니다(1.2달러 × 1천원 = 1천 2백원). 값을 올리면 밑지지는 않겠지만 수출 물량이 줄어들테니 결국 손해입니다.

그럼 수입업자는 어떨까요. 환율이 1달러에 1천 2백원인 경우 미국에서 액세서리를 수입하는 B사가 1달러짜리 머리핀을 사오려면 1천 2백원이 있어야겠죠. 그런데 환율이 달러당 1천원으로 떨어지면 1천원만 있어도 1달러짜리 머리핀을 수입할 수 있습니다. 1달러짜리를 사와서 종전에 팔던 대로 1천 2백원을 받으면 개당 2백원씩 이익이 남고 값을 1천원으로 낮추면 판매량이 늘어날 겁니다.

환율이 떨어지면 이처럼 수출업자는 울고 수입업자는 웃게 됩니다. 따라서 우리나라의 수출은 줄어들고 수입은 늘어 국제수지가 적자가 됩니다. 바로 이 점이 정부가 외국 투자가들의 비난을 감수하면서 환율 하락을 막으려는 이유입니다.

경제가 잘 돌아가려면 기업이 투자를 적극적으로 하고, 민간은 기업이 만든 물건을 잘 팔아주며, 수출은 잘 돼야 합니다. 그런데 최근 우리나라에선 기업은 장래가 불확실하다며 투자를 안하려고 하고, 민간은 허리띠를 졸라매 소비가 부진합니다. 유일한 희망이 수출인데 환율이 떨어져 수출이 줄어들면 큰일이라는 게 정부의 생각입니다.

그렇다면 환율은 어떻게 결정될까요.

다시 사과와 배의 예로 돌아가 보지요. 사과 풍년이 들면 시장에 사과가 쏟아져 나옵니다. 팔려고 내놓은 사과가 많으면 사과값이 떨어지겠지요. 달러화도 마찬가지입니다. 달러를 사고 파는 시장이 외환시장인데 이 시장에 팔려고 내놓은 달러가 많으면 달러값은 떨어집니다. 다시 말해 환율이 떨어집니다.

외환시장에는 여러 경로를 통해 달러 매물이 들어옵니다. 우선 물건이나 서비스 수출과 수입의 차인 경상수지가 흑자가 되면 달러가 들어옵니다. 지난해 경상수지 흑자는 1백 20억달러에 달했습니다.

다음으로 물건이나 서비스의 거래가 아니라 투자에 의해서도 달러가 들어옵니다. 대표적인 것이 외국인의 주식투자 자금입니다. 지난해 외국인이 국내 증시에 투자한 돈은 1백 35억달러로 우리나라가 외국인에게 주식투자를 허용한 이후 최대 규모였습니다.

마지막으로 투기자금을 들 수 있습니다. 환율이 떨어지면 원화값은 오릅니다. 따라서 원화값이 오르기 전에 달러를 원화로 바꿨다가 나중에 다시 달러로 환전하면 가만히 앉아서 많은 차익을 남기겠지요.

최근 우리나라 외환시장에는 달러를 팔자는 사람은 많은 반면 달러를 사려는 쪽은 많지 않습니다. 이 때문에 정부가 나서서 외환시장에서 달러를 사들인 겁니다. 달러를 사려면 원화가 필요하기 때문에 정부가 채권을 팔아 돈을 마련했습니다. 이렇게 발행한 채권이 30조원이 넘어섰습니다. 그러자 국제금융시장의 눈치 빠른 투기세력이 기승을 부렸습니다.

한국 정부가 무한정 채권을 팔아 달러를 사들이기는 어렵다고 본 것이지요. 투기세력은 이에 따라 달러화를 마구 팔았습니다. 그러자 정부는 이 투기세력의 본거지가 홍콩·싱가포르 등에 있는 역외선물환(NDF) 시장이라고 보고, 지난 15일 NDF를 통한 거래를 원천봉쇄하는 초강수를 뒀습니다.

그러나 정부의 NDF거래 봉쇄조치는 근본적인 대책이 되기는 어렵다는 지적이 많습니다. NDF를 통한 달러화 팔자 물량을 막더라도 경상수지 흑자나 외국인의 국내 주식투자로 인한 달러 유입은 막을 수 없기 때문입니다.

(자료 : 중앙경제, "환율이 떨어지면 무슨 문제가 생기나요?", 정경민)

제3절 국제수지

1. 국제수지의 의의

무역을 행한다는 것은 곧 다른 나라와 대외경제거래를 행한다는 것이다. 국제수지(balance of international payment)란 한 국가의 거주자와 외국의 거주자 사이에 일정 기간 동안에 걸쳐서 발생된 모든 경제적 거래의 내역을 체계적으로 기록한 대외거래의 종합적인 내용을 의미한다. 다시 말하면 한 나라가 일정 기간에 걸쳐 필요한 국제거래를 수행하게 되면 상품의 수출, 용역의 제공, 해외건설 등으로 벌어들인 외화와 상품의 수입, 해외여행경비 등으로 지급한 외화 사이에는 그 차액이 발생하게 되는데 이를 국제수지라고 하며,

나라 안으로 들어온 외화가 나라 밖으로 나간 외화보다 많은 경우 국제수지 흑자라고 하며 그 반대의 경우를 국제수지 적자라고 한다.

국제수지의 개념에는 다음의 의미가 내포되어 있다.

첫째, '일정 기간'이라는 의미는 일반적으로 '1년 동안'이라는 기간을 지칭하기 때문에, 어느 일정 시점의 양을 의미하는 국제자산과 국제부채를 표시하는 대차대조표의 개념인 스톡(stock)의 개념이 아니라, 일정 기간 동안에 경제적 거래의 흐름을 기록하여 외화자산과 외화부채의 변화를 보여주는 플로우(flow)의 개념이다. 국제수지는 월별, 분기별, 반년별, 일년별로 작성하기도 한다. 우리나라에서는 한국은행이 국제수지표를 월별로 작성하여 익월 말일경에 발표하고 있다.

둘째, 국제수지에 기록되는 경제적 거래는 법률상의 국적과는 관계없이 생산활동으로 인한 이익의 발생지를 중심으로 하여 구분하고 있다. 즉, 생산활동의 이익중심지(center of interest)가 한 국가의 국내인 경우에는 그 국가의 거주자로 분류된다. 거주자는 일반적으로 개인, 민간 비영리단체, 기업, 정부 등을 포함한다. 개인일 경우에는 외국인의 경우에도 일정기간 이상(보통 1년 이상) 국내에 거주하여 생산활동에 참여하였을 때에는 경제적 이익의 중심이 국내에 있기 때문에 거주자로 취급된다. 반대로 국적은 내국인이라 할지라도 국외에 장기간(1년 이상) 거주하는 자는 비거주자로 간주한다. 그러나 장기간 외국에 거주하더라도 군대, 외교관 등은 자국의 거주자로 인정된다. 그리고 각국의 거주성 판단 기준이 서로 상이하기 때문에 국가마다 다른 거주성 기준이 존재한다. 민간 비영리단체는 업무의 수행이나 위치를 감안하여 국민경제적 거주성 기준에 따라서 판단한다. 기업의 거주성 판단은 주된 영업이 성립되는 국가의 거주자로 분류하지만, 그 기업의 해외영업을 하는 지점이나 현지법인은 소재지의 거주자로 분류한다. 예를 들면, 외국인이 투자한 기업이라도 우리나라에서 영업을 하고 있는 외국인 투자기업의 경우에는 우리나라의 거주자가 된다. 또한 자국의 영토 안에 있는 중앙정부 및 지방정부 그리고 해외공관은 거주자로 파악한다. 예를 들면, 대사관 같은 정부기관은 해외에 소재하고 있더라도 본국의 거주자로 보기 때문에 외국에 있는 우리나라의 대사관은 우리나라의 거주자이며, 우리나라에 주재하는 외국대사관은 해당국가의 거주자가 된다. 그러나 국제기구, 예를 들면 국제통화기금(IMF), 세계은행(IBRD) 등의 국제금융기구, 국제행정기구, 국제정치기구는 그 자체로서의 국제수지를 지니고 있기 때문에 기구들이 위치하고 있는 국가의 거주자에서 제외되고 있다.

셋째, 국제수지에 기록되는 경제적 거래의 범위에는 재화, 용역자산 거래뿐만 아니라 물물교환거래, 외국의 증여나 원조도 포함되어 있다.

넷째, 경제적 거래의 내역을 체계적으로 기록한다는 뜻은, 국제수지표는 복식부기 기입 원리에 따라 차변과 대변에 동일 금액이 동시에 체계적으로 분리되어 기록되기 때문에 국제수지는 항상 차변합계액과 대변합계액이 일치하게 된다. 복식부기라는 것은 하나의 거래가 발생하면 서로 다른 방향으로 두 가지 자산이 교환되기 때문에 국제수지표에서 대변은 외환의 수입에 대응하는 가치의 유출인 국제경제거래의 내역이 기재된다. 즉 자국의 대외부채의 증가나 대외자산의 감소로 인하여 수취되는 외환의 수입거래를 나타낸다. 그러므로 재화, 용역의 수출거래, 자본의 유입거래, 증여 및 이전거래 등이 대변 기재항목에 해당된다. 반대로 국제수지표에서 차변은 외환의 지급에 대응하는 가치의 유입인 국제경제거래의 내역이 기재된다. 즉, 자국의 대외부채의 감소나 대외자산의 증가로 인하여 지출되는 외환의 지급거래를 나타낸다. 그러므로 재화, 용역의 수입, 자본의 유출거래, 증여 및 이전거래 등이 차변에 기재된다.

다섯째, 국제수지표의 대변란에는 외환의 수입을 기재하고, 차변란에는 외환의 지급을 기재하기 때문에 외환의 수요와 공급을 나타내고 있다. 국제수지표에 계상하는 시점은 통관 기준이며 외환수급통계의 기준 시점은 외환결제시점이다. 그러므로 국제수지는 외환수급통계와는 상이한 경우가 발생된다. 예를 들면 연지급의 수출(기한부 수출 : Usance)인 경우에 상품이 통관한 시점과 외환을 수취한 시점이 다를 때에는 국제수지와 외환수급통계와는 차이가 발생한다. 그러나 장기적으로는 일치할 것이다.

국제수지란?

"내년에는 대규모의 국제수지 흑자가 달성될 것으로 예상되고, 경제여건도 크게 호전될 것으로 기대되어 경제성장률이 당초 예측보다 상향될 것으로 보인다.", "지난 달에는 수출실적이 부진하고 수입이 증가하여 국제수지 적자를 기록하였으며 신용장 내도액도 점차 감소하는 추세에 있다." 우리는 일상생활에서 위와 같은 소식을 언론매체를 통하여 자주 접하게 되면서, 국제수지 상황에 따라서 국가의 경제상황도 변화하게 되며 우리의 실제생활과도 밀접한 관계가 있음을 알 수 있다.

대부분의 경우에 우리는 자신이 필요한 물품을 직접 제조하여 소비하지는 않으며 다른 사람이 제조한 것을 구입하여 사용하게 된다. 국가간에도 자기나라에서 제조한 물품을 외국에 수출하여 그 결제대금인 외화를 취득하고 이 외화를 국내에서 필요한 물품을 수입하고 지급하는 자금으로 사용하게 된다. 그리고 각 가정에서는 소득과 지출의 내용을 기록하는 가계부를 작성하여 과거의 거래내용을 관리하여 앞으로의 계획을 정리하게 된다. 한 국가에 있어서도 마찬가지로 외국과의 거래내용을 기록·정리함으로써 미래의 산업정책이나 외환정책의 기초 자료를 마련하는 것이 절대적으로 필요하다.

2. 국제수지표의 항목과 구성

국제수지표는 외국과의 거래를 체계적으로 요약하여 정리한 것이다. 실제로 국제수지표에서는 외국과의 거래가 그 특성에 따라 경상계정과 자본계정으로 나누어 기록되며 경상계정에는 상품과 서비스를 외국에 팔고 사는 거래와 외국에 투자한 대가로 벌어들이는 배당, 이자 등의 소득이 계상되며 자본계정에는 외국에 돈을 빌려주거나 빚을 얻어오는 거래가 기록된다. 그리고 경상거래의 결과 벌어들인 수입과 지급한 금액과의 차이를 경상수지라고 하며 자본거래의 결과로 나타난 들어온 돈과 나간 돈의 차이를 자본수지라고 한다. 국제수지에서는 경상수지가 가장 중요시되는데 경상수지는 상품수지, 서비스수지, 소득수지 및 경상이전수지의 4부문으로 나누어진다. 그리고 자본수지는 투자수지와 기타 투자수지로 나누어진다.[9]

9) 박형래·오대혁, 무역개론, 청람, 2014, pp. 365~368.

1) 경상수지

(1) 상품수지 및 서비스수지

상품수지는 상품의 수출과 수입의 차이를 나타낸다. 즉 과거에 사용하였던 개념인 무역수지(trade balance)로서 상품의 수출로 인하여 지급받은 돈과 상품의 수입으로 인하여 그 대가를 지불한 돈과의 차액으로 나타난다.

서비스수지는 외국과의 서비스거래 결과로 획득한 돈과 지급한 돈의 차이를 말한다. 즉 우리나라의 선박이나 항공기가 상품을 나르고 외국으로부터 받은 운임, 외국관광객이 쓰고 간 돈, 무역대리점의 수출입안선수수료 수입 등이 서비스수입이 된다. 반대로 우리나라가 외국에 지급한 선박과 항공기의 운항경비, 여행경비, 특허권 사용료 등은 모두 서비스지급으로 나타난다.

(2) 소득수지

소득수지는 우리나라가 외국에 투자한 결과 벌어들이는 돈과 외국인이 우리나라에 투자한 결과 벌어가는 돈의 차이 그리고 우리나라 근로자가 외국에 나가 일해서 벌어들이는 돈과 외국인 근로자가 우리나라에서 일해서 벌어가는 돈의 차이를 나타낸다. 소득수지는 거주자가 외국에 단기간(1년 이내) 머물면서 일한 대가로 받은 돈과 국내에 일시 고용된 비거주자에게 지급한 돈의 차이를 나타내는 급료 및 임금수지와 거주자가 외국에 투자하여 벌어들인 배당금 · 이자와 비거주가에게 국내에 투자한 대가로 지급한 배당금 · 이자의 차이를 나타내는 투자소득수지로 구성된다.

(3) 경상이전수지

경상이전수지라 함은 거주자와 비거주자 사이에 아무런 대가 없이 주고받은 거래, 즉 무상거래의 수지차를 말한다. 경상이전은 수혜자의 소득과 소비를 늘려주게 되는데 해외에 거주하는 교포가 국내의 친척 등에게 보내오는 송금, 종교기관이나 자선단체의 기부금과 구호물자, 정부 간의 무상원조 등이 여기에 기록된다.

2) 자본수지

경상수지가 상품·서비스와 소득거래를 대상으로 하는 데 비해 자본수지는 민간기업, 금융기관, 정부 등이 외국으로부터의 차입 등의 방식으로 돈을 빌리거나 이와는 반대로 외국에 신용공여 등의 방식으로 돈을 빌려줌으로써 발생하는 외화의 유출과 유입의 차를 나타낸다. 자본수지는 크게 투자수지와 기타 자본수지의 두 가지로 구분되며 투자수지는 다시 직접투자, 증권투자, 그리고 기타 투자의 3부문으로 나누어진다.

직접투자는 외국에 있는 기업에 대한 경영참여 등과 같이 영속적인 이익을 취득하기 위하여 행하는 대외투자를 기록한다. 직접투자는 직접투자가와 직접투자기업의 관계를 발생시키는 최초거래뿐만 아니라 양자 간 및 계열기업 간 자금의 차입, 대출 등 후속거래도 포함한다.

증권투자는 외국과의 주식, 채권, 파생금융상품거래를 나타낸다. 그런데 동일한 주식투자라 하더라도 기업의 경영참여를 통한 영속적인 이익추구를 목적으로 하였을 때는 직접투자로 계상하며 이와는 달리 단지 투자자본의 가치증가 또는 이윤획득만을 목적으로 한 경우는 증권투자로 기록한다.

기타 투자는 직접투자와 증권투자에 포함되지 않는 외국과의 모든 금융거래를 기록한다. 여기에는 대출 및 차입, 상품을 외상으로 수출하거나 수입할 때 발생하는 무역관련 신용, 현금 및 예금 등의 금융거래가 기록된다.

기타 자본수지는 특허권, 상표권 등을 사고파는 거래와 해외이주자가 외국에 이주할 때 가지고 가는 해외이주비 등을 기록한다.

자본수지가 플러스라는 것은 자본거래 결과 발생한 자금의 유입이 유출보다 많았다는 것을 의미한다. 따라서 차관 등 외국 빚을 들여온 금액이 갚은 금액보다 많거나 우리가 가지고 있던 대외채권의 회수금액이 공여금액을 상회하여 들어온 돈이 나간 돈보다 많게 되면 자본수지는 플러스가 되고 반대의 경우는 마이너스가 된다.

〈표 7-1〉 국제수지의 구성

대분류	소분류	수취	지급	수지(수취-지급)
경상 계정	• 상품 및 서비스 계정 • 소득계정 • 경상이전계정	• 상품 및 서비스의 수출 • 급료 및 임금, 투자소득 수취 • 경상이전수취	• 상품 및 서비스의 수입 • 급료 및 임금, 투자 • 소득지급	• 상품 및 서비스 수지 • 소득수지 • 경상이전수지
자본 및 투자 계정	• 투자계정 • 자본계정	• 국내금융자산의 수출 → 외국인 국내투자 → 대외부채의 증가 • 자본이전수취 • 외국 비생산·비금융 자산의 취득	• 외국금융자산의 수입 → 내국인 해외투자 → 대외자산의증가 • 자본이전지급 • 국내 비생산·비금융 자산의 처분	• 투자수지 • 기타 자본수지
국제 수지 계정	상품 및 서비스, 소득, 경상이전, 투자, 자본계정의 합계	상품, 서비스, 자산의 수출 및 이전의 수취	상품, 서비스, 자산의 수입 및 이전의 지급	종합수지 (= 국제수지 = 경상수지 + 자본수지)

주요용어

외환, 외환시장, 외국환은행, 외환중개인, 환율, 방화표시법, 외화표시법, 매도환율, 매입환율, 현물환율, 선물환율, 환율제도, 고정환율제도, 변동환율제도, 국제수지, 국제수지표

연습문제

1. 외환의 개념에 대해 설명하라.
2. 외환시장의 개념과 당사자에 대해 설명하라.
3. 환율의 표시방법에 대해 설명하라.
4. 환율의 종류에 대해 설명하라.
5. 고정환율제도와 변동환율제도에 대해 설명하라.
6. 국제수지의 개념에 대해 설명하라.
7. 국제수지표의 항목과 구성에 대해 설명하라.

제8장 관세와 비관세장벽

제1절 관세

1. 관세의 성격

관세란 한 나라의 관세영역 혹은 관세선을 통과하는 물품에 부과하는 세금을 말한다. 관세는 조세적 성격, 소비세적 성격 그리고 특수 성격을 가지고 있다.

1) 관세의 조세적 성격

- **국가주체** : 관세징수의 주체는 국가이다. 즉 국가가 주체가 되어 관세권을 행사한다. 일반적으로 관세의 과세권은 국가의 재정권에 속해 있고 그러므로 지방자치단체는 관세를 과세하지 못한다. 따라서 관세는 그 징수의 주체가 국가란 점에서 일종의 국세이고 지방자치단체가 징수하는 지방세와 구별된다.
- **강제징수** : 관세는 강제적으로 징수된다. 관세는 납부자의 의사에 관계없이 한 나라의 정부가 독자적으로 정한 방법에 의거하여 강제로 부과, 징수한다.

▸ **반대급부가 없음** : 관세에는 반대급부가 없다. 관세납부를 대가로 납부자에게 특별한 보상 성격의 반대급부가 이루어지지 않는다. 예를 들면 수수료나 사용료 등은 서비스의 반대급부가 있다.

▸ **재정수입목적** : 관세는 1차적으로 재정수입을 목적으로 한다. 국내산업 보호를 목적으로 부과하는 관세를 보호관세라 한다.

▸ **조세법률주의** : 관세는 법률 또는 조약에 의해서 부과·징수된다. 관세도 조세이기 때문에 정부는 법률에 의해서만 부과·징수가 가능하다. 즉 국회의 의결을 거쳐 얻은 법률에 의해 규정하는 주의이다.

2) 관세의 소비세적 성격

▸ **소비대상** : 관세의 궁극적인 대상은 소비이다. 관세는 소비를 궁극적인 대상으로 하여 부과된다. 즉 관세는 소비세의 일종이다. 관세는 일종의 소비세로서 최종적으로 소비될 것을 대상으로 하여 부과되는 조세이다. 따라서 일반적인 소비세와 그 과세 근거에는 별다른 차이가 없다.

▸ **관세전가** : 관세는 전가된다. 수입업자에게서 소비자로 전가된다. 관세의 경우 원칙적으로 수입업자가 관세를 납부하지만 그 부담은 상품의 가격인상 같은 방법을 통해 소비자들에게 전가시킨다.

▸ **사치품중과** : 관세는 필수품보다 사치품에 중과되는 것이 원칙이다. 보통 생필품에는 낮은 세율, 사치품에는 중과세(높은 세율)를 부과하는데 이것은 국민생활의 안정을 도모하고 사치와 낭비풍조를 억제하려는 정책적 목적이다.

3) 관세의 특수 성격

▸ **수입물품 대상** : 관세는 수입물품에 부과된다. 즉 수입물품이 관세의 과세대상이 된다. 뒤에서 설명하게 될 관세의 종류에서 수출되는 물품에 부과되는 관세(수출세 또는 통과세)가 있지만 일반적으로 관세라고 하면 수입

관세를 지칭한다.

- **대물세 · 수시세** : 관세는 대물세(對物稅) · 수시세이다. 여기서 대물세란 물품의 소유 · 취득 · 제조 · 판매 · 수입 또는 물품에서 발생하는 수익 등에 부과하는 세금을 말하는 데, 소득세, 재산세 등과 같은 대인세(對人稅)와 구별된다. 또한 수시세란 수입행위가 이루어질 때마다 수시로 부과된다는 의미이다.
- **관세영역** : 관세는 관세영역을 통과하는 물품에 부과된다.
- **자유무역의 장벽** : 관세는 자유무역의 장벽이 된다.

2. 관세의 종류

1) 상품의 이동방향에 따른 분류

(1) 수출세(export duties)

수출품에 부과하는 관세로서 국내상품이 외국으로 많이 수출된다면 그 상품에 대해서 국내 초과수요현상 발생하여 국내상품의 가격이 상승되고 국내물가가 상승된다. 원래 관세 부과의 일차적 목적인 재정수입을 얻기 위해서 그리고 국내 물가상승 방지 목적으로 수출세를 부과한다. 일반적으로 대부분의 나라에서 실시하지 않는다. 다만 국제시장에서 독점력을 가진 품목에 대해서 수출관세를 부과하는 경우가 있다. 예를 들면 브라질의 커피가 이에 해당한다.

(2) 수입세(import duties)

수입품에 부과하는 관세이다. 일반적으로 관세라고 하면 수입관세를 말하는 것이다. 재정수입, 국내산업보호, 국제수지개선을 위해 수입세를 부과한다.

(3) 통과세(transit duties)

수출입화물이 어느 국가를 통과하여 다른 나라로 운송될 때 부과한다. 예를 들어 유럽의 경우 한줄기 강이 수 개국에 걸쳐 흐르고 이 강이 화물운송의 역할을 하는 경우에 과거에 통과세가 부과된 적이 있다. 현재는 통과자유의 원칙에 따라 폐지되었으며 GATT 규정에서도 이를 금지하고 있다.

2) 과세의 목적에 의한 분류

(1) 재정관세(financial duties)

한 나라 정부의 재정수입확보가 목적이다. 주로 후진국에서 많이 채택한다.

(2) 보호관세(protective duties)

관세부과의 목적이 재정수입에 있는 것이 아니라 국내산업을 보호하는데 있다.

3) 과세방법에 의한 분류

(1) 종가세

종가세란 수입상품의 가격을 기준으로 세액을 결정하는 경우를 말한다. 예를 들면 승용차의 관세가 20%일 때 승용차의 가격이 1,000만원이면 200만원의 관세를 부과하는 경우가 이에 해당한다. 종가세의 장점으로는 가격에 비례해서 관세가 부과되므로 과세가 균등하고 공평하게 이루어질 수 있다는 것이고, 단점으로는 과세의 적정가격의 포착이 어렵고 이에 따른 복잡한 절차와 비용이 많이 든다는 것이다. 왜냐하면 어떤 나라에서는 수입상품의 CIF가격, 어떤 나라는 FOB가격 등 수입가격 기준이 나라마다 다를 수 있다. 또는 관세포탈을 목적으로 수입품의 가격을 실제가격보다 낮추는 경우가 있다. 그리고 신고된 가격과 실제가격과의 동일여부 확인에 추가비용 부담이 발생할 수도 있다.

(2) 종량세

종량세란 수입상품의 수량이 과세 기준이 되는 것으로써 예를 들면 설탕 1kg당 100원, 석유 1리터당 10원과 같은 경우가 이에 해당한다. 종량세의 장점으로는 관세 부과에 따르는 분쟁이나 복잡한 절차없이 비교적 쉽고 정확하게 부과할 수 있다는 것이고, 단점으로는 상품의 가격변동에 따른 관세의 책정이 어렵고 수량의 계량단위의 어려움 때문에 공평한 과세가 되지 못하는 경우가 발생한다.

(3) 혼합관세

혼합관세는 관세율을 상품가격의 50%(종가세율) + 1kg당 10원(종량세율)과 같이 종가세율과 종량세율을 혼합한 것으로 상품가격에 50%의 관세율이 적용되고 다시 1kg당 10원의 관세가 부과된다.

(4) 선택관세

선택관세란 수입상품에 대해서 관세율을 상품가격의 50%(종가세율) 또는 1kg당 10,000원(종량세율)을 부과함으로써 상황에 따라서 어느 한 가지 세율을 선택하여 적용한다. 가령 수입을 억제하려면 그 상품의 가격이 인상된 경우는 종가세를 적용하고 하락된 경우에는 종량세를 적용한다. 수입을 완화하려고 하면 그 반대로 적용한다.

4) 과세근거에 의한 분류

(1) 국정관세

국정관세란 자국의 법령에 따라 자주적으로 부과하는 관세를 말하는 것으로 우리나라의 경우 국정관세에는 기본관세, 잠정관세, 탄력관세 등이 있다.

(2) 협정관세

협정관세란 외국과의 통상조약이나 관세조약과 같은 협정에 의해 관세율이 정해지는 관세를 말한다. 협정관세는 다자간협정이나 쌍무적협정에 의해 정해질 수도 있는데 협상당사자들 간의 양허를 통하여 이루어지는 관세이므로 일방적으로 관세를 인상할 수 없으며 통상적으로 국정관세율보다 낮은 세율로 결정된다.

5) 과세율의 수에 의한 분류

(1) 단일관세율

단일관세율이란 동일상품에 대해서는 국가를 구분하지 않고 동일세율을 적용하는 것이다. 관세행정상 간편하다는 장점이 있지만 통상관계에 따라 국가마다 융통성 있게 적용할 수 없다는 단점이 있다.

(2) 복수관세율

복수관세율이란 동일 상품에 대해 두 가지 세율을 적용하는 제도이다. 최혜국대우 국가나 자국에 대하여 혜택을 주는 국가에 대해서는 낮은 관세를 부과하고 무조약국이나 자국에 불리한 대우를 하는 국가에 대해서는 높은 관세를 부과하게 된다.

6) 관세법의 권한에 의한 분류

(1) 법정관세

법정관세란 법률로써 정해지는 관세를 말하는데, 대부분의 국가는 조세법률주의 원칙에 의하여 기본적으로 관세대상과 관세율이 법률에 의해 정해져 있다.

(2) 탄력관세

탄력관세란 관세율이 관세법과 입법사항으로서 국회의 심의의결을 거쳐 결정 또는 변경되는 것이 원칙이나 기본세율을 그대로 두고 정책목적에 따라 행정부가 관세율을 탄력적으로 적용할 수 있는 관세를 말한다.

3. 관세의 경제적 효과

한 나라가 특정 상품의 수입에 대하여 관세를 부과하였을 경우 자국의 경제에 미치는 효과를 보면 다음과 같다.[1)]

일반적으로 현실의 경제에는 다수의 시장이 존재하고 시장에 영향을 미치는 요인들이 많은 것이 사실이지만, 분석의 편의를 위해 경제규모가 작은 소국(小國)에서 수입품에 대해 관세가 부과되면 국내가격은 국제가격보다 관세부과액만큼 상승하는 부분균형분석을 통해 관세의 효과를 살펴보도록 한다.

[그림 8-1]에서 D는 수입상품에 대한 한 국가의 국내수요곡선을 의미하고,

그림 8-1. 관세 부과의 경제적 효과

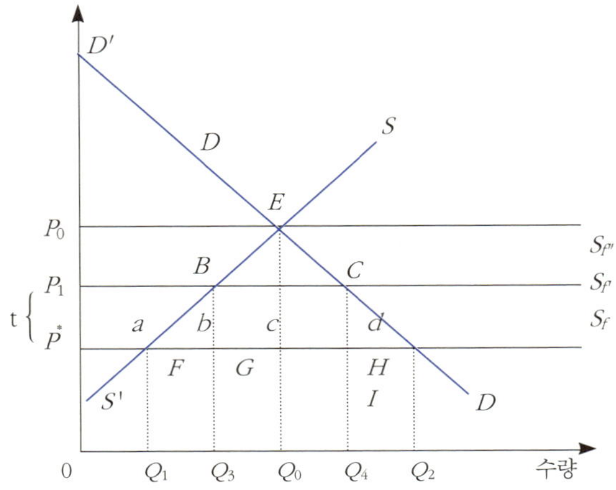

D : 국내의 수요곡선　　P_0 : 국내가격
S : 국내의 공급곡선　　$\overset{*}{P}$: 국제가격
P_1 : 관세부과 후의 국내가격　　T : 관세
S_f : 상대국의 수출공급곡선과 수입수요곡선

1) 김희철 · 이신규, 국제무역의 이해, 도서출판 두남, 2000. pp. 73~78.

S는 그 상품에 대한 국내의 공급곡선을 의미한다. P^*는 자유무역하의 국제가격으로 분석의 대상이 소국이기 때문에 공급곡선 S_f가 수평으로 나타나고 있다. 이는 상대국의 수출공급곡선과 수입수요곡선이 무한히 탄력적이기 때문에 횡축과 평행한 직선이 된다.

대국(大國)인 경우, 상대국이 관세를 부과하였을 때 해당물품이 전체 수출공급량에서 차지하는 비중이 작으므로 비탄력적이지만, 소국인 경우 상대국의 관세부과 등 가격변화에 민감하여 수출공급량의 변화율이 굉장히 크다. 따라서 소국인 경우, 수출공급곡선과 수입수요곡선이 무한히 탄력적이라고 가정한 것이다. 관세가 부과되지 않는 상태의 자유무역하에서 P^*가격으로 교역을 한다면 국내생산이 OQ_1, 국내소비가 OQ_2가 되어 $Q_1Q_2(OQ_2-OQ_1)$만큼 수입에 의존하게 된다. 왜냐 하면 국내 소비량은 OQ_2인데 OQ_1만큼은 국내생산으로 충당할 수 있고, 나머지 초과 수요분은 해외로부터 수입을 해야 하기 때문이다.

(1) 소비억제효과

해외로부터의 수입을 규제하기 위하여 P^*P_1 만큼 t율의 관세를 부과하면, 수입품의 국내가격 P_1은 관세부과율(t)만큼 국내가격 P^*보다 높아지게 된다. 국내가격 P_1수준에서 국내소비량은 OQ_4이고, 국내생산량은 OQ_3로 Q_3Q_4만큼을 해외로부터의 수입에 의존해야 한다. 즉 국내생산량은 관세부과 이전의 수입상품에 대해 관세를 부과할 경우, 그 상품에 대한 국내가격은 관세율(t)만큼 인상되며, 생산량은 OQ_1에서 OQ_3로 Q_1Q_3만큼 증가하고 소비량은 OQ_2에서 OQ_4로 Q_2Q_4만큼 감소한다. 따라서 수입상품에 관세를 부과하면, 그 상품의 국내가격은 관세율만큼 상승하게 되고 이에 따라 국내의 생산량이 증가하고 소비량은 감소하게 된다.

소비자의 손실은 P_1CIP^*의 면적, 즉 a+b+c+d가 된다. d부분의 경우 소비자가 외국상품을 구매할 때 CIQ_2Q_4만큼 증가시킬 수 있는데도 불구하고, 외국의 저렴한 상품에 관세를 부과함으로써 관세분만큼 동 상품의 국내가격이 인상됨으로써 그만큼 소비가 감소하게 된다. 따라서 가격이 P^*에서 P_1로 인상되어 CIQ_2Q_4만큼이 감소하게 된다. 그러므로 d면적(CIQ2Q4-HIQ2Q4)이 사실상 국제교환이 어렵게 됨으로써 발생하는 손실이다.

(2) 가격상승효과

관세를 부과할 경우 국내 소비자는 관세부과 이전의 P^*보다 높은 P_1수준의 가격에서 상품을 구매해야 한다. 수입국에서 수요가 있기만 하면 수출국이 얼마든지 공급이 가능한 경우, 즉 교역상대국의 수출공급이 무한히 탄력적인 경우를 가정한 분석이기 때문에 결국 국내 소비자가 관세부가액만큼의 가격 상승분을 부담해야 한다.

(3) 국내산업보호효과

관세의 보호효과는 수입상품에 대하여 관세가 부과될 경우 수입량의 감소로 인하여 국내산업이 보호를 받는 것을 의미한다. 국내산업의 보호효과는 수입수요의 가격탄력성 및 국내공급의 가격 탄력성의 크기와 관세율의 차이에 따라 영향을 받는다. 만일 양자의 탄력성이 크고 관세율이 높을 경우에는 보호효과는 크며, 반대의 경우에는 보호효과가 작게 된다.

그림에서 소비자들은 국내가격의 상승과 소비량의 감소로 인하여 a+b+c+d의 소비자잉여의 감소를 경험하게 되고, 생산자들에게는 a만큼의 생산자잉여가 추가된다. 재정수입 c를 고려한다면 관세부과로 인한 사회손실은 b+d이다. 만일 어떤 상품을 국내에서 생산하지 않고 해외에서 수입할 경우 수입비용은 FGQ_1Q_3이지만, 이를 국내에서 생산할 경우 생산비는 FBQ_3Q_1로 b만큼의 추가비용이 들게 된다. 따라서 b영역은 관세부과로 말미암아 발생된 국내생산의 증가이므로, 이를 국내산업의 보호효과라고 할 수 있다. 즉 관세의 부과로 국내에서 증가된 생산량의 비용은 이를 외국으로부터 수입하는 비용보다 더 비싸기 때문에 관세의 보호비용이라고 한다.

(4) 재정수입증대효과

관세부과로 인해 정부는 재정수입을 얻게 된다. 그림에서 정부는 단위당 관세율(t)에 관세부과로 인한 수입량 Q_3Q_4를 곱한 만큼의 c면적이 정부가 관세부과로 인하여 얻는 재정수입이다. 그러나 재정수입을 얻기 위하여 관세를 부과하는 데는 일정한 한계가 있다. 지나치게 고율의 관세를 부과하면 수입이 억제될 수 있으므로, 오히려 재정수입은 감소될 수 있다. 따라서 관세율의 변화와 수입량의 변화간의 상관관계를 고려하여 적정관세율이 책정되어야 한다.

(5) 소득재분배효과

소득재분배효과(redistribution effect)란 실질소득이 소비자에서 생산자로 재배분되는 것을 의미하는 것으로, 관세부과는 소득의 재분배효과를 가져온다. 관세부과는 소비자에게는 잉여의 감소를 가져오지만, 생산자에게는 잉여의 증가를 가져올 뿐만 아니라 정부의 재정수입도 증가한다. 그림에서 관세를 부과하면 소비자잉여는 P_1CIP^*(P*ID' - P1CD'), 즉 a + b + c + d만큼 감소한다. 한편 생산자잉여는 P_1BF^*(P1BS' - P*FS'), 즉 a의 면적만큼 증가한다.

이와 같이 관세부과로 소비자잉여는 감소하지만 이 감소분의 일부는 생산자(a)와 정부(c)로 전환되는데, 이러한 효과를 재분배효과라고 한다. 하지만 b와 d의 두 삼각형 면적은 관세의 부과로 경제 전체로 볼 때에는 부(-)의 효과가 발생하는 데, 이를 관세의 비용이라고 한다.

(6) 수입대체효과

국내에서 생산이 가능하면서도 수입가격이 낮아 외국으로부터 수입되는 경우에 관세를 부과할 경우, 국내상품보다 가격이 높아지게 되어 수입은 억제되고 억제된 수입량만큼 국내에서 더 생산하게 되고, 이러한 생산의 증가가 완전고용상태하에서 요소보수의 증가로 나타나게 되는 효과를 수입대체효과 또는 소득효과라고 한다.

관세가 부과되지 아니하면 총수요량은 OQ_2가 되고, 이 경우 국내 공급량은 OQ_1, 국내 수입량은 Q_2Q_1이 된다. t율의 관세가 부과되면, 총수요량은

OQ_2에서 OQ_4로 줄지만, 국내 공급량은 OQ_1에서 OQ_3으로 증가하므로 수입량은 Q_4Q_3으로 더 축소된다. 따라서 Q_3Q_1만큼의 수입대체효과가 발생한다.

(7) 교역조건개선효과

관세의 교역조건개선효과란 관세가 부과되어 관세부과국의 교역조건은 개선되고, 교역상대국의 교역조건은 악화되는 것을 의미한다. 관세부과로 인한 교역조건의 효과는 관세부과국과 교역상대국의 오퍼곡선의 탄력성에 따라 다르다.

(8) 국제수지개선효과

국제수지효과란 수입물품에 대한 관세의 부과로 수입이 감소되고, 국내의 생산량이 증가하여 국제수지가 개선되는 것을 의미한다. 그림에서 관세의 부과로 생산면에서 Q_3Q_1의 생산증가와 소비면에서 Q_4Q_2의 수입감소가 발생하여 금액을 계산할 경우 $OP^* \times (Q_3Q_1+Q_4Q_2)$로 수입의 감소분만큼 정(+)의 국제수지효과로 나타난다.

4. 관세의 실효보호율

수입상품에 대한 관세의 보호효과는 크게 명목보호율과 실효보호율로 측정할 수 있다. 명목보호율이란 관세 부과에 의해서 특정 산업이 받고 있는 보호정도를 측정하는 것으로서 최종상품에 대한 관세보호효과를 측정하는 것이다. 즉, 명목보호율은 어떤 상품에 대한 국내가격과 국제가격의 차이를 국제가격으로 나눈 비율을 말한다. 여기서 국내가격은 관세 부과후의 가격이며, 국제가격은 자유무역하의 가격을 나타낸다.

$$\text{명목보호율} = \frac{\text{국내가격} - \text{국제가격}}{\text{국제가격}}$$

이와는 달리 관세의 실효보호율은 최종상품에 대한 관세효과 뿐만 아니라 최종상품 생산에 투입되는 중간재에 대한 관세효과까지도 감안한 것으로서 관세부과 전·후의 부가가치 변화율로 나타낸다.

$$\text{실효보호율} = \frac{\text{관세부과 후의 부가가치} - \text{관세부과 전의 부가가치}}{\text{관세부과 전의 부가가치}}$$

아래의 예를 통하여 관세의 실효보호효과를 설명하면 다음과 같다.

자유무역하에서의 자동차의 국제가격이 1,000만원이며, 국내에서 자동차 1대를 생산하기 위해서 500만원 어치의 자동차부품을 수입하고 있다고 하자. 이러한 상황에서 이 나라는 자동차의 수입에 대하여는 30%의 관세를 부과하고 있으며, 자동차부품의 수입에는 10%의 관세를 부과하고 있다고 가정한다.

이러한 경우 관세의 명목보호율은 (1,300 - 1,000)/1,000만원이 되어 30%임을 알 수 있다. 즉, 관세의 명목보호율은 실제적으로 그 국가가 발표하고 있는 완제품의 관세율과 동일함을 알 수 있다.

다음으로 관세의 실효보호율을 계산해 보자. 실효보호율은 부가가치 기준으로 계산한다. 중간재에 대한 관세 부과가 없는 경우를 먼저 살펴보면 [(1,300 - 500) - 500]/500이 되어 60%의 실효보호 효과가 있음을 알 수 있다. 그리고 중간재에 대한 10% 관세 부과의 경우를 살펴보면, 실효보호율은 (750 - 500)/500으로 계산한 결과 50%로 나타난다.

중간재에 대해 관세를 부과하는 경우에는 중간재에 대해 관세를 부과하지 않는 경우보다 실효보호율이 하락함을 알 수 있다. 따라서 관세 부과에 의한 국내산업의 보호효과를 높이기 위해서는 최종재에 대한 관세율은 높이고 중간재에 대한 관세율은 낮추는 것이 효과적이 보호정책이 됨을 알 수 있다.

제2절 비관세장벽

1. 비관세장벽의 개념

비관세장벽(Non-tariff barrier : NTB)이란 관세 이외의 보호무역주의적 수단, 관세 이외의 모든 무역장벽 또는 모든 인위적인 무역규제를 말한다.

제2차 세계대전 전까지 각국은 자국의 보호무역 수단으로써 관세가 주류를 이루었으나 전후 GATT를 중심으로 여러 차례 협상 끝에 관세에 대해서는 상당한 정도까지 인하하기로 합의하게 된다. 따라서 각국은 관세 이외의 다른 수단들을 모색, 다시 말해 관세는 GATT의 규정에 직접적으로 제약을 받게 되므로 각국이 이를 회피하기 위한 방법으로 여러 가지 교묘하고 다양한 형태의 비관세장벽을 동원하여 외국으로부터 수입을 억제하고 있는 실정이다.

2. 비관세장벽의 유형

비관세장벽은 시간이 지남에 따라 여러 가지 다양하고 교묘한 수단들이 나타나 전문가가 아니면 전혀 알지도 못하는 경우도 많다.

본서에서는 가장 많이 이용되는 비관세장벽의 유형들만 몇 가지 기준에 따라 분류하여 설명하기로 한다.

비관세장벽에 수출업계 “곤욕”

「한국산 상품은 특별 통관절차를 밟아야 한다」, 「포장규격이 틀려 통관할 수 없다」, 「원산지 표시규정이 달라 통관을 보류한다」. 최근 들어 우리 수출상품들이 각국의 세관원들로부터 겪고 있는 수입규제 사례들이다. 자유로운 국제무역질서를 창출한다는 우루과이 라운드 협상이 진행되고 있으나 실제 수출상품이 각국의 국경을 넘을 때에는 갖가지 규정을 내건 각국의 교묘한 비관세 그물로 어려움을 겪고 있다.

4일 무공이 해외무역관을 통해 조사한 「주요 교역상대국의 비관세장벽」에 따르면 미국, 일본 등 선진국은 물론 태국, 인도네시아, 필리핀, 멕시코, 인도 등 후발개도국들까지 세계 17개국이 각종 비관세장벽을 동원해 한국산 상품의 수입을 교묘하게 차단하거나 지연시키는 것으로 나타났다. 특히 최근 들어서는 세계적인 환경규제 움직임과 함께 각국이 환경 관련 규제조항들을 일방적으로 자국에 유리한 방향으로 만들어 놓고 수입상품의 상륙을 원천봉쇄하고 있어 가뜩이나 갈길 바쁜 우리 수출업계의 발목을 잡고 있다.

비관세장벽은 수입품에 대해 과징금을 부과하거나 자국산 부품조달 의무규정, 반덤핑 관세, 원산지규정의 남용, 까다로운 기술규정 등 다양한 형태로 각국마다 자국이 유리한 방향에서 운용되고 있다.

가장 까다로운 비관세장벽을 행사하고 있는 나라는 일본이다. 일본은 현재 각종 상품기준이나 인증제도, 복잡한 유통구조, 일부 품목의 판매제한 등으로 한국상품이 일본시장에 발을 붙이기 어렵도록 만들어 놓고 있다. 수입허가의 경우 일본은 한국으로부터 수입되는 미역에 대해 사전 확인을 받도록 하고 있고 한국의 견직물은 통관시 필수 확인 품목으로 정해놓고 있다. 낚싯대를 일본에 수출하고 있는 국내기업은 일본세관에서 일본산 원자재를 사용했다는 면장을 제시해야만 통관이 허용되고 한국산 물통이나 식기류는 식품위생법에 따른 검사를 이유로 3개월 이상이나 일본세관에서 통관을 기다려야 하는 실정이다.

일본보다 강도는 덜하지만 한국산 상품이 미국이나 유럽국가의 세관을 통과하기도 만만치 않다. 유럽국가들은 한국산 철강과 안경테, 핸드백 등을 수출추천 품목으로 정해 수입을 규제하고 있고 미국은 각종 법률로 외국상품의 미국시장 상륙을 억제하고 있다. 이들 선진국들은 최근 들어 각종 환경 관련 규정들을 통관조건으로 내걸고 각국의 상품 수입시 이들 규정을 들어 통관을 지연시키고 있는 것으로 나타났다.

최근 들어서는 후발개도국들까지 선진국의 비관세장벽을 원용해 보호주의 수단으로 활용하고 있다.

인도네시아의 경우 자국의 취약한 산업을 보호하기 위해 수입금지, 수입할당, 수입허가 등의 조치를 취하고 있고 태국은 농산물 및 공산품 수입시 자국내 관련기관의 수입허가서를 요구하고 있다. 말레이시아나 필리핀, 인도 등도 까다로운 국가표준을 정해 수입상품을 반송하기까지 하고 있으며 이들 국가의 반덤핑제소사례도 최근 들어 크게 늘고 있다.

(자료 : 한국일보, “비관세장벽에 수출업계 ‘곤욕’”)

〈표 8-1〉 비관세장벽의 종류

① 수량제한 - 수입할당, 수출자유규제
② 통관절차 - 복잡한 통관절차, 관세평가
③ 정부간여 - 정부조달, 국영무역, 생산보조금, 외환관리, 수입허가
④ 엄격한 기준 - 포장, 상표규정, 위생 · 안전 · 공업규정, 원산지규정
⑤ 수입에 대한 징수금 - 수입예치금, 덤핑방지관세, 상계관세

1) 수입 수량을 제한함으로써 수입을 억제하는 유형

(1) 수입할당제

수입할당제(import quota system)란 수입상품의 수량을 일정량으로 정해 놓고 그 초과분에 대해서는 일체의 수입을 허용하지 않는 제도로서 가장 대표적인 비관세장벽이다. 일반적으로 '쿼터'(Quota)라고 단순히 표현하는데 오늘날 무역을 행하는 나라 중에 어떤 명목으로라도 수입할당제를 실시하지 않는 나라는 없다.

수입할당제의 효과를 관세정책과 비교하여 살펴볼 때 가장 큰 차이점은 관세 부과시 확보되는 정부의 재정수입부분이 수입허가를 받은 수입업자에게 귀속되게 된다는 점이다. 그러나 일국의 정부가 입찰제를 실시하는 경우 정부의 수입으로 확보할 수 있어 비슷한 효과를 가져온다. 또 관세는 가격기구를 통하여 수입량을 억제하지만 수입할당제는 직접적인 수입수량을 규제하는 것으로 수입수량의 직접적인 억제효과가 관세보다 크게 나타난다. 즉 수입할당제가 관세보다 수입국의 국내산업 보호효과가 더 크게 나타난다고 할 수 있다. 일반적으로 수입할당제의 적용대상 품목은 어떤 나라에서 그 업종에 종사하는 사람이 많고, 국제경쟁에서 비교우위성이 결여되어 사양산업에 접어든 업종에 적용되는 경우가 많다. 왜냐하면 업종의 존폐에 따라 생계와 직접적으로 관계되는 사람들이 많으므로 그 사람들이 정치적으로 큰 압력단체 구실을 하기 때문이다.

수입할당과 관세의 성격을 혼합한 것으로 관세할당(tariff quota)이 있는데 이것은 일정량의 상품까지는 일반적인 관세율을 적용받아 수입할 수 있으나 그 이상의 초과 수입분에 대해서는 높은 관세율을 적용하는 제도이다.

(2) 수출자율규제

수출자율규제(voluntary export restraint : VER)란 수입할당의 적용을 피하기 위해 수출국이 자주적으로 수출량을 제한하는 것으로서 이것은 Quota에 대한 인식이 점점 나빠지고 GATT에서도 Quota를 금지하는 규정을 두고 있기 때문에 최근에 미국과 같은 나라가 도입하여 많은 상품에 적용하고 있다. 예를 들면 일본은 대미 수출시 철강제품, 자동차 등에 적용하고 한국과 대만은 대미 수출시 섬유제품, 버섯류에 수출자율규제를 실시한다. 이러한 수출자율규제를 비관세장벽이라고 하는 이유는 이러한 규제가 수출국의 자율적인 의사보다는 오히려 수입국의 요구에 의해서 비롯되기 때문이다. 따라서 수출자율규제는 그 동기나 효과면에서 수입할당제와 같다고 할 수 있다.

2) 통관절차를 통해서 수입을 억제하는 유형

(1) 복잡한 통관절차

수입국에서 수입통관규정을 수시로 변경시킨다든지 물품통관 및 검사시 과다한 수수료를 징수시키거나 멀리 떨어져 있는 세관에서 통관을 지시한다든지 여러 가지 행정적인 방법을 동원하여 통관을 지연시킴으로써 상대국의 수출을 포기하게 만든다.

(2) 관세평가

관세는 부과할 때 관세액이 얼마나 될 것인가를 평가하는데 수입상품은 여러 가지 제조과정과 복잡한 운송과정을 거친다. 관세율이 일정하다고 해도 어느 시점에서의 가격을 기준으로 할 것인가에 따라서도 실제 관세액은 차이난다. 각국의 관세율표에는 한 가지 수입상품에 대해 한 가지가 아니라 그 이상의 세율이 적용될 수 있도록 되어 있다. 이러한 허점을 이용하여 수입제한의 목적으로 사용하는 것이 관세평가이다.

3) 정부간여(政府干與)에 의한 비관세장벽

(1) 정부조달정책

정부나 지방자치단체의 외국상품에 대한 차별정책을 말한다. 예를 들면 미국의 'Buy American Policy'(미국상품우선구매정책)를 들 수 있는데 이는 미국 국방성의 물자조달 계획에서 미국상품은 외국상품에 비해 많은 가격특혜를 주고 있다. 우리나라의 경우 국산품 장려정책도 같은 사례이다.

(2) 국영무역

사회주의 국가들이 주로 이용하는 비관세장벽의 형태로 사회주의 국가에서는 국가기관이나 정부가 독점적으로 무역의 주체가 되어 상품수입시 수입대상지역이나 국가를 정책적으로 지정함으로써 다른 국가에 대해서는 상품수출의 공정한 기회를 주지 않는다.

(3) 생산보조금

정부가 국내산업을 보호하기 위해 여러 가지 제도적인 지원과 수출 및 생산보조금 지급 등의 금융상의 특혜를 주는 것으로써 외국 수입상품과의 경쟁시 우위를 점하게 하여, 이는 궁극적으로 수입 억제 효과를 가져온다.

(4) 외환관리

많은 개도국에서는 외환을 중앙은행에 집중시키고 관리한다. 이를 이용해서 수입 억제를 하는 방법이다. 여기에는 외환배정, 복수환율제도 등이 있다. 외환배정이란 수입외환배정을 수출과 결부시켜 수출한 액수에 비례해서 수입외환을 배정하는 방식이다. 외국상품이 아무리 싸고 관세가 낮게 책정되어도 외국상품을 수입할 자금, 곧 외환이 없으면 수입하지 못하게 된다. 이러한 방식은 주로 많은 아시아의 개도국에서 실시하고 있다. 또한 복수환율제도란 외국돈과 자국의 화폐와의 교환비율을 즉 환율을 한 가지 비율로만 적용시키지 않고 여러 가지 환율로 구분하여 수출할 때와 수입할 때의 환율 적용에 차별을 두어 수출은 권장하고 수입은 억제하는 방법이다. 남미의 많은 나라들이 제도를 실시하고 있으며 아시아에서도 인도네시아가 이와 유사한 제도를 적용하고 있다. 인도네시아의 경우 BE System(Bouns Export System)을 실시하고 있는데 이는 모든 수출입품목을 필요한 것, 덜 필요한 것, 필요하지 않은 것으로 구분하여 차별환율을 적용함으로써 수출은 돕고 수입은 억제하는 정책을 실시하고 있다.

4) 엄격한 기준을 적용함으로써 발생할 수 있는 비관세장벽

(1) 포장 · 상표규정

포장 · 상표에 대한 수입국의 엄격한 규정은 일차적으로 수출업자에게 추가비용의 부담을 준다. 소비자보호를 구실로 수입국 정부는 상품의 "내용 · 수량" 등을 수입국의 언어나 두개 이상의 언어로 정확하게 명시하도록 요구한다든지 규격의 표시도 수입국의 특수한 길이, 무게, 부피도 표시할 것을 요구하는 실정이다. 특히 많은 선진국은 상품포장의 규격, 형태, 포장용기의 재료 등의 명시를 요구하고 상자, 병, 용기에 관한 엄격한 규격, 형태를 요구하고 있다. 이것은 외국 수출업자에게 상당한 부대비용을 부담시키는 결과를 가져온다.

(2) 원산지규정

모든 수입상품에 정확한 원산지 표시를 하도록 요구하는 것은 이해가 가지만 단순한 인쇄로 표시가 곤란한 금속물, 양식기 등에 인각을 요구하는 것은 상당한 추가비용이 들어 수출의 제한적 요인이 된다. 또 아랍국가에서는 선적서류를 꼭 아랍어로 작성하도록 요구한다.

(3) 위생 · 안전 · 공업표준규정

미국은 식료품, 의약품 등에 철저한 위생기준을 요구한다. 또 함유성분에 대해서도 철저한 규제를 통하여 수입을 억제하고 있다. 또한 각국에서 요구하는 안전 및 공업표준규정이 다양하고 복잡하며 건축자재, 전기제품 및 부품 등의 자국내 관련법규를 동원하여 수입을 제한하고 있다.

5) 수입에 대한 징수금을 부과함으로써 발생할 수 있는 비관세장벽

(1) 수입예치금

수입대금의 일부를 은행에 사전에 예치하도록함으로써 수입을 억제하는 방법으로 수입업자는 자금이 은행에 예치되어 있는 동안 자금이 동결되어 즉 자금 사정이 어려워지고 또 그것을 완화하려고 은행융자에 의존하여 새로운 이자 부담이 생김으로써 수입이 곤란하게 된다.

(2) 덤핑방지관세

덤핑방지관세(anti-dumping duty)란 공정가격(less than fair value) 이하로 수입되어 국내산업이 실질적인 피해(material injury)를 입고 있거나, 입힐 가능성이 있는 상품에 부과되는 관세를 말한다. 여기서 공정가격 이하란 GATT 규정 제6조에 의하면 수출국의 소비자가격보다 낮을 경우나 수출국에서는 판매되지 않아 국내가격이 없을 경우에는 동종 상품이 제3국으로 수출되는 가격보다 낮거나 수출국의 생산가격 + 판매비 + 이윤을 합한 가격 보다 낮을 때를 말한다.

(3) 상계관세

상계관세(相計關稅, countervailing duty)란 수출국에서 생산보조금이나 수출장려금 등 특별한 지원을 받은 상품이 수입되는 경우 그 상품에 대해서 기본 관세만 부과하면 국내산업을 제대로 보호할 수 없으므로 수출국에서 지원된 금액 만큼 추가로 관세를 부과하여 수출보조금의 지원효과를 상쇄 내지 상계시키기 위해 부과되는 관세를 말한다. 최근 우리나라에서 저리(低利)로 수출금융지원을 받은 수출품이 미국시장에서 상계관세의 적용 대상이 되는 가로 물의를 빚은 일이 있다. 이러한 상계관세나 덤핑방지관세를 관세라는 이름이 붙음에도 불구하고 하나의 비관세장벽으로 취급하는 이유는 이들이 일반적인 관세와 달리 특정산업 또는 특정상품에만 선별적으로 실시되기 때문에 그 기능 및 성격상 오히려 다른 비관세장벽과 더 유사한 성격을 지니고 있기 때문이다.

3. 비관세장벽의 특성[2)]

(1) 효과측정의 곤란성

비관세장벽은 유형에 따라 그 영향이 미치는 품목범위가 다르고 어떤 유형은 시간에 따라 극히 유동적이어서 관계 당국의 판단에 따라 실시되거나 혹은 외부에는 모습을 나타내지 않고 은밀히 적용되는 유형도 있다. 대부분의 경우 자료의 이용가능성이 현실적으로 제한되어 있기 때문에 비관세장벽의 무역제한효과를 종합적으로 또는 개별품목별로 계량화하여 측정하는 것은 어렵다.

(2) 복잡성

일반적으로 선진국에 있어서 비관세장벽의 적용 및 운영은 매우 복잡하다. 어떤 유형은 처음부터 법률로써 제정되기도 하지만 어떤 유형의 것은 통일적이고 체계적인 조정을 통하지 않고 여러 행정기관의 정책에서 파생되므로 각 유형은 성질이 다양하다. 이러한 측면 때문에 선진제국은 보호목적을 위해 관세보다는 비관세장벽을 보호무역수단으로 손쉽게 사용하는데, 그 이유는 최소한 공공연한 논란과 엄격한 조사를 회피할 수 있기 때문이다.

(3) 불확실성

비관세장벽의 또 하나의 특성으로서는 정보부족 및 변칙적인 제도의 운영으로 인한 그 실효효과의 불확실성을 들 수 있다. 즉, 수출업자는 활용할 수 있는 관련 정보가 부족한 상태에서 자신들의 수출에 미치는 영향이나 정도를 정확하게 판단하는 것이 어렵다는 것이다. 또한 수입국의 무역정책은 수출국

---

2) 박형래 · 오대혁, 무역개론, 청람, 2014, pp. 64~65.

에 아무런 통고 없이 수시로 변경될 가능성을 항시 내포하기 때문에 수출업자로서는 상당한 무역장벽으로 작용할 수 있다.

(4) 차별적 적용

비관세장벽이 무역에 미치는 영향은 선진국이나 개발도상국에 대해 명목상으로는 무차별적인 것처럼 보이지만 실제로는 개발도상국에 상당이 불리하게 작용한다. 따라서 비관세장벽 문제는 선진국의 경우보다는 개발도상국에 더 불리한 영향을 미친다.

(5) 협상의 곤란성

비관세장벽은 앞에서 설명한 제반 특성 때문에 상호 간의 양허 정도를 비교하여 이를 균일화시킬 수 있는 지표의 설정이 불가능하고, 또한 비관세장벽에 대한 일정한 기준이 없으므로 설사 정부 간에 협상이 되더라도 그것이 곧 비관세장벽의 철폐를 보장해 줄 수 없기 때문에 비관세장벽의 완화 또는 제거를 위한 협상을 하는 데는 많은 문제점이 있다.

한국 절약운동 무역장벽 규정

미국이 97년 우리나라와의 주요 통상 현안으로 소비절약운동 · 한보철강 지원 · 수입통관절차 문제와 함께 자동차 · 통신 · 술 · 농산물의 시장개방 부진을 제기하고 나섰다.

미 무역대표부(USTR)는 97년 3월 31일(현지시간) 발표한 97년도 국별 무역장벽 보고서에서 일본 · 유럽연합(EU)에 이어 세 번째로 많은 20쪽에 걸쳐 이같은 한국 관련 현안들을 제시했다. 보고서는 특히 미국 철강업계가 한국 정부의 한보철강 지원이 세계무역기구(WTO)규정 및 한 · 미철강협정을 위반한 것이라고 문제를 제기하고 있으므로 한국정부와 이 문제를 계속 협의할 것이라고 밝혔다. 또 한국의 소비절약운동을 '일반적인 반수입 경향'이라고 규정한 이 보고서는 한국정부가 소비절약운동에의 개입을 부인하고 있지만 한국 언론과 정부 관계자들은 외국산 소비재 수입이 경상수지적자를 악화시킨다는 점을 계속 강조하고 있으며, 외제차를 모는 사람에 대해 세무조사 위협이 가해질 뿐 아니라 교통경찰이 거친 행동을 한다고 주장했다.

(자료 : 중앙일보, "한국 절약운동 무역장벽 규정")

주요용어

관세, 관세의 조세적 성격, 관세의 소비세적 성격, 관세의 특수 성격, 관세영역, 대물세, 수시세, 수출세, 수입세, 통과세, 재정관세, 보호관세, 종가세, 종량세, 혼합관세, 선택관세, 관세의 실효보호율, 명목보호율, NTB, 수입할당제, 수출자율규제, 관세평가, 정부조달, 외환관리, 원산지규정, 수입예치금, 덤핑방지관세, 상계관세

연습문제

1. 관세의 성격에 대해 설명하라.
2. 과세방법에 의한 관세의 종류에 대해 설명하라.
3. 관세의 경제적 효과에 대해 설명하라.
4. 관세의 실효보호율에 대해 설명하라.
5. 수입할당제에 대해 설명하라.
6. 정부간여에 의한 비관세장벽을 설명하라.
7. 덤핑방지관세와 상계관세에 대해 설명하라.

제 Ⅲ 부

국제경영

제9장 국제경영학의 학문적 성격

제1절 국제경영학의 성립배경

국가간에 교역의 역사는 국가의 등장과 함께 시작하였고, 해외직접투자가 이루어진 것도 백여년 전으로 거슬러 올라가지만, 국제경영학이 경영학에 있어 독립된 분야로 등장한 것은 제2차 세계대전 이후의 일이다. 제2차대전 후 기업들이 해외사업 규모가 커지고 그 성격이 복잡해지면서, 그러한 국제거래가 개별기업 및 정부에게 여러 가지 해결하기 어려운 문제를 야기함에 따라서 국제경영학이란 분야가 탄생하게 된 것이다.

특히 국제경영학의 발전은 다국적기업으로부터 시작한다. 다국적기업의 활동은 무역활동이나 국내기업의 활동과는 본질적으로 그 성격이 달랐다. 종래 무역이 기본적으로 특정 국가간의 거래라는 것을 강조한 반면에, 다국적기업에 의한 활동은 한 기업의 영역이 여러 국가에 동시에 걸쳐 있다는 점에서 큰 차이가 있다. 그럼에도 불구하고 1950년대까지는 다국적기업을 전통적인 무역이론과 국제자본 이동의 한 현상으로만 설명하려 하였다. 그러나 이와 같은 이론적 설명은 곧 그 한계에 직면하게 되었다. 왜냐하면 무역이론은 그 가정에서부터 생산요소의 국제적인 불이동성을 전제하고 있기 때문이다. 즉, 무역이론은 생산요소가 한 국가 내에서는 자유롭게 이동할 수 있으나 국경을 넘어서는 이동할 수 없다고 전제하고 그 이론체계를 구축하였다. 생산요소의 국제적인 불이동성을 전제할 때, 각국이 절대우위 내지 상대적 비교우위를 가지고 있는 재화 생산에 특화하고 이를 무역으로 거래하면, 각국이 무역 이익을 얻게 된다는 것이 무역이론의 기본체계이다. 그러나 다국적기업의 등장은 이러한 무역이론의 체계를 그 가정에서부터 깨뜨리는 것이었다. 다국적기업은 그 출발부터 생산요소를 국제적으로 이동시키며 생성되었기 때문이다. 다국적기업은 단순히 자본만을 국제적으로 이동시킨 것이 아니라 인력, 기술, 제품, 서비스 및 경영관리능력 등 모든 경영자원을 국제적으로 이동시키면서 국제적인 사업 활동을 전개하였다. 또한 무역이론은 무역에 있어서의 각국간 비교우위를 그 나라의 부존자원 등에 근거한 국가특유의 비교우위개념으로 설명하고 있다. 즉, 자본이 풍부한 나라는 자본집약적인 산업에 비교우위를 가지고, 노동이 풍부한 나라는 노동집약적인 산업에 비교우위를 가진다는 것이다. 그러나 다국적기업은 그 출발에서부터 국가 특유의 비교우위가 아니라 기업 특유의 독점적 우위(firm-specific monopolistic advantage)를 가지고 시작하였다(이 부분에 대해서는 본서 제12장 2절에서 자세히 언급함). 즉, 다국적기업은 비록 같은 나라에 속해 있는 기업이라도 그 기업만이 가지는 독특한 독점적 우위를 바탕으로 국제적인 사업 활동을 벌이며 국제경쟁력을 확보해 나갔던 것이다.[1]

이러한 다국적기업을 독자적인 이론체계로 설명하기 시작한 것은 1976년 하이머(S. H. Hymer)와 킨들버거(C. P. Kindleberger) 교수에 의해 제시된 독점적 우위이론이 그 효시이고, 그 후에 많은 학자들이 다국적기업과 해외직접투자에 관한 이론 연구가 이루어짐으로써 1980년대 중반에 이르러 국제경영학은 독자적인 학문 분야로서의 이론체계를 갖추고 경영학의 한 분과로서 독립된 위치를 차지하게 된 것이다.

1) 원종근 · 구종순 · 박광서, 무역개론, 박영사, 1994, pp. 159~160.

제2절 국제경영학의 학문적 성격

기존의 경제학이 경제현상을 미시적·국민경제적 관점에서 다루고 있는 학문 분야라고 한다면, 경영학은 기업의 관점에서 경영관리의 효율성을 추구하는 학문 분야이다. 즉, 경영학은 기업의 관점에서 경영의 여러 가지 문제를 다룬다. 생산관리는 기업의 최적 생산효율을 달성하기 위한 생산시스템 및 그와 관련된 문제들을 다루는 분야이고, 마케팅관리는 소비자인 고객을 만족시키며 동시에 생산자로부터 소비자에게로 제품 및 서비스를 유통시키는 기업활동의 여러 측면을 다루는 분야이고, 인사관리는 기업의 인적자원을 충원하고 교육·훈련시키며, 이들을 어떻게 배치하고 동기부여를 하여 경영의 성과를 올릴 것인가 하는 문제를 다루는 분야이고, 재무관리는 기업의 자금조달 및 운용의 문제를 다루는 분야이다. 이러한 맥락에서 국제경영학 역시 국제기업의 관점에서 경영의 여러 가지 문제를 다루는 경영학의 한 분야라 할 수 있다. 따라서 국제생산, 국제마케팅, 국제인사조직, 국제생산 등의 관리 분야가 있으며 그것은 기존 경영학 분야의 틀에서 크게 벗어나지 않는다.[2]

그러나 국제경영학이 경영학에 있어서 하나의 독립된 분야로 성립되기 위해서는 기존의 경영학 분야로는 해결할 수 없는 문제들의 영역이 있어야 한다. 국제경영학이 그 나름대로의 독특한 영역을 갖는 가장 중요한 원인은 기업 환경의 차이에서 찾아볼 수 있다. 우선 세계 각국이 나름대로의 서로 다른 경제적·문화적·정치적 요인들을 가지고 있기 때문에 국제경영활동을 수행하게 될 때 여러 가지 문제에 봉착하게 된다. 즉, 국경을 넘는 거래를 수행해 나가는 데 있어서 이러한 이질적인 경영 환경 때문에 나타나는 여러 가지 경영상의 문제해결에 도움을 주는 분야가 국제경영학인 것이다. 그러므로 국제경영학이란 국경을 넘어서거나 2개국 이상에서 동시에 일어나는 경영활동을

2) 상게서, p. 158.

연구 및 교육대상으로 하는 경영학의 한 분야라 할 수 있다. 여기서 국경을 넘는 사업 활동의 대상에는 제품, 서비스, 자본, 인력, 기술 및 경영관리의 노하우 등이 모두 포함된다.

제3절 국제경영학의 연구방법

하나의 학문이 과학(science)으로 성립하기 위해서는 그 학문만이 가지는 고유한 연구영역이 있어야 하며, 이와 동시에 그 대상을 연구하는 방법에 있어서도 독특한 특성을 지녀야 한다. 우선 국제경영은 국경선을 넘어서거나 2개국 이상에서 동시에 일어나는 기업의 경영활동이라는 점에서 다른 어느 학문 분야에서도 다루지 않는 연구대상을 가지고 있기 때문에 과학으로서의 첫 번째 조건을 충족시키고 있다. 그러나 그 연구방법에 있어서는 기업의 국제경영활동이라는 연구대상을 파악하는 데 가장 적절하면서도 독특한 기법을 아직 개발·정립하지 못하고 있는 것이 사실이다. 이처럼 국제경영학의 연구방법이 확립되지 못하고 있는 이유는 학문의 역사가 짧기도 하지만 그 연구대상인 국제경영에 내재하고 있는 포괄적인 성격 때문이기도 하다. 즉 경영활동 중 특정기능을 대상으로 하고 있는 생산관리, 마케팅관리, 인사관리, 재무관리 등의 연구 분야와는 달리, 국제경영학은 대상에 있어서 이들 특정 기능을 망라한 기업의 국제적 경영활동을 포괄적으로 다루어야 한다. 따라서 국제경영학자들은 자신의 연구 목적과 분석 대상에 따라 제각기 다른 연구방법을 사용하고 있다. 예컨대 국제경영활동의 주체인 국제기업이나 다국적기업 자체를 연구대상으로 하는 기업론적 연구, 이들이 진출하고 있는 현지 국가 또는 국제금융시장이나 국제경제기구 등을 포함하는 국제경영 환경을 연구하는 기업환경론적 연구, 기업이 국제화 과정에서 활용하는 수출, 라이센싱, 해외직접투자 등 각 전략 대안들을 구체적으로 다루는 전략대안별 연구,

국제마케팅, 국제재무, 국제인사조직, 국제생산, 국제회계 등 국제경영학의 기능적인 분야를 다루는 기능별 연구, 그 밖에 기업의 국제화 동기와 유형 등 국제기업의 이론적인 측면에서 다루기도 하고 국제거래가 빈번히 일어나는 특정 자원 또는 제품에 초점을 맞추는 상품별 연구 등 관점에 따라 다양한 연구방법이 이루어지고 있다.

주요용어

국제경영, 국제경영학, 다국적기업, 무역이론, 국제자본이동, 독점적우위, 국제생산, 국제마케팅, 국제인사조직, 국제재무, 기업환경론적 연구, 전략대안별 연구, 기능별 연구

연습문제

1. 국제경영학의 성립배경에 대해 설명하라.
2. 국제경영학의 학문적 성격에 대해 설명하라.
3. 국제경영학의 연구방법에 대해 설명하라.

제10장 기업의 국제화와 국제경영

제1절 기업 국제화의 개념 및 배경

기업의 국제화(internationalization)란 기업의 활동이 국제적으로 발전해 가는 과정을 의미한다. 즉, 국내에서 제품을 생산하여 외국시장에 수출하는 단계를 거쳐 현지마케팅단계, 그리고 현지생산단계로 서서히 발전해 가는 양상을 보인다. 또한 기업의 국제화 수준에 따라 수출기업, 다국적기업, 글로벌기업의 형태로 기업형태가 발전해 나가게 된다. 오늘날 기업들 중에는 국내에서 모든 원자재나 부품 및 중간재 그리고 기술과 노동력을 조달하고, 국내고객들만을 대상으로 판매활동을 하고, 국내기업만을 대상으로 경쟁하는 기업들은 그리 많지 않다. 각국의 시장이 개방화가 진전되면서 대부분 기업들은 자의적으로든 타의적으로든 그 활동영역을 해외시장으로 확대해 나가고 있다. 외국기업과 직접적인 거래관계가 없는 기업이라 하더라도 국내시장에서 외국기업들과 경쟁해야 하거나, 적어도 국제경제 환경의 변화에 의해 기업의 수익성이 크게 영향을 받게 되기 때문에 기업의 국제화는 거역할 수 없는 하나의 큰 흐름이라고 할 수 있다.

이처럼 오늘날 기업들의 국제화가 촉진된 배경에는 크게 교통·정보통신 수단·대중매체의 발달과 WTO의 탄생으로 인한 무역장벽의 감소 등을 들 수 있다.

1. 교통 · 정보통신 수단 · 대중매체의 발달

오늘날에는 교통·정보통신 수단의 발달로 인해 지구촌의 거리가 상당히 가까워졌다. 외국을 다녀오는 데 드는 시간이 과거에 비해 크게 단축되어 가까운 동경이나 북경은 당일에 간단한 업무를 보고 돌아올 수 있는 당일출장 지역이 되었다. 또 인터넷의 등장으로 전세계 지역의 정보를 무한정 얻을 수 있게 되었으며, TV와 같은 대중매체의 발달은 전세계 소비자 수요의 동질화 현상을 가속화시키고 있다. 특히 젊은 세대를 중심으로 소비자의 수요나 구매행태가 동질화 되어가고 있는 현상이 두드러지고 있다. 코카콜라와 펩시콜라를 전세계 젊은이들이 즐겨 먹고, 리바이스 청바지가 한국에서도 유행하고 맥도날드 햄버거가 러시아에서도 성공하는 것들이 그러한 예이다.

2. 무역장벽의 감소

국제무역기구인 WTO체제의 출범으로 각국의 무역장벽은 상당히 완화되고 있으며, 각국의 경제가 상호 밀접한 관계를 형성해 가고 있다. 또한 무역장벽의 완화에 따른 국가간 기술이전도 과거보다 훨씬 자유로워졌고, 자본시장 역시 점점 개방되어 국가간 자본 이동이 전세계적으로 활발하게 일어나고 있다.

이러한 무역에 있어서 관세 및 비관세 장벽의 완화에 따른 각국 시장의 통합화 또는 세계화는 최근에 가장 두드러진 세계 경제현상의 하나의 흐름이다. 이에 따라 기업들은 해외시장 진출 기회가 전보다 훨씬 더 많아졌으며, 기업들의 국제 경험이 증대되고 제품의 국제적 이동이 용이해짐에 따라, 보다 저렴한 비용으로 제품을 생산하기 위해 저임금국으로 생산시설을 이동하거나, 기술 습득 및 시장 확보를 위해 해외로 생산 거점 및 판매법인을 설치하는 등 범세계적인 관점에서의 경영활동이 급속히 진행되고 있다.

결국 이러한 요인들이 기업으로 하여금 국제화를 촉진시키고 있다고 할 수 있다. 이제까지는 국내에서만 영업을 하고 국내기업들과의 경쟁만 의식하던 기업들도 국내시장에서도 점차 외국기업들과 국제 경쟁을 하게 되고, 이에 따라 국내기업들도 국제화되지 않으면 경쟁에서 살아남지 못하게 된 것이다.

제2절 다국적기업

다국적기업(multinational corporation : MNC)이란 말은 1960년대 릴리엔탈(D. Lilienthal)이 처음 사용하기 시작한 개념으로 다국적기업의 개념 정의에 있어서 대표적인 것은 아하로니(Y. Aharoni)에 의해서 제시되고 있는 데, 그는 다국적기업의 기준으로 사업을 영위하고 있는 국가의 수, 해외자회사의 수, 매출액 중에서 해외생산이나 해외매출액이 차지하는 비율, 모기업의 주식 소유의 국제적 분포, 최고경영자의 국적 구성 등 다양한 기준을 제시하고 있다. 여기서 해외생산자회사의 수를 기준으로 하는 경우 논자에 따라서는 하나 이상이면 다국적기업으로 보는 학자도 있으나, 이 기준을 적용하면 미국과 캐나다 혹은 한국과 일본 등과 같이 인접국에 대한 한 건의 투자로써 그 투자기업을 다국적기업으로 볼 수 있느냐 하는 문제가 발생한다. 따라서 여러 개의 해외생산자회사를 가진 기업을 다국적기업으로 보는 것이 더 타당할 것이다. 다국적기업에 대한 많은 연구를 하고 있는 미국 하버드대학의 다국적기업 연구소에서는 6개 이상의 해외생산자회사를 가진 기업을 다국적기업으로 정의하고 있다. 총 사업 중에서 해외사업이 차지하는 비중은 생산액, 매출액, 자산, 고용자 수 등의 기준이 사용되며, 일정 수준(매출액의 30%) 이상의 해외사업 비중을 가진 기업을 다국적기업으로 정의한다.

한편 펄뮤터(Howard V. Perlmutter)는 국제경영에 관한 최고경영자의 사고와 의식(mind), 그리고 경영 통제면에서의 특징 등의 기준을 중심으로 세가지 유형의 다국적기업을 정의하고 있다. 첫째, 자국중심적(ethnocentric) 경영관으로써 본사와 자회사의 관계에 있어서 의사결정의 권한, 자회사의 통제, 인사 등의 여러 조직과 경영면에서 경영자들이 본사중심적인 태도를 갖고 있음을 가리키는 말이다. 둘째, 현지국중심적(polycentric) 경영관은 위에 언급한 여러 조직이나 경영 등의 기준에 있어서 현지의 자회사 중심적인 경영자의 태도를 가리킨다. 셋째, 지구중심적(geocentric) 경영관이란 국가주의적 편견을 배제하고 범세계적인 사고방식으로 경영문제에 접근하는 경영자의 태도를 가리킨다. 펄뮤터 교수는 국제기업이 계속기업(going concerns)으로 생존하기 위해서는 지구중심주의의 방향을 택하지 않을 수 없고, 미래의 다국적기업을 지구중심주의(geocentrism)로 특징지우고 있다.

이제는 전세계적으로 제품 및 서비스가 각국간에 자유롭게 이동할 뿐만 아니라 노동, 자본, 기술 등의 생산요소의 흐름도 자유롭게 이루어지고 있다. 이것을 세계시장의 글로벌화(globalization)라고 한다. 무역에 의하여 제품과 서비스가 자유롭게 이동하고, 해외직접투자(foreign direct investment : FDI)에 의하여 노동, 자본, 기술 등 생산요소의 이동까지 활발하게 이루어지고 있다. 해외직접투자는 다른 나라에 투자를 하여 생산 또는 판매자회사를 설립하는 것을 의미한다. 해외직접투자 현상은 해외에 자회사를 가지고 있는 다국적기업들에 의해서 본격화되었으며, 이에 따라 다국적기업은 오늘날 세계경제에서 핵심적인 역할을 하고 있다. 이러한 다국적기업의 등장으로 이제는 세계시장이 하나의 단일시장으로 되어가고 있다. 다국적기업들은 판매시장이나 자원을 확보하기 위해 세계 어느 곳이든 진출하여 경영활동을 수행한다.

UN이 발간하는 세계투자 보고서에 의하면 1992년도 기준으로 전세계에 약 35,000개의 다국적기업이 존재하며 이들은 170,000개의 해외자회사를 가지고 있다고 한다. 그러나 이들 35,000개의 다국적기업 중 세계 100대 다국적기업들이 전세계 해외자산의 약 40% 내지 50%를 차지하여 실제로는 이들 중 소수의 다국적기업들이 세계시장을 지배하고 있는 것이다. 다국적기업은 해외직접투자를 통해서 각국에 생산 거점을 확보하고 이들 생산자회사와 본사를 연결한다. 1980년대 중반 이후부터 해외직접투자는 전세계 총생산량의 증가와 국제무역의 증가보다도 훨씬 빠른 속도로 증가하고 있다. 이것은 단순한 무역보다는 다국적기업들에 의한 해외직접투자에 의해서 오늘날 세계경제의 글로벌화 현상이 가속화되어 가고 있다는 것을 말해주는 것이다. 이와 같이 오늘날 세계경제의 글로벌화는 피할 수 없는 시대적 흐름이며, 이러한 세계경제 환경의 글로벌화에 따른 기업들의 다국적기업화 현상 역시 기업의 생존전략으로서 불가피한 현실이 된 것이다.

주요용어

기업의 국제화, 글로벌화, 현지마케팅단계, 현지생산단계, 수출기업, 국제기업, 다국적기업, 글로벌기업, 자국중심주의, 현지국중심주의, 지구중심주의, 해외직접투자

연습문제

1. 기업국제화의 배경에 대해 설명하라.
2. 다국적기업의 개념에 대해 설명하라.
3. 펄뮤터의 다국적기업 유형에 대해 설명하라.

제11장 해외시장진출전략

제1절 수출전략

수출(export)은 국제기업의 입장에서 해외시장 진출시 활용할 수 있는 전략 대안 중에서 가장 오래 전부터 활용되어 온 방식이다. 또한 수출(무역)은 개별 국제기업의 해외사업활동에 있어서 가장 첫 단계로 나타나며, 실제로 무역은 뒤에서 살펴볼 라이센싱이나 해외직접투자와 같은 국제기업의 본격적인 해외 사업 활동 형태보다 더욱 많이 활용되고 있다. 국제화의 초기단계에 있는 기업들이 해외시장으로 진출하는 데에는 많은 위험이 존재한다. 해외시장에 대한 지식이 부족하고, 해외에 있는 고객의 수요에 대해서도 잘 알지 못하며, 정치적 위험과 문화적 차이를 관리하는 능력 또한 부족하기 때문이다. 이와 같은 경우 수출을 이용한 해외시장 진출 방식은 국제화의 초기단계에 있는 기업들에게 해외시장에 대한 지식을 얻을 수 있는 가장 효과적인 방법이다.

국제경영에서 수출은 국제기업의 해외시장 진출의 한 방식이라는 점에서, 그리고 무역 현상을 설명하는 이론은 해외직접투자 현상을 설명하는 이론의 개념적 기초가 된다는 점에서 그 의의가 있다.

해외시장에 수출방식으로 진출하게 될 때 여기에는 간접수출에 의한 방법과 직접수출에 의한 방법이 있다.

1. 간접수출

간접수출이란 수출국 내에서 요구되는 수출 관련기능을 제조업체가 수행하지 않고 종합무역상사 및 무역회사, 수출대행업자, 수출조합 또는 국내에 거주하고 있는 외국상인 등을 통하여 제품을 해외에 판매하는 방식이다. 간접수출은 수출에 있어서 가장 초기의 형태로서 실질적으로 국내판매와 크게 다를 바가 없다. 제조업체 입장에서 간접수출의 장·단점을 구체적으로 살펴보면 다음과 같다.

① **간접수출의 장점** : 첫째, 수출업무에 대한 전문적인 지식을 갖추고 있고 경험이 풍부한 수출 중간상을 활용하기 때문에 수출에 대한 전문적인 지식이 없어도 수출거래를 할 수 있다. 둘째, 특히 대규모 무역회사(종합무역상사)들은 세계적인 정보망과 판매망을 가지고 있으므로 이들을 통하여 해외시장정보를 입수하고, 시장별 수요에 맞는 상품의 수출을 증대시킬 수 있다. 셋째, 수출업체는 제조업체로부터 제품을 매입하여 자기의 계정으로 수출하기 때문에 제조업체 입장에서는 수출클레임에 따른 위험과 번거로움을 피할 수 있다. 넷째, 제조업체는 수출에 따른 수출전담부서나 해외지사 등을 운영하지 않아도 되므로, 수출운영비·수출광고비·판매촉진비 등을 절감할 수 있다.

② **간접수출의 단점** : 첫째, 간접적인 경로에 의한 수출방식이므로 수출업체에게 제품을 넘겨준 이후에는 그 제품의 해외마케팅에 대한 통제권을 상실하고, 어느 해외시장에서 어떤 가격으로 판매되는지조차 알 수 없는 경우가 많다. 둘째, 해외고객과 직접 접촉할 수 있는 기회가 적어 독자적인 해외시장 기반을 구축하기가 어렵다. 셋째, 수출업체도 자체의 기업 이익을 먼저 생각하는 독립기업이므로 이익 기회가 확실한 경우를 제외하고는 적극적으로 해외시장 개척을 시도하거나 수출에 필요한 인력·비용 등을 충분히 투입하지 않는 경우가 많다. 심지어 제조업체가

해외시장 정보에 어두운 점을 악용하여 제조업체를 속일 수가 있다. 넷째, 수출업체들은 제품수출에 따른 사전 및 사후 서비스를 소홀히함으로써 해외고객의 제조업체에 대한 이미지를 손상시킬 우려가 있다.

이상과 같은 간접수출의 장·단점을 고려할 때, 간접수출은 무역에 대한 전문적 지식이나 해외시장 경험이 부족하여 아직 직접수출을 할 수 있는 여건을 갖추지 못한 일부 중소기업들이 활용할 수 있는 해외시장 진출 방법이다. 반면에 특정기업이 해외시장에 대한 진출 및 개입 수준을 확대하고자 한다면 간접수출보다는 다음에 설명되는 직접수출이 바람직하다고 할 수 있다.

2. 직접수출

직접수출은 제조업체가 본사의 수출전담부서나 계열무역회사를 통해 수출과 관련된 제반 업무와 기능의 대부분을 직접 수행하는 수출 방식이다. 일반적으로 직접수출을 하게 되면 간접수출의 경우보다 수출에 따른 물량과 판매액이 늘어나게 되는데, 이는 제조업체가 해외시장 조사를 포함한 제품의 해외마케팅에 보다 적극적인 노력을 기울이기 때문이다. 또한 직접수출을 하게 되면 제품의 유통경로에 대한 통제를 강화할 수 있고, 국제마케팅에 대한 전문적인 지식을 축적할 수 있다.

그러나 수출의 증대와 비례하여 제조업체 내에 수출을 전담하는 인원이나 부서 또는 별도의 수출전담기구 등을 설치해야 하고, 더 나아가서는 해외에서의 마케팅을 담당할 현지지점이나 해외자회사까지 운영해야 할 경우도 생기므로, 그만큼 수출에 따른 비용도 증가하게 된다. 따라서 직접수출시에는 기업 및 제품의 특성, 목표시장의 규모와 무역 환경, 수출의 중요성 등을 고려하여, 기업의 목표에 가장 적합한 수출조직 구조와 구체적 수출경로의 선택에 대한 의사결정을 하는 것이 중요하다.

오늘날 무역장벽이 점차 축소되고 해외시장에 대한 중요성이 커지고 있는 상황에서 간접수출보다 직접수출의 비중이 커지고 있으며, 해외시장 및 국제마케팅 · 무역실무에 대한 지식이 어느 정도 보편화됨에 따라 중소제조업체들도 상당수가 직접수출방식을 택하고 있어 직접수출이 점차 증가하고 있는 추세이다.

제2절 계약형태의 진출전략

1. 라이센싱

라이센싱(licensing)이란 라이센서(licensor)가 보유하고 있는 특허, 상표, 상호, 기술, 노하우 등을 라이센시(licensee)에게 제공하여 일정한 기간 동안 사용할 수 있도록 허가하고, 로열티나 대가를 지급받는 계약 방식이다.

계약 형태의 해외시장 진출 방식으로서 라이센싱은 수출과 해외직접투자와 비교하여 다음과 같은 장 · 단점이 있다.

1) 라이센싱의 장점

첫째, 무역장벽의 회피 수단으로 활용할 수 있다. 즉, 라이센싱 방식이 수출 방식에 비해 유리한 점은 관세나 비관세장벽에 대한 우회 수단으로 활용할 수 있다는 것이다. 또한 과당경쟁으로 수출로는 더 이상 이윤을 기대할 수 없을 경우나 수출시 과중한 운송비가 소요되는 경우에도 효율적으로 활용할 수 있다.

둘째, 정치적 위험을 극소화 할 수 있다는 점이다. 즉, 라이센싱은 해외직접투자에 비해 정치적 위험에 따른 피해 가능성이 적다. 대부분의 현지국들이 기술 습득의 방법 중 다른 방법에 비해 라이센싱을 선호 · 장려하고 있고,

라이센싱의 경우는 현지에 유형자산을 소유하고 있지 않으므로 최악의 경우, 라이센서가 잃는 것은 라이센싱에 대한 대가(licensing fee)에 지나지 않는다.

셋째, 라이센싱은 비교적 적은 비용으로 해외시장에 진출할 수 있다는 점이다. 즉, 목표시장에서의 판매가능성이 낮고 불확실한 경우, 수출이나 해외직접투자보다 유리하다고 할 수 있다.

2) 라이센싱의 단점

첫째, 이익의 한계를 들 수 있다. 즉, 현지에서의 마케팅활동 또는 생산활동에서 생길 수 있는 이익을 포기하게 된다.

둘째, 경쟁자의 양성 가능성이 생길 수 있다. 즉, 라이센싱을 통해 기술을 습득한 라이센시기업은 나중에 현지시장은 물론 세계시장에서도 경쟁자가 될 수 있다.

셋째, 계약기간 동안 해외진출이 불가능하다. 즉, 라이센시기업은 라이센싱 계약기간 동안 기술을 상품화한 제품의 판매에 대해 독점권을 갖는다. 따라서 라이센시기업은 계약기간 동안 다른 대안의 진출 방식을 활용할 수 없다.

넷째, 라이센싱은 특유의 기술이나 상표를 보유해야만 가능하다. 특별한 기술이나 상표 등을 보유하고 있지 못한 기업은 라이센싱을 활용할 수 없다.

2. 프랜차이징

프랜차이징(franchising)은 프랜차이저(franchisor)가 가지고 있는 상표・상호의 사용권과 특히 마케팅 노하우와 같은 관리시스템을 프랜차이지(franchisee)에게 제공하는 계약 형태로서 넓은 의미에서는 라이센싱의 한 형태라고 할 수 있다. 그러나 프랜차이징과 라이센싱의 차이점은 프랜차이징은 프랜차이저에 대한 강한 통제나 지원이 행해진다는 점이다. 이러한 프랜차이징은 기업의 제품이 성격상 완제품 형태로 해외시장에 수출될 수 없는 경우나 생산공정 내지 관리시스템의 이전이 손쉬운 경우에 많이 활용된다. 프랜차이징을 통한 해외시장 진출의 대표적인 예는 코가콜라, 멕도널드햄버거, 켄터키치킨과 같은 페스트푸드산업이나 호텔업 등에서 많이 나타난다.

3. 계약생산

계약생산(contract manufacturing)은 라이센싱과 해외직접투자의 중간 유형으로 이 방식은 국제기업이 현지국에 있는 제조업체로 하여금 일정한 계약조건하에서 제품을 생산하도록 하여 이것을 현지시장이나 제3국 시장에 판매하는 방식이다. 앞에서 살펴본 바 있는 OEM방식도 계약생산의 한 형태라 할 수 있다.

이러한 계약생산은 해외생산에 필요한 시설에 대한 투자없이도 라이센싱으로는 어려운 마케팅에 대한 통제가 가능하므로 해외직접투자와 같은 이점이 있다. 그러나 적당한 제조업체를 찾기가 어렵다는 단점이 있다. 또한 적당한 제조업체를 찾았다 하더라도 만족할 만한 품질과 판매 수준을 유지하기 위해서는 막대한 기술원조와 지원이 요구되는 경우가 많다.

일반적으로 계약생산 방식은 해외시장에 진출하려는 기업의 경쟁우위가 제품의 생산보다 마케팅에 우위가 있는 경우에 많이 활용되는 전략이다.

4. 턴키프로젝트

턴키프로젝트(turn-key project)란 '플랜트 수출'이라고도 하는데 해외에 발주자(해외진출업체)가 생산설비를 건설하고 설비가 가동되어 생산이 개시될 수 있는 시점에서 소유권자에게 넘겨주는 계약 형태이다.

오늘날 많은 나라에서는 그 나라 정부・공공기관・기업 등에서 각종 사회간접자본・제조공장・생산설비 등을 건설하는 사업들을 보통 국제입찰을 통해 계약을 발주하고 있다. 턴키프로젝트에서 발주자는 생산이 개시되는 시점에서 계약이 종료되는데 이 단계에서 더 나아가 경영관리나 근로자교육과 같은 추가적인 서비스까지 제공하는 경우가 있다. 이를 턴키플러스(turn-key plus) 방식이라고 한다. 턴키프로젝트는 일반적인 제조업체에는 잘 적용되지 않고, 주로 건설업체에서 많이 활용된다. 오늘날 상품수출과 더불어 턴키계약에 의한 플랜트 수출도 하나의 해외시장 진출전략으로 각광받고 있다.

그러나 턴키프로젝트는 계약체결시 쌍방간에 복잡한 협상 과정을 거치고 막대한 비용・시간이 소요되므로 법적인 문제도 간단하지 않다. 그래서 턴키계약시에는 계약서상에 시설, 공장의 명세, 계약 당사자의 의무와 책임, 불가항력 조항, 계약위반 및 법적 책임, 분쟁해결방법 등이 상세하게 기재된다. 또한 이 계약은 보통 현지국정부와 체결하게 되는 것이 일반적인데 계약 취소, 계약 조건의 강압적인 재협상 등과 같은 정치적 위험이 다른 방식에 비해 높다고 할 수 있다.

5. 경영계약

경영계약(management contract)은 계약을 통해 현지국기업의 경영을 대신해주고 일정한 대가를 받는 방식이다. 이것은 현대경영의 이념인 소유와 경영의 분리라는 원리를 국제기업에 적용시킨 것이라고 할 수 있다.

이 계약형태는 현지국기업의 새로운 자본투자, 기업경영정책, 소유권 변경 등과 같은 중요한 의사결정에 대한 결정 권한은 포함되지 않는다. 일반적으로 경영계약은 전문서비스업종에서 많이 볼 수 있는데 경영자의 특수한 지식이나 경험이 요구되는 경우에 많이 이용되고, 합작투자에 있어 현지국에서 일정 비율 이상의 주식 보유를 허용하지 않는 경우 합작투자로 설립된 기업의 경영권을 장악할 목적으로 활용되기도 한다.

경영계약은 이처럼 가장 낮은 위험으로 해외시장에 진출한다는 장점은 있지만 자기 제품의 시장 위치를 확보할 수 없으므로 제조업체들에게는 그리 만족스러운 방식은 아니다. 그러므로 합작투자나 플랜트 수출 등 다른 방식과 결합되어 많이 활용된다.

주요용어

수출전략, 간접수출, 직접수출, 라이센싱, 라이센서, 라이센시, 프랜차이징, 프랜차이저, 프랜차이지, 계약생산, 턴키프로젝트, 턴키플러스, 경영계약

연습문제

1. 수출의 의의에 대해 설명하라.
2. 간접수출과 직접수출에 대해 설명하라.
3. 라이센싱 방식에 의한 해외시장 진출 전략에 대해 설명하라.
4. 프랜차이징 방식에 의한 해외시장 진출 전략에 대해 설명하라.
5. 경영계약 방식에 의한 해외시장 진출 전략에 대해 설명하라.

제12장 해외직접투자

제1절 해외직접투자의 개념 및 동기

1. 해외직접투자의 개념

해외직접투자(foreign direct investment : FDI)란 무엇인가? 해외직접투자의 개념에 대해서 이와 관련되는 유사 개념들을 통해서 살펴보자. 우선 해외직접투자는 해외간접투자와의 비교에 의한 상대적 개념으로 정의될 때가 많다. 즉, 해외직접투자든 해외간접투자든 국제간의 자본 이동이라는 측면에서는 동일하다. 그러나 해외간접투자는 투자하는 기업의 경영에 직접 참여함이 없이 주식투자인 경우에는 배당수익, 채권투자인 경우에는 이자 수익을 목적으로 투자하는 반면, 해외직접투자의 경우는 투자하는 기업의 경영에 직접 참여함을 목적으로 투자한다는 점이 큰 차이점이라 할 수 있다

두 번째로 해외직접투자는 수출의 상대 개념으로 정의할 수도 있다. 즉, 수출이란 자국내의 생산요소들을 자국내에서 결합시켜 제품의 상태로 국제간의 거래가 이루어지는 반면, 해외직접투자는 자국내의 생산요소, 특히 자본, 생산기술, 경영기술 등을 해외로 이전하여 현지국의 생산요소인 토지, 노동 등과 결합하여 현지에서 생산 및 마케팅을 한다는 점에서 구별되는 것이다. 여기서 수출이든 해외직접투자든 자사가 주체적으로 제품을 생산한다는 점이

공통점이지만 생산의 입지가 자국인가 아니면 현지국인가 하는 점에서 차이가 난다.

마지막으로 해외직접투자가 라이센싱이나 프랜차이징처럼 계약 형태의 해외시장 진출 방식과의 상대 개념으로 정의되기도 한다. 즉, 해외직접투자는 생산요소들이 패키지로 결합하여 국제간에 이동하지만 라이센싱이나 프랜차이징 등은 생산요소들이 단독적으로 국제적 이동을 한다.

결론적으로 해외직접투자는 완제품의 이동인 수출이나 생산요소의 단독 이동인 기술이전 등과 대립되는 개념을 중심으로 하고, 여기에 간접투자와 대립되는 개념을 보완하여 해외직접투자의 개념을 정리하면 “해외직접투자란 피투자기업의 경영에 직접 참여함을 목적으로 자본, 기술, 경영노하우 등의 생산요소를 복합적으로 해외에 이동시키는 기업활동”이라고 정의할 수 있다.

2. 해외직접투자의 동기

개별 기업의 입장에서 해외직접투자의 동기 내지 목적은 전략적 동기·경제적 동기·재무적 동기 등 다양할 것이다. 여기서는 그 중에서 전략적 동기에 대해서 살펴보자.

국제기업이 전략적으로 해외직접투자를 추구하는 경우는 그 동기에 따라 ① 시장지향형, ② 생산효율지향형, ③ 자원지향형, ④ 지식지향형 등의 유형으로 구분된다.

첫째, 시장지향형(market seekers) 투자는 해외의 기존 시장 유지 및 새로운 시장을 개척하기 위하여 현지에 진출하여 현지생산을 하는 유형으로 여기에는 방어적 측면과 공격적 측면이 있다. 방어적 측면이란 수입국의 무역규제가 심할 경우 기존의 수출시장을 유지할 목적으로 행하는 해외직접투자라 할 수 있고, 공격적 측면이란 해외의 새로운 수출시장을 확보하기 위한 목적으로 해외직접투자가 이루어지는 경우이다.

둘째, 생산효율지향형(production efficiency seekers) 투자는 생산요소의 가격이 상대적으로 저렴한 지역으로 생산시설을 이전시키는 유형으로, 주로 노동집약적 산업에서 이러한 투자가 많이 이루어지고 있다. 예를 들면, 선진제국의 전자회사들이 전자제품 조립을 위하여 상대적으로 저렴하면서 풍부한 노동력을 보유하고 있는 동남아, 중남미 등 개발도상국에 생산공장을 설립하는 경우를 들 수 있다.

셋째, 자원지향형(resource seekers) 투자는 각종 원자재가 풍부하고 저렴한 지역의 자원을 찾아 이의 개발이나 이용을 목적으로 투자를 하는 유형으로, 당해 생산물은 현지 수요에 충당하거나 투자국 또는 제3국에 재수출되며 원유・광업・임업 등의 자원개발 투자가 여기에 해당된다.

넷째, 지식지향형(knowledge seekers) 투자는 선진국의 첨단기술이나 경영관리기법 등을 습득하기 용이한 지역에 투자를 하는 유형이다. 한국기업에서도 최근 지식지향형 해외직접투자가 나타나고 있다. 즉, 현대전자를 비롯하여 삼성전자, LG반도체 등 전자회사들이 반도체 및 컴퓨터를 생산하기 위한 첨단기술을 습득하기 위해 미국 캘리포니아주의 실리콘밸리에 현지법인을 설립한 경우가 여기에 해당된다.

그러나 이상의 전략적 동기들은 상호보완적이고, 일반적으로 한 가지 이상의 동기가 결합되어 해외직접투자가 이루어지게 된다.

왜 공장을 외국에 지을까?

요즘 우리 기업들이 해외에 많이 진출하고 있습니다. 대기업들은 미국이나 유럽 같은 선진국에 큰 공장을 짓기도 하고 중소기업들은 임금이 싼 중국이나 동남아 국가로 공장을 아예 옮기는 경우도 있죠. 이처럼 우리기업이 외국에 자본과 기술을 투자하는 것은 해외직접투자라고 한답니다.

그러면 기업들이 왜 우리나라를 떠나 외국에 나갈까요?

우선 외국의 값싼 노동력을 활용하기 위해서죠. 그동안 우리나라 경제가 빠르게 발전하면서 임금도 덩달아 많이 올라갔습니다. 아주 뛰어난 기술을 갖고 있다면 모르지만 비싼 임금을 주고서는 이익을 낼 수 없는 산업이 많습니다. 주로 예전에 우리나라 임금이 쌀 때 번창했던 섬유・신발・전자부품 등 노동력이 많이 필요한 업종들이죠. 이런 업체들은 중국처럼 임금이 싼 국가들과 경쟁하기 위해 우리나라를 떠나는 경우가 많습니다.

요즘 북한이 고려시대의 수도로 유서깊은 개성에 공업단지를 만들려고 합니다. 북한은 노동자의 월평균 임금으로 1백달러(우리돈 12만원)정도를 받길 원하고 있죠. 월 평균 70달러 수준인 베트남보다 많아 더 낮춰야 한다는 의견도 있지만 많은 우리기업이 개성 공단에 관심을 갖고 있습니다. 낮은 임금에다 말도 통하는 북한 사람들을 잘 활용하면 중국기업들과 경쟁할 때 유리할 것이라고 생각하기 때문이죠.

물건을 보다 많이 팔기 위해 다른 나라에 공장과 회사를 세우기도 합니다. 나라마다 수입품에 관세라는 세금을 붙입니다. 관세를 내면 우리나라가 수출하는 물건값이 비싸져 경쟁하기 힘들어지게 됩니다. 기업들은 이를 피하기 위해 아예 물건을 팔려는 나라에 공장을 세워 현지 생산을 합니다. 그러면 관세를 물지 않으니까 물건값도 상대적으로 싸지죠. 또 그 지역 소비자들의 취향에 맞춘 제품을 생산하기도 유리하므로 제품 판매가 늘어날 수 있습니다.

기술이 뛰어난 선진국에 공장이나 회사를 세우는 경우도 많습니다. 선진국의 앞선 기술을 배우고 이를 이용해 뛰어난 상품을 개발하려는 것이죠. 이 같은 목적으로 해외에 투자하는 사례가 최근에 더 많아졌습니다. 지난해 6월엔 LG전자가 네덜란드에 15억달러(1조 8천억원)를 투자했습니다. 네덜란드에 물건을 많이 팔기 위해서라기보다 이 나라의 유명한 전자업체인 필립스와 손을 잡고 더 좋은 기술과 제품을 개발하기 위해서였죠. 의류 회사가 디자인이 발달한 이탈리아에 디자인 개발을 위한 현지회사를 세운다든지, 전자회사가 소프트웨어 개발 능력이 뛰어난 인도에 진출하는 것도 다 뛰어난 기술을 얻기 위해서입니다.

사업에 필요한 돈을 끌어들이기 위해 우리보다 이자가 싼 나라에 기업을 세우는 경우도 있습니다. 그 나라에서 사업을 벌이면 싼 이자로 돈을 꾸기가 쉽기 때문이죠.

해외투자해서 번 돈은 결국 우리기업들을 살찌우는 것이기 때문에 국내 경제에도 도움이 된답니다. 또 기업들이 외국에 공장을 지으면서 설비나 부품・원자재 같은 것을 국내에서 갖고 나가는 경우가 많은데, 이 과정에서 이익을 많이 남길 수도 있습니다. 해외투자도 결국 돌고 돌아 국내 경제에 영향을 미치게 되는 것입니다. 그런데 해외직접투자가 꼭 우리 경제에 좋은 영향만 미칠까요. 경우에 따라선 아닐 수도 있습니다.

혹시 '산업 공동화'라는 말을 들어보셨나요?

국내에 있는 공장들이 싼 임금 등 보다 좋은 조건을 좇아 다른 나라로 빠져나가면서 그 산업이 텅텅 비어버리는 현상을 말하죠. 일자리가 줄어들고 외국으로 빠져나간 공장과 거래하던 부품업체들은 문을 닫게 될 수도 있습니다. 그러나 우리나라 산업과 노동자들의 기술 수준이 높아진다면 얘기는 다르죠. 외국으로 많은 업체가 빠져나가는 만큼 높은 기술력을 보고 더 많은 외국자본이 우리나라로 들어와 공장과 회사를 세우기 때문입니다.

기업가들이 해외투자를 핑계로 외국으로 외화를 빼돌리는 일도 생길 수 있습니다. 중남미 국가 중엔 기업가들이 해외로 돈을 많이 빼돌리는 바람에 경제가 망가진 곳이 많습니다. 우리나라도 외화가 부족하던 70년대와 80년대 초엔 정부가 기업들의 해외직접투자를 까다롭게 억제했었죠. 그러나 80년대 중반부터 다른 나라와의 무역을 통해 외화를 많이 벌면서 이 돈을 이용한 해외투자가 크게 늘어났습니다. 초창기엔 싼 임금을 노리고 동남아 등 개발도상국에 많이 진출했지만 점점 물건을 더 팔기 위해 부유한 선진국에 투자하는 경우가 많아졌죠.

국가간의 무역과 교류가 갈수록 많아지면서 이제 우리 기업들의 해외직접투자는 막을 수 없는 큰 흐름이 돼 버렸죠. 중요한 것은 우리나라에서 기업할 수 있는 여건을 좋게 만들어 기업들이 밖으로 나가는 만큼 다른 나라의 첨단 기업들이 들어오게 만드는 것입니다. 이렇게 하려면 외국기업들이 국내에 들어올 만한 이유를 제공해줘야 합니다.

임금과 노사관계가 안정되고, 국내 노동자들의 기술 수준이 높아져야 하겠죠. 또 외국기업에 매기는 세금을 깎아주고 외국기업이 투자하기 편하도록 각종 규제를 풀고 행정편의를 제공하는 노력도 필요할 겁니다.

(자료 : 중앙경제, "왜 공장을 외국에 지을까?", 정철근)

제2절 해외직접투자 이론

해외직접투자는 기업의 국제화가 많이 진행되었을 때 나타나는 현상이고, 해외현지에서 경영활동을 수행하게 된다. 그런데 해외진출기업은 외국시장에서 사업을 수행함에 있어 현지기업보다 여러 가지 면에서 불리한 상황에 직면하게 된다. 이와 같이 해외진출기업이 현지기업에 비해서 불리한 데 무엇을 근거로 해서 해외로 진출하는가? 또한 해외시장의 진출 방법 중 라이센싱이나 수출이 아닌 왜 해외직접투자를 택하는가? 해외직접투자이론이란 이러한 해외직접투자가 왜 발생하는가를 설명해 주는 것이다.

1. 독점적 우위이론

해외진출기업이 외국시장에서 사업을 수행할 때 현지기업에 비해 불리한 점(disadvantages)들이 어떤 것들인지 살펴보자.

우선 현지 환경에 적응하는 문제, 현지국 소비자들의 민족주의, 현지국 정부의 차별정책, 추가적인 관리비, 언어 및 커뮤니케이션 오해 등 외국시장에서 사업을 수행하는 데는 기본적으로 이와 같은 비용이 추가된다. 이것을 외국비용(cost of foreignness)이라 한다. 이러한 기본적인 외국비용이 추가되는 데도 불구하고, 해외로 진출하는 이유는 무엇인가? 그 근거를 기업 특유의 독점적 우위(firm-specific monopolistic advantage)에서 찾는 이론이 독점적 우위이론(monopolistic advantage theory)이다. 독점적 우위이론은 1976년 미국 MIT대학의 하이머(S. Hymer)에 의해서 주장되었다.

그러면 기업 특유의 독점적 우위란 무엇인가? 기업 특유의 독점적 우위란 그 기업만이 가지는 독특한 기술능력, 마케팅능력, 관리능력, 자금조달의 우위, 브랜드 이미지 등을 말한다. 기업이 이러한 독점적 우위를 가지고 있으면 외국시장에서 사업을 수행할 때 추가되는 외국비용을 상쇄하고도 더 큰 이익을 기업에게 가져다주기 때문에 해외직접투자가 일어난다는 것이다.

2. 내부화이론

앞에서 살펴 본 두 번째 질문인 해외시장 진출 방법 중 라이센싱 방식이 아닌 해외직접투자를 택하는 이유는 무엇인가? 기업이 독점적 우위를 가지고 있을 때 라이센싱으로는 이것을 향유할 수는 없는가? 결론적으로 내부화의 동기가 있을 때 라이센싱을 하지 않고 해외직접투자를 한다는 것이다. 여기서 내부화의 동기란 라이센싱의 경우 시장 메카니즘을 이용하여 기술이나 브랜드를 일정 기간 동안 파는 것인데, 이러한 시장 메카니즘을 이용할 경우 거래비용(transaction cost)이 너무 많이 발생하므로 시장을 통하지 않고 기업 내부의 거래로 끌어들임으로써 더 큰 이점이 생긴다는 것이다.

그러면 시장을 통해 라이센싱 할 경우에 어떤 비용이 발생하는가? 즉, 기술누출의 위험, 브랜드 이미지 손상 위험, 거래상대방 물색비용, 협상비용, 감시비용 등의 비용과 위험이 발생할 수 있다. 이와 같이 내부화의 동기에 의해 해외직접투자 현상을 설명하고 있는 이론이 내부화이론(internalization theory)이다. 내부화이론은 버클리(P. J. Buckley), 캇슨(M. C. Casson), 러그만(A. Rugman)

등에 의해 주장되었다.

국제기업이 어떤 이유에서 시장거래를 지양하고 해외사업을 기업내부의 거래로 끌어들이는가? 즉, 내부화의 이유가 무엇인가? 그것은 시장의 불완전성 때문이다. 해외시장은 국내시장에 비해 시장의 불완전성 요소가 더 크기 때문에 해외직접투자를 행하는 것이 라이센싱에 의한 위험을 줄일 수 있다고 보는 이론이 내부화이론이다.

3. 절충이론

해외시장진출 방법 중에서 수출 방식과 해외직접투자의 차이점은 생산입지가 어디냐 하는 것이다. 즉, 수출은 생산입지가 본국이 되고, 해외직접투자는 현지국이 된다. 입지 유인이 본국이 유리한지 현지국이 유리한지에 따라 수출을 할 것이냐 해외직접투자를 할 것이냐를 결정한다는 이론이 입지이론(location theory)이다. 즉, 해외에 입지 특유의 유인(foreign location-specific incentive)이 있는 경우 해외직접투자가 일어난다는 것이다.

더닝(J. H. Dunning)에 의해 주장된 절충이론(eclectic theory)은 앞에서 살펴본 독점적 우위, 내부화 동기, 그리고 입지 유인의 세 가지가 동시에 있을 때 해외직접투자가 가능하다는 이론이다. 기업 특유의 독점적 우위는 반드시 해외직접투자가 아니더라도 수출이나 라이센싱에 의해서도 충분히 향유될 수 있다. 즉, 독점적 우위 요인은 해외직접투자의 필요조건이지 충분조건은 되지 못한다. 절충이론에서는 최초에 해외직접투자가 가능하려면 기업 특유의 독점적 우위가 존재해야 되고(독점적 우위이론), 이것을 외부시장에 판매하는 것보다 내부화하는 것이 유리할 때 기업은 라이센싱을 하지 않고 해외직접투자를 선택한다(내부화이론). 또 자본 · 기술 · 경영기법 등을 해외로 이전하여 현지에서 생산하는 것이 국내생산보다 유리할 때, 즉 현지입지 특유의 우위 요인이 있을 때 기업은 수출 대신 해외직접투자를 선택한다(입지이론). 해외직접투자이론의 출발점은 독점적 우위이론이었으나 해외직접투자가 여러 가지 가능한 해외사업 활동 중 가장 유리한 방식이라는 설명은 없었다. 1970년대 중반 이후 라이센싱과 해외직접투자의 선택 기준으로서 내부화이론이 등장하였고, 수출과 해외직접투자의 선택 기준으로서 생산입지이론을 포함한 절충이론이 등장한 것이다. 이와 같이 해외직접투자이론은 독점적 우위이론에서 출발하여 내부화이론을 거쳐 절충이론으로 발전함으로써 해외직접투자가 단순한 국가간의 자본 이동이 아닌 기술, 마케팅 노하우 및 경영 노하우를 포함한 기업 그 자체의 이전이라는 사실을 인식함으로 해외직접투자이론의 학문적 체계를 확립하는 데에 있어서 커다란 공헌을 하였다.

4. 제품수명주기이론

제품수명주기이론(product life cycle theory)이란 한 제품이 시장에 도입, 성숙, 쇠퇴되어 나가는 과정이 인간의 수명주기와 비슷한 패턴을 보인다는 이론을 말하며, 국제제품수명주기이론은 제품수명주기이론을 해외직접투자현상에 적용한 것으로 국제제품수명주기이론의 요지는 다음과 같다. 첫째, 모든 제품은 도입기, 성장기, 성숙기, 쇠퇴기와 같은 여러 단계의 수명주기를 거친다. 둘째, 선진국과 후진국 사이에는 소득, 기술 수준, 노동 등 생산요소비용 면에서 차이가 나며, 동시에 생산・소비면에서도 시차가 존재한다. 셋째, 선진국과 후진국간의 소득, 기술 수준, 생산능력, 소비 수준 차이 때문에 선・후진국간의 무역과 해외직접투자의 패턴은 제품의 수명주기에 따라 다르게 나타나는데, 초기에는 기술 수준이 무역과 해외직접투자의 패턴을 결정하는 주요 변수가 된다. 국제제품수명주기상 각 단계에서의 국제간 재화와 서비스의 이동 및 국제기업활동의 초점은 다음과 같다.

첫째, 도입기에서는 신제품을 얼마나 빨리 성공적으로 시장에 도입하느냐 하는 것이 주요 관심사이다. 따라서 이 단계에서는 신제품 개발을 위한 R&D

활동과 생산기술의 안정화를 위한 엔지니어링의 역할이 매우 중요하다. 이 단계에서는 제품의 가격이 비교적 높을 뿐 아니라 제품에 대한 수요층이 초기 혁신자그룹으로 구성되기 때문에 수요의 가격 탄력성이 매우 낮다. 따라서 소득 수준이 높은 선진국 시장을 중심으로 시장이 형성되며, 그 결과 생산과 소비가 선진국에서만 이루어지고 국제무역이나 해외직접투자는 발생하지 않는다.

둘째, 성장기에서는 신제품의 높은 수익성에 자극받아 다수의 후발기업이 시장에 진입하게 되며 이에 따라 제품의 가격도 다소 낮아진다. 동시에 외국에서도 선진국으로 여행을 했거나 혁신적 성향을 갖고 있는 소비자들을 중심으로 동 제품에 대한 수요가 발생하게 된다. 그러나 외국시장에서의 수요는 아직 규모의 경제효과를 누릴 만큼 충분히 크지 않기 때문에 외국에서의 생산은 거의 이루어지지 못하고 선진국에서 수입을 하여 소비하는 과정을 겪게 된다.

셋째, 성숙기에 접어들면 선진국에서는 수요가 크게 증대됨과 동시에 생산기술이 안정화되어 보다 많은 수의 기업들이 시장으로 진입하게 된다. 이에 따라 경쟁이 가속화되어 제품가격이 점차 하락하게 되고, 국내에서의 사업 확장 기회는 점차 소진된다. 따라서 국내시장에서 경쟁 열세에 있는 기업들은 외국시장에서의 생산 가능성을 타진하게 된다. 반면, 외국에서도 시장규모가 점차 확대되어 규모의 경제효과를 누릴 수 있는 정도에 이르게 된다. 이에 따라 선진국 기업들이 해외직접투자를 통해 기술 모방국에서 직접 생산을 하게 된다. 결국 이 단계에서는 선진국은 후진국에 고급품을, 후진국은 선진국에 저급품을 수출하는 교차무역이 발생하게 된다.

마지막으로 쇠퇴기에는 제품의 표준화가 이루어짐에 따라, 기술은 보편화되고 가격경쟁은 더욱 치열해지게 된다. 이에 따라 선진국에서는 동 제품산업이 사양화되면서, 더 이상 기술개발이나 마케팅투자가 일어나지 않고 선진국에서 개도국으로 생산설비가 이전된다. 그 결과 생산비가 저렴한 개도국에서 선진국으로의 수출이 이루어지고, 관련 기술과 자본은 선진국에서 후진국으로 이전되게 된다.

주요용어

해외직접투자, 해외간접투자, 해외직접투자이론, 외국비용, 독점적 우위, 거래비용, 내부화 동기, 입지이론, 입지유인

연습문제

1. 해외직접투자의 개념에 대해 설명하라.
2. 해외직접투자의 동기에 대해 설명하라.
3. 독점적우위이론에 대해 설명하라.
4. 내부화이론에 대해 설명하라.
5. 절충이론에 대해 설명하라.
6. 제품수명주기이론에 대해 설명하라.

제13장 국제경영관리

국제경영관리란 국제기업이 본격적인 경영활동을 수행함에 있어서 야기되는 여러 가지 경영상의 문제를 효율적으로 관리하기 위해 요구되는 구체적인 경영 기능별 내지 운영 분야별 기업 활동을 의미한다. 따라서 국제기업의 경영관리 내용에는 국내기업의 경우와 같이 계획·조직·지휘·통제 등의 일반적인 관리기능은 물론 생산관리·마케팅관리·인사 및 조직관리·재무관리 등 운영 분야별 관리 기능이 모두 포함된다. 그러나 이러한 제반 기능이 본사와 해외자회사를 포함하는 전사적 차원에서, 그리고 정치·경제·문화·법률적 환경이 다른 해외시장에서 범세계적인 경영 안목을 가지고 수행된다는 점에서 국제기업의 경영관리는 국내경영관리보다 특수하면서도 복잡한 특성을 지니게 된다. 아래에서는 국제생산관리, 국제마케팅관리, 국제인사관리, 그리고 국제재무관리 등에 대해 살펴보기로 한다.

제1절 국제생산관리

국제생산관리는 국제적 관점에서 생산활동을 계획하고 조직하며 통제하는 국제기업의 관리활동이다. 특히 국제생산관리에서 중요한 것은 단순히 제품의 생산만을 의미하는 것이 아니라, 제품생산에 필요한 원료의 확보에서부터 생산된 제품을 해외시장에 공급할 때까지의 모든 과정과 관련된 활동을 포괄

하는 개념이다. 이렇게 볼 때 국제생산관리는 국제기업이 각 지역 생산자원의 비교우위를 효율적으로 활용하여 국제경쟁력을 제고시키고자 하는데 그 목적이 있다.

최근 들어 기업의 국제화가 급진전됨에 따라, 기업들은 본국에서 생산된 제품을 수출하는 수출지향적 기업에서부터 현지에서 생산 뿐만 아니라 마케팅을 동시에 전개하는 현지지향적 기업으로 발전하고 있다. 이처럼 기업들이 전세계 시장을 대상으로 가장 유리한 생산입지에 생산공장을 이전시키는 현상이 활발해지면서 기업의 생산활동면에서 특수한 문제가 나타나고 이에 따라 새로운 생산관리기법도 요구되고 있는 것이다. 국제기업도 국내기업과 마찬가지로 고객의 욕구를 충족시켜 줄 수 있는 제품을 생산해 내기 위해서는, 기본적으로 자본·노동·원자재 등과 같은 생산요소를 투입하여 생산활동을 효율적으로 수행해 나가야만 한다. 그러나 국제경영의 관리적 측면에서 해외에서의 생산관리는 국내에서보다 더욱 복잡하고 어렵다는 사실을 간과해서는 안 된다. 이는 국제 환경이 국내 환경과는 정치·경제·문화·법률적 환경이 근본적으로 상이할 뿐만 아니라 국제생산에는 현지국 정부가 개입하는 등의 특성이 있기 때문이다.

최근에 국제생산관리에 있어서 글로벌소싱(global sourcing)이 중요한 과제로 부각되고 있다. 여기서 소싱(sourcing)이란 원자재 및 부품의 구매활동이라 할 수 있다. 즉, 소싱은 생산에 필요한 원자재 및 부품을 유리한 가격으로 필요한 시기에 적당한 공급자로부터 합리적으로 구입하기 위한 구매관리 과정을 의미한다. 국제기업은 국제 분업생산을 위한 원자재와 부품 등의 조달과 원가를 절감하고 품질을 향상시키기 위해 세계적 관점에서 글로벌소싱을 추진한다. 원자재가 제조원가에서 차지하는 비중이 큰 제조업체의 경우 조달비용이 가장 싼 지역에서 원자재를 조달하고, 또한 인건비의 비중이 큰 의류나 신발과 같은 노동집약적 업종들은 임금이 낮은 지역에서 부품이나 반제품을 조달하는 것이 유리하다. 예를 들면, 제너럴모터스(General Motors)사의 'World Car'는 각종 부품을 해외자회사에서 분업방식으로 생산하고 있으며, 포드사는 한국에서 자동차 부품을 구매, 미국 내의 공장에서 이를 조립하여 미국이나 멕시코에 판매한다. 이와 같이 국제기업들은 어떤 특정 제품을 생산하기 위해 세계의 여러 나라의 공장을 이용하는 글로벌소싱 전략을 취함으로써 경쟁우위를 확보해 나가는 것이다. 따라서 오늘날 국제기업의 원자재 및 부품의 조달, 생산 및 판매활동은 범세계적 차원에서 이루어지기 때문에 이들 국제생산활동을 합리적으로 관리하는 것이 국제기업경영의 성공요인이 된다.

제2절 국제마케팅관리

1. 국제마케팅조사

마케팅(marketing)이란 무엇인가? 흔히들 마케팅의 개념을 논의할 때 판매(selling)라는 말과 대비시켜 이야기한다. 여기서 판매의 개념은 단지 '물건을 판다'는 의미로, 미국의 경우 1930년대에 접어들면서 기업의 규모가 커지고 이에 따라 시장에서 수요보다 공급이 많아지기 시작하고, 기업간 경쟁이 치열해짐에 따라 소비자들을 그냥 내버려 두면 제품을 사지 않기 때문에 그들을 설득해서 더 많은 양의 제품을 사도록 하자는 것이었다. 바꿔 말하면 판매할 수 있는 제품을 만드는 일에 관심이 있는 것이 아니라 만든 제품을 단순히 판매하는 데만 관심이 있는 것이다. 그 후 1960년대에 들어 이러한 판매 개념이 발전하여 소비자 중심의 마케팅 개념이 본격화 된 것이다. 그러므로 판매와 대비한 마케팅의 개념은 첫째, 고객의 입장에 선다는 '소비자 지향성'(consumer orientation)이 있는가, 없는가 하는 것과 둘째, 마케팅은 판매를 포함하는 더 폭 넓은 개념이라는 것이다. 즉, 마케팅은 판매 훨씬 이전에서부터 시작하여 판매 후까지 연장되는 기업활동이다. 판매 전에 수행하는 활동에는 시장조사, 제품 기획, 디자인, 광고 등이 있고, 판매 후까지 이어지는 활동으로 대표적인 것이 소비자들에게 지속적인 만족감을 주기 위한 기업의 A/S활동 등이 있다.

마케팅활동의 시발점은 목표시장(target market)을 찾는 일이다. 목표시장을 찾기 위해 보통 시장조사(마케팅조사)가 필요하고, 시장세분화 작업이 이루어진다. 그 다음은 시장에서의 자사제품의 위치를 부각시키기 위한 포지셔닝(positioning)활동이 이어지고, 마지막으로 마케팅 4P라고 하는 제품(product), 가격(price), 촉진(promotion), 유통(place)의 마케팅믹스(marketing mix)활동을 하게 된다. 국제마케팅에 있어서도 이러한 전략의 기본 절차는 동일하다. 단지 이질적인 환경을 가지는 해외시장을 배경으로 하여 국제기업이 수행하는 마케팅활동이라는 점에서 특수한 문제가 생기는 것이다.

국제마케팅활동에서 맨 처음 행해지는 활동으로서는 국제마케팅조사가 있다. 국제마케팅조사는 필요한 정보의 형태에 따라 세 가지 유형으로 나누어진다. 첫째, 국가・지역・시장에 대한 일반적인 정보, 둘째, 특정 시장이나 국가 안의 사회・경제・소비자의 경향을 알기 위해 필요한 정보, 셋째, 마케팅믹스의 제반문제를 해결하는 데 필요한 구체적인 정보가 있다. 일반적인 마케팅조사는 대체로 셋째 형태의 마케팅조사라 할 수 있다. 그러나 국제마케팅조사는 마케팅조사의 활동이 국내마케팅조사보다 훨씬 넓으며, 위에서의 세 가지 유형의 정보가 모두 필요한 경우가 대부분이다. 즉, 그 나라의 정치・경제・문화적 특성 뿐만 아니라 현지시장의 특성, 현지소비자의 특성 등 여러 가지 새로운 문제들을 해결하기 위한 정보를 제공해야 한다.

국제마케팅조사의 구체적인 영역을 살펴보면, 첫째, 국제화에 대한 결정을 하기 위한 조사가 행해진다. 해외시장으로의 진출이 필요하다고 판단된 경우 해외시장의 환경, 산업의 경쟁력, 기업의 경쟁력 등에 대한 조사가 이루어진다. 둘째, 해외시장 진출이 결정되면 진출하려는 국가의 수요패턴, 경쟁구조, 정치상황 등에 관한 조사를 행하는, 즉 진출시장을 선택하기 위한 조사가 이루어진다. 셋째, 진출시장이 결정되면 다음에 행해야 할 조사는 기업의 경영

능력, 목표시장의 규모, 현지정부의 통제 등을 고려하여 진출 형태를 결정하는 조사가 많이 이루어진다. 즉, 수출을 할 것이냐, 라이센싱을 할 것이냐, 아니면 해외직접투자를 할 것이냐 등 진출형태를 결정하기 위한 조사가 이루어져야 한다. 마지막으로는 구체적으로 어떤 방법으로 마케팅활동을 할 것이냐를 결정해야 한다. 이를 위해서는 목표시장에의 소비자 행동, 유통경로, 광고 및 촉진, 현지시장의 경쟁상황 등에 대한 정보를 얻기 위한 조사가 행해져야 한다.

2. 세계시장세분화와 글로벌 포지셔닝

1) 세계시장세분화

시장세분화(market segmentation)란 일정한 기준에 따라 시장을 몇 개의 동질적인 집단으로 나누는 것을 의미한다. 시장세분화는 세분시장 하나 하나가 내부적으로 최대한 동질적인 소비자들을 포용하고 있어야 하고, 반대로 각 세분시장은 다른 세분시장과 최대한 이질적이어야 한다.

세계시장세분화의 첫 단계는 여러 가지 기준을 고려하여 세계의 모든 국가들을 대상으로 1차적인 목표집단을 선택하는 것이다. 그 다음에는 1차로 선정된 집단에 대한 세밀한 조사를 통해 2차적으로 최종적인 목표시장을 결정하게 된다. 이러한 세계시장세분화의 구체적인 절차를 살펴보면 다음과 같다.

첫째, 1차적인 시장세분화로서 국제기업은 세계의 모든 시장들 중에서 지리적 변수, 경제적 변수, 정치적 변수, 사회·문화적 변수 등을 기준으로 1차적인 목표집단을 구분한다. 이러한 과정에서 유의할 점은 일반적으로 지리적 변수만을 중시하여 대체로 지리적으로 가까운 국가들을 한 그룹으로 묶게 되는 경향이 있는데, 그렇다고 해서 지리적으로 가까운 시장들이 반드시 기업이 수행하는 마케팅 전략에 대해 똑같은 반응을 보인다고는 말할 수 없다. 예를 들어, 호주의 경우 필리핀이 캐나다보다 지리적으로 가깝지만 시장특성은 오히려 캐나다와 유사하다. 또한 서유럽시장의 경우에도 지리적 인접성보다는 EU 라든지 EFTA 등의 경제통합이나 유사한 경제발전 단계를 기준으로 시장을 분류하는 것이 효율적이다. 특히 국가의 경제발전 정도는 시장 행위에 상당한 영향을 미치기 때문에 1인당 국민소득이나 그 밖의 경제발전 지표를 이용하여 시장을 선정하는 것이 효율적이다. 이 외에도 정치적 변수나 언어, 종교, 교육 등과 같은 사회・문화적 지표를 이용하여 시장을 1차적으로 집단화시킬 수도 있는데, 이러한 여러 가지 변수들을 동시에 고려할수록 복잡은 하지만 더욱 효율적인 시장세분화가 이루어질 수 있다.

둘째, 2차적인 시장세분화로서, 1차적으로 선정된 목표집단들을 대상으로 표준화된 마케팅 전략을 전개할 수 있는 시장을 최종적으로 결정해야 한다. 우선은 기업판매 잠재력이 높은 국가들에 초점이 맞춰진다. 그 다음은 일차적인 목표집단 가운데서 높은 잠재력을 지닌 국가 중 하나를 참조국가(reference country)로 선택하게 되는데, 대개 참조국가는 국제기업이 가장 높은 판매 잠재력을 갖고 있는 제품을 이미 수출이나 마케팅하고 있는 국가가 된다. 그런 다음 높은 기업판매 잠재력을 갖고 있는 다른 국가들의 마케팅 환경을 참조국가와 비교하여 참조국가와 유사한 특성을 가진 국가들을 최종적인 목표시장으로 결정하게 된다.

2) 글로벌 포지셔닝

기업이 어떤 특정 세분시장에 진입할 것인가를 확정하고 나면, 그 세분시장에서 어떤 포지션(posion)을 확보할 것인가를 결정해야 한다. 제품의 포지션이란 특정 제품의 주요 속성들이 경쟁자들의 제품과 비교하여 소비자들의 마음속에 차지하고 있는 상대적 위치를 말한다. 다시 말해 제품이나 브랜드의 포지션은 소비자들이 일정한 속성을 기준으로 경쟁 제품을 어떻게 인지하고 있느냐 하는 것이다. 예를 들어 현대의 '아반떼'나 기아의 'K3'는 실용적인 자동차, '벤츠'나 'BMW'와 같은 자동차는 고급승용차로서의 속성을 지니고 있는 것으로 소비자들의 마음 속에 인식되고 위치하고 있는 것을 알 수 있다. 따라서 제품포지셔닝(product positioning)은 어떤 제품을 경쟁 제품에 비해 차별적 특징을 갖도록 제품 개념을 정하고, 소비자들의 마음 속에 적절히 위치시키려는 노력을 말한다. 즉, 경쟁기업과 효과적으로 경쟁하기 위해 마케팅믹스를 사용하여 소비자의 의식에 제품의 정확한 위치를 심어주는 과정으로서 우리말로는 '위치정립'이라고 한다. 글로벌 포지셔닝이란 세계 각국에서 동일한 이미지를 주는 제품으로 자리 잡게 하는 것이다. 예를 들어 벤츠와 같은 고급승용차는 세계 어느 시장에서도 고급차라는 이미지를 확실하게 소비자에게 전달하고 있다. 볼보(Volvo)는 안전성이 뛰어난 차임을 강조함으로써 전세계 어디에서나 같은 이미지를 주는 글로벌 포지셔닝을 하고 있다.

글로벌 제품포지셔닝을 위해서는 동일한 상표로 제품을 전세계 각국에서 판매해야 할 필요가 있다. 예를 들어 코카콜라는 전세계적으로 동일하게 붉은색의 포장을 하고 있다. 또한 일본의 소니(Sony)는 창립 초기부터 전 세계 소비자에게 제품을 판매할 전략을 수립하였고, 그에 따라 서양 사람들이 쉽게 발음할 수 있는 '소니'라는 이름을 선택하여 자신의 상표를 글로벌상표로 만들었다. 일본의 자동차 생산업체인 닷산(Datsun)은 미국시장으로의 수출이 증가함에 따라 서양 사람들이 훨씬 발음하기 쉽고 일본차의 이미지를 강조하기 위하여 닛산(Nissan)이라는 상표로 바꾸었다. 제품의 포장 역시 제품의 글로벌화와 차별화 여부에 큰 영향을 줄 수가 있다. 예를 들어 코닥(Kodak)은 전세계적으로 동일하게 밝은 노란색의 필름상자를 만들었고 일본의 후지(Fuji)필름 역시 독특한 녹색상자로써 코닥에 대응하고 있다. 이와 같이 포장을 전 세계적으로 동일하게 하는 것은 소비자들로 하여금 이 제품이 글로벌한 제품이라는 것을 보다 효과적으로 알리는 방법이다.

반면 한편에서는 현지시장에 보다 잘 적응하기 위해서 상표를 현지화하는 경향도 나타난다. 폭스바겐(Volkswagon)은 소형승용차인 걸프(Golf)를 생산하여 판매하였으나 미국시장을 개척할 때는 미국의 젊은이들을 겨냥하여 상표를 걸프에서 라빗(Rabbit)이라는 이름으로 바꾼 적이 있다. 또한 폭스바겐은 산타나(Santana)를 미국시장 진출을 위해 콴텀(Quantum)으로 바꾸었다. 이는 산타나라는 이름이 알라모(Alamo)요새에서 포로가 되었던 장군의 이름과 같아 이것이 연상되는 것을 피하기 위한 것이었다. 현지국의 소비자의 수요에 따라서 제품의 포장을 달리해야 할 필요성도 많이 존재한다. 피앤지(P&G)는 일본진출에 있어서 포장단위를 소규모로 함으로써 소비자에게 더 잘 접근할 수 있었다. 미국의 소비자들이 저장공간이 넓은 것에 비해서 일본의 소비자들은 제한된 주거공간에 살고 있으므로 소비자 수요에 맞게 포장단위를 바꾼 것은 적절한 조치였다. 또한 피앤지사는 미국에서는 제품 겉면에 회사 이름을 아주 작게 명기하고 브랜드를 강조하고 있으나, 일본에서는 회사 이름을 브랜드 이름보다 더 정면에 부각시키는 방법으로 현지상황에 맞게끔 포장을 달리하여 보다 효과적인 마케팅활동을 수행하고 있다.

3. 국제마케팅믹스

세계시장세분화와 글로벌 포지셔닝이 끝나면 다음은 마케팅의 4P - 제품(product), 가격(price), 촉진(promotion), 유통(place) - 문제를 해결하여야 한다. 이것을 마케팅믹스(marketing mix)라 하는데 해외시장에서의 국제마케팅 전략은 구체적으로 국제제품, 국제가격, 국제촉진, 국제유통의 국제마케팅믹스를 가지고 표준화(standardization)와 차별화(differentiation)의 균형을 이루는 문제로 귀결된다.

1) 국제제품정책

국제제품정책의 기본적인 전략 대안에는 두 가지가 있다. 즉, 제품정책을 각 현지시장의 특성에 맞추는 차별화(현지화) 전략과 진출하고 있는 모든 해외시장에 대하여 표준화된 제품정책을 채택하는 표준화(글로벌화) 전략이 있다.

진출해 있는 국가들간의 시장 특성이 유사할수록 제품정책에 있어 글로벌화된 표준화 전략의 사용 가능성이 높아진다. 예를 들면, EU 등 지역경제통합체의 역내 국가들에 대해서는 표준화된 제품정책의 적용이 가능하다. 일반적으로 표준화 제품 전략은 산업재보다는 소비재가 적합하다. 예를 들어 1991년 현재 55개국에 진출하여 유아용 화장품, 파우더, 오일, 로션 등의 품목을 전문적으로 생산 및 판매하고 있는 미국의 존슨앤존슨(Johnson & Johnson)사의 경우 세계 각지에 퍼져있는 모든 현지자회사들로 하여금 동일한 품질규격에 의해 제품을 생산토록 하고 있다.

진출해 있는 국가들간의 시장 특성에 현격한 차이가 존재한다면 제품의 현지적응 전략인 차별화 전략이 유리하다. 예를 들어, 미국의 캠벨스프(Campbell Soup)사는 미국식의 농축된 스프를 저렴한 가격으로 영국시장에 진출시켰음에도 불구하고 판매가 부진하였다. 캠벨스프사는 영국소비자가 농축된 스프에 익숙해 있지 않다는 것을 발견하고 농축된 스프를 물이 가미된 캔스프 형태로 바꾸고 영국소비자의 기호에 맞추었다.

진출하고 있는 국가들 간의 시장 동질성이 보통 수준인 경우, 표준화 전략과 차별화 전략의 절충 형태라 할 수 있는 글로칼(glocal) 전략의 채택이 바람직하다. 이 전략은 진출하고 있는 모든 현지시장들의 공통된 동질성을 찾고 여기에 맞게 표준화된 글로벌 제품을 개발한 후, 이를 현지시장에 판매할 때에는 각 현지시장의 특성에 맞게 차별화하는 것이다. 이를테면 기술성, 용도 등 제품의 주요 특성 부분에 대해서는 표준화된 제품을 생산하고, 색상·포장·크기 등은 각 현지시장의 특성에 맞게 차별화시켜 나가는 것이다.

2) 국제가격정책

국제기업이 해외시장에 진출해서 어떠한 가격을 책정할 것인가 역시 중요한 마케팅믹스의 요소이다. 국제가격정책은 결국 국제기업이 동일한 제품에 대해서 개별 국가시장마다 서로 다른 가격을 책정할 것인가, 아니면 동일한 가격을 책정할 것인가 하는 문제로 귀결된다. 경제학의 이론에 따르면 기업은 주어진 소비자의 수요함수하에서 이윤을 극대화하는 가격 수준에서 가격을 책정하고 공급량을 결정한다. 각국의 소비자 수요함수는 서로 다르기 때문에 국제기업이 이윤 극대화를 위해서 각국마다 서로 다른 가격을 책정하는 것이 효율적인 방법이 된다. 또한 각국의 소득 수준의 차이에 따라서 책정하는 가격 수준 역시 달라져야만 한다. 예를 들어, 의약품은 전체 비용 중에서 생산비가 차지하는 비중은 아주 적고 대부분이 연구개발과 판촉비용이다. 따라서 제약산업은 후진국에서는 낮게 가격을 책정하고 선진국에서는 높은 가격을 책정하는 방법으로 가격 차별화를 시도하고 있다. 한편 글로벌하게 동일한 가격을 설정하는 것은 해외시장에서 일관적인 포지셔닝 전략을 추구하는 데 도움이 된다. 예를 들어, BMW와 벤츠는 후진국에서도 선진국과 동일하게 높은 가격을 책정함으로써 고급차에 대한 이미지를 보호하고 브랜드의 가치를 보존하고 있다.

3) 국제촉진정책

마케팅믹스에 있어서 중요한 요소의 하나는 제품의 특성을 소비자들에게 전달하는 것이다. 전세계적으로 표준화된 광고를 할 것인가 또는 각국마다 서로 다른 광고를 할 것인가는 국제광고에 있어서 선택해야할 중요한 문제이다. 우선 표준화된 광고를 해야 하는 이유는 다음과 같다. 첫째, 표준화된 광고를 하게 되면 많은 비용상의 이점을 누릴 수가 있다. 예를 들어 각국마다 서로 다른 광고를 한다면 비용이 상당히 많이 소요될 것이다. 이에 비해 광고를 전세계적으로 동일하게함으로써 비용상의 이점을 누릴 수 있고 또한 광고의 효과 역시 높일 수 있다. 둘째, 광고문구를 개발하는 데도 광고를 각국마다 서로 다르게 하는 것보다 전세계적으로 동일하게 하는 것이 훨씬 유리하다. 또한 최근 들어 지구촌거리가 가까워지고 각종 정보통신이나 TV 등 대중매체의 발달로 인해서 글로벌한 동일한 광고를 하는 것이 훨씬 더 효과적인 방법이 되고 있다.

이에 비해 각국마다 서로 다른 광고를 해야 되는 이유는 각국의 서로 다른 문화적인 차이 때문이다. 이질적인 문화적 배경을 가진 국가에서 표준화된 광고를 하는 것은 그 소기의 목적을 달성할 수가 없고, 오히려 광고를 통해 잘못된 메시지가 전달될 수도 있다. 예를 들어, 가장 눈에 띄는 광고를 많이 하는 베네통(Benetton)은 흑인이 백인아이에게 젖을 먹이거나 또는 같이 수갑을 찬 백인과 흑인의 손을 보여 주는 광고를 함으로써 일부 국가에서는 오히려 인종차별을 강조하는 듯한 인상을 주기도 했다. 베네통매장에서 색색의 콘돔을 나눠주는 판촉활동 역시 성에 대해서 개방적이지 않는 국가에서는 상당히 부정적인 효과를 나타내기도 하였다. 또한 프랑스에서는 어린이를 상업광고에 내보낼 수 없게 되어 있는데, 켈로그(Kellogg)는 프랑스에서 씨리얼을 광고하는데 어린이를 모델로 사용하지 않는 광고를 한다. 결국 광고에 있어서 표준화 전략과 현지화 전략간의 선택은 이와 같은 비용상의 이점, 광고효과, 각국의 문화적인 차이에 따른 현지화의 이점 등을 고려하여 이루어야 한다.

4) 국제유통정책

유통 전략이란 제품이 소비자에게 전달되는 방법을 선택하는 것이다. 제품이 생산자로부터 소비자에게 전달되는 과정은 대체로 도매상과 소매상을 거쳐서 소비자에게 전달되나 각국마다 도매상과 소매상의 유통구조는 상당히 차이가 난다. 각국간의 유통시스템의 차이는 크게 소매상의 집중정도, 유통경로의 길이 그리고 유통경로가 얼마나 개방적 혹은 폐쇄적인가에 의해 결정된다.

첫 번째 요소로서 유통경로가 얼마나 소수의 대규모 기업에게 집중되어 있는가는 국제기업이 해외시장 진출시 마케팅 전략을 수행하는 데 큰 영향을 미친다. 예를 들어 독일에서는 식료품시장을 네 개의 큰 유통체인이 65%를 점유하고 있다. 그러나 이탈리아에서는 소규모 영세업자로 세분화되어 어떠한 기업도 2% 이상의 시장점유율을 갖고 있지 못하다. 유통단계에서 얼마나 소매상이 집중되어 있는가는 각국마다 다르다. 각국의 현지법률은 영세유통업자들을 보호하는 방향으로 제정되어 있기 때문에 외국기업이 이러한 유통업자를 무시하고 직접적인 유통경로를 개척하는 것을 법적으로 금지하고 있는 경우도 많다.

두 번째 요소로서 유통경로의 길이는 생산자로부터 소비자에게 가는 단계를 결정한다. 일본시장은 한국시장처럼 여러 단계의 도매업자와 소매업자가 존재한다. 이와 같이 제품이 생산자로부터 소비자까지 전달되는 과정이 복잡하고 길수록 유통업체를 어떻게 관리하는가가 시장 진입의 성공 여부에 큰 영향을 미치기도 한다. 또한 이렇게 유통경로가 복잡하고 길수록 국제기업들이 유통경로를 개척하기가 힘들어진다. 일본시장이 서방국가로부터 폐쇄적이라는 비판을 받고 있는 것은 일본의 유통경로가 복잡하고 길어서 국제기업들이 쉽게 일본시장에 진출할 수 없다는 구조적인 문제점 때문이다. 일본처럼 유통경로가 길고 복잡한 경우에는 외국기업의 제품이 아무리 뛰어나다고 할지라도 이를 효과적으로 소비자에게 전달하기가 무척 어렵다

셋째로, 유통경로가 폐쇄적인가 개방적인가 하는 것 역시 현지국의 유통구조를 결정하는 변수이다. 일본의 유통구조는 배타적인 경우가 많아서 예를 들어 어느 도매업자가 특정 제품을 전문적으로 취급하면 그 도매업자는 타경쟁사의 제품을 취급할 수가 없게 된다. 즉, 특정 제품 계열의 도매업자는 자신의 밑에 있는 소매업자에게 특정의 제품만을 공급하며 따라서 이들 도매업자에게 예속되어 있는 소매업자에게서는 타경쟁사의 제품을 찾아보기 힘들게 되어 있다. 그러므로 이와 같은 유통 전략은 많은 경우에 현지 적응을 해야 할 필요가 있다.

제3절 국제인사관리

1. 국제기업 인사관리의 의의

국제경영활동을 수행하는 과정에서 발생하는 여러 가지 문제들은 결국 사람들에 의해서 해결되어야 하기 때문에 능력을 갖춘 인재를 적재적소에 배치하는 것은 곧 국제기업의 성공적인 경영활동의 열쇠가 된다고 해도 과언이 아니다. 기업경영에 있어서 인사관리의 중요성은 여러 측면에서 끊임없이 제기되어 왔다. 실제로 기업이 국제화 전략을 수행할 경우 가장 큰 문제점으로 인식하고 있는 것은 자본이라든지 기술의 부족보다는 세계 여러 국가에서 다양한 경영 경험과 우수한 자질을 갖춘 유능한 국제경영자를 적절히 확보하지 못하고 있다는 데서 기인하는 부분이 많다. 또한 국제경영에 있어서 생산관리나 재무관리도 중요하지만, 이러한 관리기능들이 취급하는 대상은 제품이나 자산이다. 그러나 국제인사관리에 있어서는 관리 대상이 사람이고, 더구나 상황을 복잡하게 하고 있는 것은 이들의 출신이나 국적이 다르기 때문에 문화적·사회적 관습이나 가치관, 행동 등이 이질적이어서 커뮤니케이션 오해나 갈등이 발생할 가능성이 높다.

국제인사관리란 국제기업이 필요로 하는 사람을 선발·채용·교육하고, 이들에게 적당한 보수와 승진의 기회를 제공하는 일련의 활동, 즉 인적 자원을 대상으로 한 국제경영관리활동을 의미한다. 국제기업의 경영목표를 달성하기 위해 기업내의 조직 구성원 상호간의 이해관계를 조정하고, 이들에게 동기를 부여하며, 직무에 관한 만족도를 높이기 위한 제반 경영활동 등이 국제인사관리에 포함된다.

2. 국제경영인의 선발 · 교육 · 보상관리

1) 국제경영인의 선발

국제기업이 선택할 수 있는 해외직원의 유형은 본국인(home-country nationals), 현지인(host-country nationals), 그리고 제3국인(the third-country nationals)의 세 가지이다. 본사파견직원, 현지채용직원, 제3국의 경영자가 각각 갖는 장 · 단점은 아래와 같다.

(1) 본국인

본사파견직원이 갖는 장점은 현지인보다 기업이나 제품에 대한 지식을 많이 갖고 있고, 본사의 경영정책이나 경영철학을 잘 알고 있기 때문에 본사가 자회사를 통제하는 데 절대로 필요하다. 반면 본사파견직원이 갖는 단점은 다음과 같다. 첫째, 이질적인 현지국의 사회 · 문화적 환경에 적응하는 데 시간이 많이 소요되며, 문화적 충격으로 본사에서처럼 자기의 경영 능력을 발휘하기가 어렵다. 둘째, 현지국 사정을 정확히 파악하지 못할 경우 현지국 정부의 종업원과의 마찰을 발생시킬 우려가 있다. 셋째, 현지국의 민족주의와 외국인 경영자에 대한 불신으로 현지 경영에 어려움이 있다. 넷째, 해외파견자의 가족까지 고려해야 하고, 각종 인센티브를 제공함으로써 본국 내의 같은 지위의 경영자에 비해 유지비용이 많이 소요된다.

(2) 현지채용인

현지채용직원의 장점은 다음과 같다. 첫째, 본사파견직원에 비해서 비용이 적게 든다. 둘째, 현지 환경에 익숙하다는 것이다. 특히 마케팅이나 노사관계 등을 담당하는 직원의 경우에는 현지의 사정을 모르고는 도저히 기능을 발휘할 수 없음은 물론이다. 셋째, 현지에서의 기업이미지에 좋다. 현지에서 사업을 하는 경우 외국인이 앞에 나서는 것보다 현지인이 나서는 것이 좋으며, 더

욱이 현지국 정부가 현지인 고용정책을 추구하는 경우에는 더욱 그러하다. 넷째, 현지인이 더 장기적이 안목을 가질 수도 있다. 본사파견직원은 보통 3년이면 다시 다른 데로 이동하기 때문에 비교적 단기적인 안목을 갖는 데 비해서 현지인은 보통 장기근무를 하기 때문에 더 긴 안목을 가질 수 있다.

반면에 현지채용직원의 단점은 다음과 같다. 첫째, 본사의 제품이나 관리기법에 대한 지식이 부족하거나, 본사의 경영 전략이나 목표를 제대로 이해하지 못할 경우 해외자회사의 경영과 전체적인 기업경영에 차질을 초래할 우려가 있다. 둘째, 국제기업 본사의 해외자회사에 대한 직접적이고 효율적인 통제력이 약해질 가능성이 많다. 셋째, 개도국이나 후진국일 경우 유능한 현지경영자의 충원이 불가능하거나 양성시 시간이 오래 걸린다.

(3) 제3국인

국제경영 인력으로 제3국인의 선발은 상당히 광범위하고 글로벌 경영철학을 가진 다국적기업의 경우 이용할 수 있는 방안이라고 볼 수 있다. 이 때는 주로 제3국인이 본국인이나 현지인에 비해 경영 능력이나 현지 적응력, 현지국 정부에 대한 로비력 등에 있어서 월등한 능력을 갖추어 있는 경우에 이루어지고 있다.

제3국인을 국제경영 인력으로 선발하는 경우의 장점은 다음과 같다. 첫째, 경영관리 능력이나 기술적 능력이 탁월하다. 둘째, 본사국에서 발견하지 못한 점을 객관적 시각에서 발견함으로써, 새로운 경영 환경에 대한 인식과 새로운 전략 대안을 제시할 수 있다. 셋째, 제3국인이 현지국과 유사한 문화적 배경과 공통된 언어를 구사하는 경우 현지 적응과 문화적 탄력성에 있어서 본국인보다 쉽게 적응할 수 있다.

반면, 제3국인을 국제경영 인력으로 선발하는 경우의 단점은 다음과 같다. 첫째, 현지인과 마찬가지로 본국의 경영 방침 및 목표 등에 어둡기 때문에 효율적인 경영 전략 수립이 어렵다. 둘째, 전세계적으로 선발해야하므로 높은 비용이 든다. 셋째, 제3국인 채용시 현지 언어와 문화를 제대로 이해하지 못할 경우 의사소통에 어려운 문제가 발생할 수 있다.

이와 같은 세 가지 대안은 각각의 장·단점이 있으므로 기업의 국제화 단계, 기업의 경영 전략, 현지국의 환경 변화에 대한 다각적인 검토가 있어야 한다. 일반적으로 기업의 국제화 단계에 따라 필요로 하는 종업원의 유형은 각각 다를 수 있다. 수출기업의 단계에서는 현지에서의 마케팅 기능을 수행하기 위한 현지판매요원을 필요로 하게 되며, 해외생산 초기 단계에서 생산가동 단계까지는 현지자회사에 본국인을 파견하게 된다. 생산가동 후 성장기에는 국가에 따라 다소의 차이를 보이고 있는데, 미국기업의 경우 본국인을 현지인으로 대체하고, 유럽기업들은 주요 직위를 여전히 본국인이 지배하는 것으로 나타나고 있다. 지역본부제를 채택하고 있는 국제기업들은 초기의 조직 정비기에 현지인대신 본국 파견인으로 대체하나 그 후로는 현지인을 높은 직위에 채용하며 제3국의 세계지향형 경영자를 고용하기도 한다. 미국기업의 경우 재무면에서는 대개 본사파견직원이 담당하고, 현지 판매를 위해서는 현지인을 고용하는 것인 일반적인 경향이다. 기업에 따라서 차이가 있지만, 적어도 판매면에서는 현지인을 채용하는 것이 일반적인 추세인 것 같다. 건설업의 경우에는 관리직에는 대부분 본국인을 쓰고 있으나 일반 사무직이나 기술직 또는 노무직에는 현지인이나 제3국인을 고용하는 경우 그들의 언어가 영어가 아닌 경우에는 의사소통과 통제면에 여러 가지 어려움이 따른다고 한다.

로빈슨(R. D. Robinson) 교수에 의하면 기업의 국제화 단계에 따라서 현지인의 고용비율이 달라진다고 한다. 즉, 국제화 단계를 수출 단계, 국제화 단계, 다국적화 단계, 초국적화 단계의 네 단계로 나누었을 때, 처음에는 현지인을 대거 기용하다가, 차츰 본사파견직원의 비율이 높아지며, 다시 해외시장이 확대되면서 현지인의 비율이 높아지고, 마지막으로는 시장이 안정되면서 본사파견직원의 비율이 다시 높아진다는 것이다.

2) 국제경영인의 교육훈련

(1) 해외파견경영자의 교육훈련

국제기업의 성패를 좌우하는 경영자의 자질은 교육훈련을 통해서 향상될 수 있다. 이러한 해외파견경영자에 대한 교육은 국제경영 인력이 해외 환경에 보다 잘 적응할 수 있도록 현지국가 및 문화에 대한 제반 사항과 해외자회사 운영 전반에 관한 내용을 미리 숙지시키는 과정이라 할 수 있다.

구체적인 교육훈련 내용으로는 해외파견인력들이 이질적인 환경에서 겪을 수 있는 문화적 충격을 최소화하고, 현지인과 융화할 수 있고, 현지국의 기업환경과 경영 조건에 대한 정보지식을 터득함으로써 국제적 감각을 갖추도록 하며, 해외자회사의 경영계획, 제품, 시장 등의 전반적인 사항을 미리 익히도록 하는 것이다. 이러한 교육훈련의 내용은 기업에 따라 또는 파견 국가에 따라 약간씩 차이가 있을 수 있으나, 일반적으로는 문화적응훈련, 언어적응훈련, 감수성훈련, 지역연구, 현장실습 등의 범주로 구성된다.[1)]

첫째, 문화적응훈련은 현지국 문화에 대한 충분한 교육을 통해서 그 문화를 이해하는 능력을 키우는 것으로서, 이를 통해서 현지국에서 저지르기 쉬운 실수나 기업 경영상의 오류를 방지하도록 한다. 현지국 문화를 이해하게 되면, 그 경영자들은 현지국 사원들을 효과적으로 다룰 수 있고, 현지 상황에 적합한 의사결정이 가능하다. 둘째, 언어적응훈련은 현지에서 업무수행과 현지인과의 관계에서 필수적인 언어에 관한 훈련을 함으로써 현지국을 신속히 이해할 수 있고, 능동적으로 현지국 시장에 접근 가능하게 한다. 셋째, 감수성 훈련은 해외파견인력이 생소한 행동 유형이나 가치제계를 이해하고, 즉각적으로 적응할 수 있는 유연적 태도를 개발하는 데 그 목적이 있다. 넷째, 지역연구는 현지국의 사회 ·문화·정치·경제·지리 등 전반에 걸친 현지의 특수성에 대해 교육한다. 이는 현지국에 대한 이해의 증진과 함께 현지 근무에 따른 두려움의 해소와 자신감을 심어주는 데 그 의의가 있다.

---

1) 김희철, 글로벌시대의 국제경영, 학문사, 1999, pp. 487~488.

(2) 현지채용인력의 교육훈련

최근 국제기업의 고용실태를 보면, 유능한 국제인적자원의 부족과 현지의 정치적·법적 규제의 강화 등으로 현지인의 채용이 증가하고 있는 추세에 있다. 현지인의 경우 기본적으로 국제기업 본사의 가치관이나 문화, 관리제도와 상당히 이질적인 특성을 가지고 있으므로, 현지 경영을 원활히 수행하기 위해서 현지채용인력에 대한 교육훈련의 필요성은 매우 크다고 할 수 있다. 이러한 현지채용인력에 대한 교육훈련은 본사의 교육훈련 프로그램을 단순히 그대로 이전하기보다는 현지인의 사고방식과 가치관 등을 고려하여 현지인에 알맞는 교육을 실시하는 것이 중요하다.

현지채용인력에는 경영자와 일반종업원의 두 부류가 있는 데, 현지채용경영자에 대한 교육훈련의 목적 및 내용은 본사의 경영 목표와 경영 전략을 이해시키는 것과 본사와의 원활한 의사소통, 본사와의 업무분담체제의 숙지 및 운영방법, 그리고 본사파견경영자와의 원만한 인간관계의 유지가 중심이 되고 있다. 이러한 교육훈련은 본사로의 단기 파견교육과 본사 전문인력의 현지교육, 그리고 본사와 현지경영자간의 지속적인 정보교환 및 의사소통의 증대를 통해서 본사의 현지자회사 운영상의 효율성을 증진시킬 수 있을 것이다.

현지채용 일반종업원의 교육훈련은 본사의 경영정책이나 전략적 내용의 강조보다는 현지자회사 내부의 원활한 노사관리나 인간적인 유대관계의 형성에 초점이 맞추어져야 한다. 따라서 이러한 일반종업원의 교육훈련은 필요 기술 및 지식의 습득에 관한 것, 조직 내의 상하관계, 대인관계 등에 관한 것이 중심이 된다.

3) 국제경영인의 보상관리

(1) 해외파견경영자

해외파견경영자의 보수문제에 있어서 소득 수준을 국내에서 동일한 업무를 수행하고 있는 본사 직원의 임금, 본사국의 임금 환경, 그리고 국제시장에서의 제3국인의 임금 등을 모두 고려하여 합리적으로 결정해야 한다. 일반적으로 해외파견인력들은 국내 근무자들보다 높은 보수를 받는다. 그 이유는 유능한 국제경영인력에 대한 대우와 함께, 이질적인 해외 환경에서 근무하는데 따른 어려움과 적응의 필요성, 과중한 책임에 대한 보상, 그리고 유능한 인력을 유지하기 위한 비용 등이 들기 때문이다.

본국에서 파견된 해외파견인력에 대한 보수 기준은 대체로 다음과 같다. 첫째, 기본급으로는 본사와 동일하거나 유사한 직책의 직급에 해당하는 직원들과 동일한 기본급을 지급한다. 해외파견인력에게 본사와 동일한 기준을 적용함으로써 해외파견인력이 본국에 소속되어 있다는 안정감을 갖고 현지에서 근무할 수 있다. 둘째, 부가급으로 해외 환경에서 직무를 수행하고 생활하는데 따른 어려움과, 개인적 희생, 과중한 책임에 대한 보상의 성격을 지닌 기본급 이외의 금액을 말한다. 부가급은 기본급에 대한 일정비율이나 일정금액으로 지급될 수 있으며, 지역 차이나 근무기간이 고려될 수도 있다. 이 때 만약 부가급을 차별적으로 지급하고자 하면 직무에 관련된 요인과 사회·문화적 요인을 지수화하여 반영하는 것이 바람직하다. 셋째, 보조금으로 해외에 파견된 근무자와 그 가족이 적어도 해외에서 본국과 동일한 생활 수준을 유지할 수 있도록 지급되는 것으로서 생활보조비, 주택수당, 세금조정수당, 자녀교육수당, 귀국휴가수당 등이 있다. 넷째, 기타 수당으로는 해외에 파견근무 함으로써 입게 되는 재정적 손실을 보상하기 위해 지급되는 것으로서 퇴직연금, 의료 및 보험 등을 말한다.

이러한 금전적 보상체계는 국제기업이 통제하기 어려운 국제 환경의 변화에 의해 영향을 받기 때문에, 국제기업은 주기적으로 또는 필요할 때마다 현지국의 세금, 환율, 물가 수준을 고려하여 보수에 대한 지속적인 관리를 해야 한다. 대체로 본사에 있을 때와 동일한 대우를 받을 수 있도록 해주어야만 해외파견인력이 보수와 생활 수준에 대한 불만 없이 효과적인 업무를 수행할 수 있게 된다.

(2) 현지채용인력

현지채용 경영자의 보수와 관련하여 다음과 같은 내용들을 결정하여야 한다.

첫째, 현지의 생활 수준과 일반적인 급여체계를 감안한 봉급 수준으로 할 것인가? 둘째, 동일 직종과 지위에 있는 본사파견인력과 현지채용경영자간의 봉급체계는 동일하게 할 것인가? 첫 번째 문제와 관련하여 현지에서의 일반적인 급여 수준보다도 높은 급여를 지급함으로써, 현지에서의 우수한 인재를 모집하는 것이 일반적이다. 주한 외국계 다국적기업의 급여 수준이 한국 국내기업의 그것보다도 대체로 높은 것이 일반적이다. 현지채용경영자들에게 현지기업들의 평균임금보다 약간 높은 보수를 지급하는 것은 보수 상승에 따른 노동 생산성의 기대 및 현지인 기업에 비해 외국기업이 갖는 승진기회나 개인의 성장 가능성의 제약, 그리고 장기고용면에서의 한계점 등에 따른 일종의 보상 차원으로 볼 수 있다. 두 번째 문제와 관련하여 본래 동일직종과 지위에 있는 경우 급여체계를 동일하게 해야 되지만, 본사파견인력의 경우 부임지 수당과 같은 명목으로 급여가 더 높은 경우가 많다. 여기서 중요한 것은 급여의 상승폭이 문제가 된다. 현지채용경영자의 급여보다도 몇 배가 상승되는 경우가 되면 불공정한 감정을 느끼게 한다. 따라서 현지에 있어서는 그다지 차이가 없는 급여 수준으로 하고, 본사파견인력에 대해 별도로 해외주재수당과 같은 주재기간 동안만 지급하는 형태가 많다.

제4절 국제재무관리

1. 국제재무관리의 의의

국제재무관리란 국제기업들이 국제경영 환경하에서 효율적인 자금의 조달과 운용 등에 관한 의사결정 문제를 다루는 국제경영관리의 한 분야이다. 즉,

국제기업이 자본을 효율적으로 조달하여 그것을 기업 내부에서 최적으로 활용하는 기업의 자금관리를 말한다. 국제재무관리는 일반적으로 국내기업의 경우와 기본적으로 동일하지만 해외의 특수한 환경에 따라 새로운 차원의 문제가 발생한다. 즉, ① 자본조달 수단 및 조달 원천의 다양성 ② 정치・경제・문화・법률 환경과 상관습 등의 이질적 요소, ③ 환율 변동 등의 환위험 발생 가능성 등의 문제가 추가된다. 그러므로 국제기업들은 이와 같은 환경 조건상의 차이 변수들로 인하여 국내기업들이 누리지 못하는 이익 기회를 포착할 수도 있으며, 동시에 국내기업이 부담하지 않는 여러 가지 위험에 노출되기도 한다.

2. 국제재무위험의 관리

국제기업의 해외사업활동에 있어서 특징 중의 하나는 외국환을 사용하고 외화로 표시된 자산과 부채를 가지게 되는데, 이 때 당해 외화의 가치가 국내통화에 비해 떨어지거나 상승한다면 국제기업은 손해를 보게 되거나 이익을 보게 된다. 이와 같이 환율의 변동에 따른 수익성의 변동 가능성을 환위험(foreign exchange risk)이라 하고, 외화로 표시된 자산이나 부채를 환위험에 노출되었다고 한다. 이러한 환노출은 크게 회계적 노출(accounting exposure)과 경제적 노출(economic exposure)로 구분되며, 회계적 노출은 다시 환산 노출(translation exposure)과 거래적 노출(transaction exposure)로 나누어진다. 여기서 경제적 노출이란 환율의 변동으로 인한 기업의 경제적 가치에 영향을 미치는 환위험을 말하고, 환산 노출이란 외화로 표시된 자산・부채・자본 및 수익・비용을 자국통화로 재평가할 때 발생하는 위험을 의미한다. 그리고 거래적 노출이란 국제거래에 있어서 계약체결 시점과 결제시점 사이의 환율의 변동으로 인해서 환위험에 노출되는 경우를 말한다.

이러한 환노출에 따른 환위험은 해외자회사는 물론 국제기업 전체의 재무적 성과를 평가하는 데 매우 중요한 영향을 미치게 되므로 국제재무 관리자는 환위험을 과연 어떻게 관리할 것인가 하는 문제에 봉착하게 된다. 구체적으로 이러한 환위험을 관리하기 위해 사용되는 기법은 다양하나, 일반적으로 다음과 같은 방법들이 주로 활용되고 있다.

① **매칭** : 매칭(matching)이란 계열회사간 또는 타기업과의 거래에 있어서 통화별로 자금의 수입과 지급의 금액과 시기를 일치시킴으로써 현금 흐름(cash flow)상의 환위험을 회피하는 방법을 말한다.

② **선불과 지연** : 선불과 지연(leading and lagging)이란 국제거래를 행하는 기업이 대외채권 또는 대외채무의 회수 또는 지급, 즉 자금 이전의 시기를 조정함으로써 환위험을 감소시키는 기법이다. 즉, 특정 외화의 가치가 하락할 것으로 예상되면 그러한 통화로 표시된 외상매출금의 회수를 앞당기고(lead), 반대로 가치가 상승할 것으로 예상되면 회수를 늦추는(lag) 식으로 환위험을 축소시키는 방법이다.

③ **상계** : 상계(netting)란 본・지사 또는 자회사 상호간에 동종 또는 이종 통화표시 채권・채무를 상쇄시킨 후 그 잔액 만큼 정기적으로 결제하는 방법으로서 외환거래비용의 절감과 함께 환위험의 축소를 기할 수 있다. 이 방법은 상계되는 금액에 대한 외환거래비용 및 자금이체비용을 절감할 수 있다는 이점이 있다.

④ **가격정책** : 가격정책(pricing policy)이란 예상되는 환위험을 거래 상대방에게 전가시키거나 분담하는 방법으로 여기에는 상품가격을 재조정하는 가격조정 방식과 상품의 표시통화를 조정하는 통화조정의 방법이 있다. 특히 후자의 경우 통화의 선택과 관련하여 수출은 강세통화로 표시하고 수입은 약세통화로 표시함으로써 환차손은 상대방에게 전가시키고 환차익은 자사가 누릴 수도 있다. 이 기법은 주로 판매관리나 구매관리에 있어서 판매 수익의 극대화와 구매 비용의 극소화를 위한 가격 결정이나 환노출 관리 수단으로 많이 활용된다.

⑤ **스왑거래** : 스왑거래(swap transaction)란 외환매매의 당사자가 현물환의

매매와 동시에, 이에 대응하는 동액의 선물환의 반대거래를 실시하는 것으로서, 일정액의 특정 외화자금을 다른 통화자금과 일정한 환율로 교환한 후 만기에 미리 정해둔 환율에 의해 반대 교환하는 방법을 말한다. 스왑거래는 현물환시장에서의 외국통화 매입(매출)거래와 선물환시장에서의 외국통화 매출(매입)거래가 동일 금액으로 동시에 발생하므로, 환포지션을 발생시키지 않는다. 따라서 스왑거래는 현물환율이 변동하더라도 이에 따른 환노출이 발생하지 않기 때문에 환위험 관리방법의 하나로 사용되고 있다.

⑥ **선물환계약** : 선물환계약(forward contract)이란 대개 1년 이내의 외환거래에 수반되는 환위험을 회피하기 위해 일정액의 외환을 일정액의 가격(선물환율)에 사고 팔기로 계약함으로써 외화표시채권과 채무의 금액을 확정시키는 방법이다.

⑦ **외환옵션** : 외환옵션(foreign exchange option)은 대개 1년 이내의 장래의 일정일 또는 일정 기간 내에 일정한 환율로 외화를 사거나 팔 수 있는 권리를 일정한 수수료를 지급하고 획득하는 계약이다. 여기서 옵션은 선택할 수 있는 권리를 뜻한다. 특정 통화를 살 수 있는 권리를 콜옵션(call option)이라 하고, 팔 수 있는 권리를 풋옵션(put option)이라 한다. 한 통화의 콜옵션은 다른 통화의 입장에서는 풋옵션이 된다. 옵션의 매입자는 발행자에게 권리를 사는 대가로 일정액을 지불해야 하는데, 이를 옵션가격 또는 옵션 프리미엄(premium)이라고 한다.

⑧ **통화바스킷관리** : 통화바스킷관리란 외화표시자산과 부채의 통화 구성을 강세통화와 약세통화를 적절히 배합하여 환위험에 따른 환차손과 환차익이 자연스럽게 상쇄되도록 하는 소극적인 환위험 관리 기법이다.

주요용어

국제경영관리, 국제생산관리, 글로벌소싱, 국제마케팅조사, 소비자 지향성, 포지셔닝, 제품 포지셔닝, 마케팅4P, 세계시장세분화, 글로벌 포지셔닝, 국제마케팅믹스, 표준화, 차별화, 국제제품정책, 국제가격정책, 국제촉진정책, 국제유통정책, 국제인사관리, 국제경영인 선발대안, 국제경영인 교육훈련, 국제경영인 보상관리, 국제재무관리, 국제재무위험관리, 환노출, 회계적 노출, 경제적 노출, 환산 노출, 거래적 노출, 매칭, 선불과 지연, 상계, 가격정책, 스왑거래, 선물환계약, 외환옵션, 통화바스킷관리

연습문제

1. 글로벌소싱에 대해 설명하라.
2. 글로벌 포지셔닝에 대해 설명하라.
3. 국제마케팅믹스에 대해 설명하라.
4. 국제경영인의 선발대안의 장·단점에 대해 설명하라.
5. 환위험 관리 기법에 대해 설명하라.

제 Ⅳ 부

무역실무

제14장 무역거래의 절차와 무역관리제도

수출절차는 수출계약의 체결단계로부터 수출승인, 통관, 선적, 대금 회수 등 거래가 종료될 때까지 일련의 흐름의 의미하는 것이고, 수입절차는 수입업자가 외국으로부터 수입이 허용되는 물품을 수입하기 위해 수입계약 체결하고 승인을 받아야 하는 물품에 대해서는 승인을 받고 수입신용장을 개설한 후 선적서류가 내도하면 수입대금을 결제하고 화물에 대해 수입통관을 진행하는 일련의 절차를 말한다. 본 장에서는 신용장 방식에 의한 수출입절차를 개괄적으로 살펴보고, 무역거래시 국가가 관리하는 제도적인 측면을 개략적으로 살펴보도록 한다.

제1절 수출거래절차

1. 해외시장조사

수출거래를 하고자 하는 자는 먼저 어느 나라 어느 수입업자에게 수출할 것인지를 물색하는 해외시장조사를 해야한다.

해외시장조사란 수출입절차의 최초단계로 특정시장에 있어서 어떤 물품의 판매 또는 구매가능성을 조사하는 것을 말한다. 해외시장은 국내시장과는 달리 지역적인 격리성, 상관습 및 언어의 차이 등과 같은 여러 요인들로 인하여

조사하는데 많은 어려움이 따른다. 그럼에도 불구하고 외국의 거래선을 발굴하는데 비용과 위험을 최소화하고 부가가치를 극대화하기 위해서는 사전에 목표시장(target market)에 대한 시장조사가 필수적이다.

2. 수출계약의 체결

수출업자는 청약(offer)을 하고 이에 대하여 수입업자가 승낙(acceptance)을 하면 계약이 성립된다. 일정한 조건으로 계약을 체결하고 싶다는 의사표시인 청약은 보통 매도인 청약(selling offer)이며, 법적으로 구속력 있는 확정청약(firm offer)이다. 그리고 이러한 청약이 무조건적이고 무수정으로 승낙되면 즉시 체결되고 이때부터 계약은 성립되게 된다.

한편, 국제간의 매매계약은 구두로 하더라도 성립되며 반드시 문서로 작성할 필요는 없지만, 계약내용에 관하여 매매당사자간에 상호 확인하고 후일에 있을지도 모르는 분쟁에 대비하기 위하여 매매계약서(sales contract)를 서로 교환해 두는 것이 필요하다.

매매계약서의 기재내용은 상대방, 물품의 목적지, 물품의 내용 등에 따라 달라지지만, 당사자간에 합의된 사항을 정확히 기재해야 한다. 매매계약서에 기재될 사항은 물품명세, 품질, 수량, 가격, 선적 등과 같은 개별거래조항과 불가항력, 무역조건, 이권침해, 클레임 제기기간, 중재, 준거법 등과 같은 일반거래조항 등이 있다.

3. 신용장의 접수 및 검토

매매계약이 성립하면 매매당사자는 계약조건에 합치하는 각자의 의무를 이행하지 않으면 안된다. 즉, 계약의 결제조건에 따라 매수인은 자기의 거래은행에 신용장거래약정을 체결하고 수입신용장개설신청서를 제출하여 매도인 앞으로 신용장을 개설하도록 의뢰하고, 그 신용장을 통지은행을 통하여 전달받은 매도인은 수령한 신용장이 매매계약과 일치하는지를 확인[1]하고 일치하지 않는 사항이 있으면 신용장의 조건변경을 요구한다.

신용장은 수출자가 수출계약을 제대로 이행했을 때 수입자의 거래은행(신용장개설은행)이 대금결제를 보증하는 제도로서, 수출업자에게는 대금회수와 관련된 위험을 제거하고 수입자에게는 화물인수에 따른 위험을 제거하는 제이다.

4. 수출승인

우리나라에서 대부분의 물품은 수출하는데 아무런 제한이 없으나 일정물품에 대해서는 개별수출에 대한 제한을 가하고 있다. 이에 따라 수출업자는 우리나라 대외무역법상에서 정한 수출입공고 등에 게기된 수출이 제한되는 물품을 수출하고자 하는 경우에는 산업통상자원부장관으로부터 수출승인을 받아야 한다.

5. 수출물품의 확보 및 무역금융

수출승인을 받은 뒤에는 물품을 자가생산을 하거나 완제품을 구매하여 수출물품을 확보해야 한다. 수출물품을 제조·가공하는데 소용되는 원자재는 소정의 수입절차에 따라 외국에서 직접 수입할 수도 있으며, 내국신용장(local L/C) 또는 구매승인서에 의하여 국내에서 조달 또는 구매할 수도 있다. 또한 수출금융규정에 의거 소요 원자재를 수입할 경우에는 원자재 수입자금, 국내에서 구매하는 경우에는 원자재 구매자금, 완제품의 생산을 위해서는 생산자금을 융자받을 수 있다.

---

1) 신용장조건의 주요 확인사항은 무역계약 내용과 대조, 개설은행의 서명확인, 신용장의 종류 확인 및 특수조건의 확인 등이다.

6. 해상운송 및 보험계약

수출상은 수출통관수속과 함께 한편으로는 운송을 위하여 선박회사와 운송계약을 체결하게 되는데 실무적으로는 운항일정을 감안하여 수출상은 선복요청서(shipping request : S/R)를 제출하여 선복예약(booking)을 하게 된다.

한편 무역거래조건이 보험료를 포함하는 CIF, CIP조건일 경우에 수출상은 운송중의 위험을 담보하기 위하여 보험회사와 해상보험계약을 체결하게 되는데, 이 때 물품의 성질과 담보 및 면책위험 등을 감안하여 보험가입조건을 결정하여야 한다.

7. 수출통관

수출통관이란 대외무역법령 등에 의해 수출이 적법하게된 물품을 관세법상의 소정절차를 거쳐 외국물품화 하는 과정을 말한다.

수출업자는 물품을 선적전에 우선 관세법에 의한 수출통관을 거치게 되는데, 이러한 수출통관은 통상 수출물품을 보세구역에 반입한 후 실시된다. 이후 수출업자가 세관장에게 수출신고를 하면 세관장은 구비서류 및 기재사항 등을 심사한 다음 수출신고필증을 교부하고, 수출물품은 내국물품에서 외국물품으로 되어 보세구역으로부터 반출하여 선박에 선적할 수 있게 된다.

8. 선적

수출통관을 마친 화물은 내륙운송을 거쳐 본선의 선측까지 운송하여 본선에 적재한다. 화주가 선적지시서(Shipping Order ; S/O)를 본선에 제시하면 일

등항해사(chief mate)가 이와 화물을 대조한 후 인수하고, 그 증빙으로 본선수취증(Mate's Receipt; M/R)을 화주에게 교부하면 선박회사는 이와 상환으로 화주에게 선하증권(Bill of Lading ; B/L)을 교부한다.

한편, 화물이 컨테이너에 적입될 경우, 컨테이너만재화물(full container load ; FCL)화물의 경우에는 화물적재컨테이너를 CY(container yard)에, 컨테이너만재미달화물(less than a container load ; LCL)의 경우에는 화물을 CFS(container freight station)에 반입하면 선박회사의 대리인인 CY Operator 또는 CFS Operator로부터 부두수령증(Dock Receipt ; D/R)을 교부 받는다. 화주는 이와 상환으로 선박회사로부터 선하증권이나 복합운송서류를 발급 받는다.

9. 수출대금의 회수

수출물품의 선적을 완료한 수출업자는 신용장에서 요구하는 환어음과 운송서류, 즉 상업송장(commercial invoice), 선하증권(bill of lading), 포장명세서(packing list), 원산지증명서(certificate of origin) 등의 서류를 구비하여 거래 외국환은행에 환어음의 매입을 의뢰하게 된다.

매입을 의뢰받은 외국환은행은 제시된 서류가 신용장조건과 일치하는지의 여부를 검토하고 수출이 이행되었는지를 확인하기 위하여 수출신고필증을 요구한 다음, 환어음을 매입하여 수출대금을 수출업자에게 지급한다. 수출대금을 지급한 외국환은행은 수입자의 거래은행인 신용장 개설은행에게 환어음과 선적서류를 송부하여 대금을 회수하게 된다.

10. 관세환급

관세환급이란 수출품 원재료를 수입할 때 납부한 관세 및 내국세를 당해 원자재를 사용하여 만든 물품을 수출할 경우 수출업자에게 되돌려주는 것을 의미한다. 관세환급의 방법은 개별환급과 간이정액환급이 있다. 개별환급을 받을 때는 환급신청서에 소요량증명서, 수입신고필증 등을 첨부하고, 간이정액환급을 받을 때는 환급신청서에 수출신고필증만을 첨부하여 수출 등에 제공된 날로부터 2년 이내에 환급신청인의 주소지 관할세관에 환급신청을 해야 한다.

그림 14-1. 신용장에 의한 수출절차

제2절 수입거래절차

1. 수입계약의 체결

물품을 수입하고자 하는 수입상은 우선 해외시장조사와 함께 물품의 수입에 관한 조회(inquiry) 등을 통하여 신뢰성 있는 해외공급업자를 선정한다. 그리고 수입계약은 국외의 직접 청약(offer)에 의하거나 또는 보통 오퍼상이라 불리우는 무역대리업자의 청약에 대해 수입상이 승낙을 통하여 이루어진다.

2. 수입승인

해외 수출상과 물품수입계약을 체결한 수입상은 수출의 경우와 마찬가지로 자신이 수입하고자 하는 물품이 수입의 제한을 받는 물품인지의 여부를 수출입공고 등을 통하여 확인한 후 수입제한 품목으로 확인되면 산업통상자원부장관의 수입승인을 받아야 한다.[2] 이 경우 수입하고자 하는 물품이 수출입공고 등에서 제한품목이나 통합공고상 수입이 제한되는 품목일 경우에는 동 제한조치에 따라 관련 조합이나, 협회, 주무부처의 수입요건확인 또는 승인을 받아야 한다.

2) 현행 우리나라 대외무역법상 권한의 위임 및 위탁에 의해 산업통상자원부장관은 수출입 승인기관을 관계행정기관의 장 또는 단체의 장에게 위탁하고 있다.

3. 수입신용장 개설

신용장이라 함은 수입업자의 요청에 의하여 수입업자의 거래은행이 상대방 수출업자에 대하여 신용장조건과 일치하는 운송서류의 지시가 있으면 그 수출화물의 대금을 틀림없이 지급하겠다는 개설은행의 확약을 나타내고 있는 서장(書狀)을 의미한다.

수입계약에서 대금결제를 신용장에 의해서 한다고 약정되어 있는 경우에는 수입승인을 받은 후 외국환은행을 통하여 일정한 수입담보금을 적립하고 수입신용장을 개설하여야 한다. 신용장은 신용장 개설신청서에 기재된 내용대로 발행되므로 개설신청서의 모든 사항은 간단하고도 명료하여야 하며 수입업자가 원하는 모든 조건을 빠짐없이 기재하여야 한다.

한편, 신용장의 개설방법에는 전신에 의한 방법과 우편에 의한 방법이 있다. 전자는 전신에 의하여 신용장을 개설하는 방법으로서 신용장을 신속히 개설할 필요가 있을 때 주로 사용하는데, 은행은 전신료의 절감 및 타전에서 오는 혼란을 피하기 위하여 대부분의 경우 미리 약정된 암호(cypher)를 사용하여 개설한다. 후자는 신용장 개설은행이 신용장의 원본을 작성하며 우편의 수단을 이용, 환거래은행(correspondent bank)을 경유하여 수익자에게 보내는 방법으로서, 이는 신용장의 전달에 따른 비용은 적게 들지만 장시간이 소요되는 단점이 있다.

4. 운송서류의 내도

수출업자는 물품을 선적한 후 신용장상의 요구조건에 따른 운송서류를 구비하고, 환어음을 거래은행을 통하여 신용장개설은행에 송부하여 대금을 회수하게 된다.

신용장개설은행은 내도된 선하증권(bill of lading : B/L) 등의 운송서류가 신용장조건과 일치하는지의 여부를 심사한 후 신용장개설의뢰인인 수입업자에게 운송서류도착통지서(arrival notice of documents)를 발송한다.

한편 수입화물은 이미 도착하였으나 운송서류가 도착하지 않아 화물의 인수가 불가능한 경우에는 은행으로부터 수입화물선취보증서(letter of guarantee : L/G)[3)]를 받아 당해 화물을 인수할 수 있다.

5. 수입대금의 결제

신용장 개설은행은 환어음과 선적서류의 심사가 끝나면 개설의뢰인인 수입업자에게 대금의 지급을 청구하게 된다. 수입업자가 선적서류를 인수하고 수입대금의 지급을 동의하게 되면, 개설은행은 수입업자로부터 수입대금 및 관련수수료를 징수하고 선적서류를 인도하게 된다.

6. 물품수입통관

선적서류 원본이나 수입화물선취보증서를 수취한 수입업자는 수입신고를 하고 수입신고필증을 발급 받아야 한다.

수입신고를 받은 세관은 수입화물이 수입승인서의 물품과 동일한 것인지의 여부와 구비서류상의 기재사항이 일치하는 지를 검사·확인한 후 과세가격을 결정하고 세율을 확정하여 관세 등을 납부고지 한다. 수입업자가 관세 등을 납부하게 되면 세관장은 수입신고를 수리하고 그 증거로 수입업자에게 수입

3) 수입화물선취보증서(L/G)는 수입업자의 요청에 따라 신용장개설은행이 수입업자와 연대하여 선박회사 앞으로 발행하는서류로서, 선박회사가 미리 수입상에게 물품을 인도하여 주더라도 나중에 신용장개설은행에 도착되는 선하증권 원본에 의해 이중으로 물품인도청구를 않겠다는 취지의 보증서이다.

신고필증을 교부해 준다.

이와 같이 수입통관은 수입신고 → 서류검사 → 물품검사 → 관세율 결정 → 관세부과 및 징수 → 수입신고필증 발급에 이르는 일련의 과정으로서 수입신고가 수리된 후에야 비로소 수입물품은 관세법상 내국물품이 되어 보세구역으로부터 자유롭게 반출될 수 있다.

수입신고필증을 교부받은 수입신고인은 물품을 보세구역으로부터 반출하여 자신이 의도한 용도에 쓰기 위해 최종목적지로 운송을 함으로써 수입절차는 모두 종료된다.

그림 14-2. 신용장에 의한 수입절차

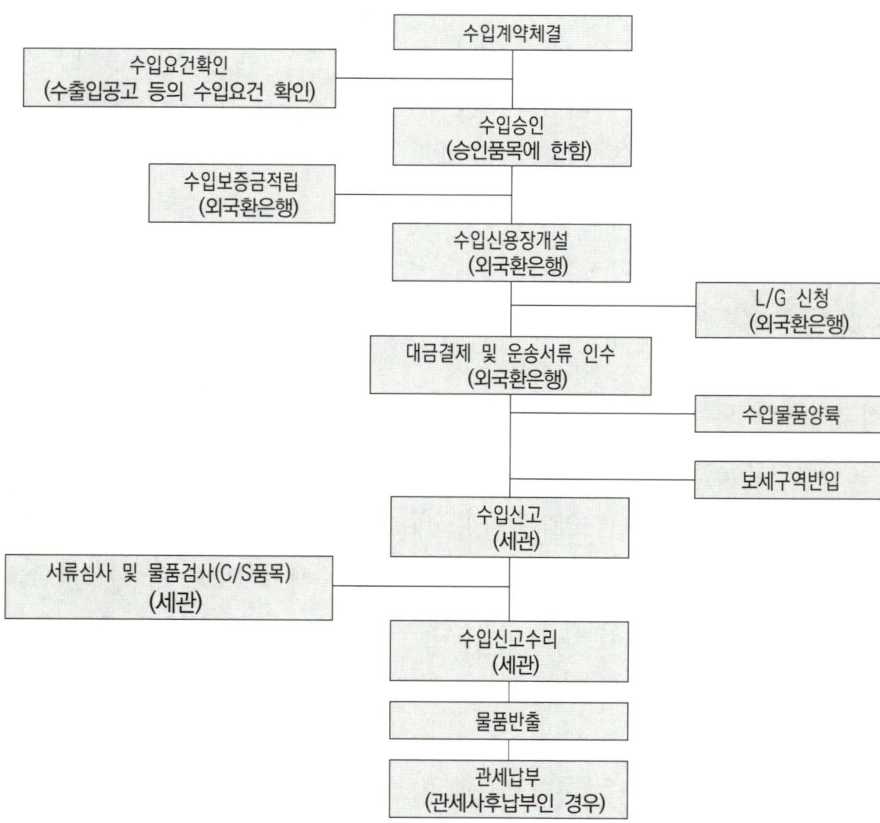

제3절 무역관리제도

1. 대외무역관리의 의의

무역[4]이란 국제간의 물품의 이동을 말하는 것으로서, 오늘날 모든 국가(정부)가 자유무역을 지향하면서도 자국의 국제수지균형을 달성하기 위하여 자국의 수출입거래에 어느 정도 제한을 가하고 있다. 이러한 정부시책은 경제환경의 변화에 따라 변경될 수도 있으며, 이렇게 볼 때 무역관리는 무역정책의 한 부분으로서 무역에 관한 제 법규에 의해서 경제주체의 무역거래에 대한 권리를 제한하는 소극적 간섭이라고 할 수 있다.

이러한 무역관리는 무역거래과정에 대한 정부의 인・허가, 면허, 승인, 인증, 행정지도 등의 방법으로 나타난다. 결국 무역관리(Trade Control)는 "국가 또는 정부가 대외무역거래에 대한 규제나 통제행위를 행하는 것으로 통상・무역의 전부 혹은 일부에 대하여 총액, 내용, 시기, 결제방법 및 거래상대국 등을 적극적으로 규제하는 것을 의미한다"고 할 수 있다. 즉 무역관리라 함은 무역거래에 대한 국가의 간섭 내지 통제 관리함으로써 국민경제의 발전을 도모하자는 것이다.[5]

---

4) 넓은 의미의 무역은 국제물품거래활동(sales of goods across frontiers), 국제서비스거래활동(sales of service across frontiers), 지적재산권, 국제거래활동(sales of knowledge across frontiers), 국제투자활동(sales of investment across frontiers) 등으로 나눌 수 있다(강용찬, 무역법규, 형설출판사, 1998. p. 1). 그러나 현행 우리나라 대외무역법 제2조 정의에서 "무역이라 함은 물품의 수출・수입을 말한다"고 하여 물품으로 한정하고 있다. 따라서 본서에서의 무역은 좁은 의미의 무역인 국제물품거래활동을 말한다.

5) 박종수, 국제통상무역관리, 삼영사, 1997, pp. 29~30.

2. 대외무역관리의 수단

1) 법률적 관리

현행 우리나라의 무역관리는 대외무역의 관련 법률, 시행령 및 관리규정 등의 법규적인 수단에 의해 관리되고 있으며, 다음과 같이 둘로 나눌 수 있다.

첫째, 우리나라의 무역관리 법규로는 대외무역법, 무역대금결제를 관리하는 법규로는 외국환거래법, 통관법규로는 관세법, 농산물검사법 등이 있다. 이러한 법규에 의한 무역관리 외에도 고시와 공고가 있으며, 이는 원칙적이고 기본적인 것은 법령에서 규정하고 구체적인 것은 유동적인 국제경제질서에 효율적으로 대처하기 위해 고시와 공고를 통하여 관리한다.[6]

둘째, 법제정의 본래 목적도 무역관리가 아니었으나 그 법을 집행하는 과정에서 반사적으로 무역에 영향을 미치는 개별행정법들이다. 이러한 법규들은 국민보건, 위생, 환경, 문화재보호 및 특정의 국내산업을 규제할 목적으로 제정된 법률[7]이지만 운용과정에서 관련부문의 무역활동을 규제하게 되었다. 이러한 특별법[8]에 의한 무역관리는 대외무역정책의 범위내에서 법을 관장하는 소관 주무부처에 의해 관리되고 있다.

2) 행정지도에 의한 관리

이는 행정청의 행정행위에 의한 대외무역관리이다. 여기서 행정행위(administrative act)라 함은 학문상의 용어로서, 실정법에서는 허가, 인가, 면허, 특허 또는 승인 등의 용어가 사용되고 있다. 일반적으로 행정주체가 구체적인

---

6) 고시 등은 상위법규에서 위임된 구체적인 집행사항 등에 관한 내용을 담음으로써 사실상 법규의 집행만이 아니라 법규의 보완기능을 수행한다고 볼 때 고시·공고는 넓은 의미의 법규에 포함된다고 볼 수 있다(안광구, 무역거래요론, 영문사, 1976, p. 36).

7) 강용찬, 전게서, p. 7.

8) 특별법으로는 마약법, 약사법, 검역법, 문화재보호법, 연초전매법 등이 있다.

사실에 대한 법규적 행위로서 하는 공권력의 발동으로서 단독적 공법행위를 말한다. 이러한 행정청의 행정행위에 의한 무역관리로서는 무역업의 신고, 수출입의 승인 등을 들 수 있다.[9)]

3. 무역관리와 법규

1) 대외무역법

대외무역법은 대외무역의 기본법으로 대외무역법과 대외무역법시행령, 대외무역관리규정 및 각종 고시・공고 등이 있으며 대외무역의 일반법이며, 대외무역을 총괄하는 기본법이다.

2) 외국환거래법

외국환거래법 제1조에서는 "외국환과 그 거래, 기타 대외거래를 합리적으로 조정 또는 관리함으로써 대외거래의 원활화를 기하고 국제수지의 균형과 통화가치의 안정을 도모하여 국민경제의 건전한 발전에 이바지함을 목적으로 한다"고 규정하고 있다.

외국환거래법 역시 최종 목적은 국민경제의 발전에 이바지하는 데 있으며 그 추진수단으로서 외국환 및 대외거래를 합리적으로 조정 또는 관리하고 이를 통하여 대외거래의 원활화를 기하고 국제수지의 균형과 통화가치의 안정을 도모하려는 데 있다.

3) 관세법

관세법 제1조에서는 "관세의 부과・징수 및 수출입물품의 통관을 적정하게

---

9) 윤광운, 무역법, 삼영사, 1998, p. 62.

하여 국민경제의 발전에 기여하고 관세수입의 확보를 기함을 목적으로 한다" 고 규정하고 있다.

관세법은 궁극적으로는 국민경제 발전과 관세수입의 확보를 목적으로 하되, 그의 방법 및 수단으로서 관세의 부과·징수 및 수출입물품의 통관을 적정하게 하려는 것이므로 관세법은 조세법으로서의 성격과 통관법으로서의 성격을 가지고 있다고 할 수 있다.

4) 불공정무역행위조사 및 산업피해구제에 관한 법률

이 법은 불공정무역행위 및 수입의 증가로 인한 국내산업의 피해를 조사하고 구제하는 절차를 정하여 공정한 무역질서를 확립함으로써 국민경제의 건전한 발전에 기여하는 한편, 세계무역기구 설립을 위한 마라케쉬협정 등 무역에 관한 국제협약의 이행을 위하여 필요한 사항을 규정함을 목적으로 한다.

주요용어

해외시장조사, 청약, 승낙, 확정청약, 매도청약, 매매계약서, 수출승인, 무역금융, 내국신용장, 해상운송, 보험계약, 수출통관, 선적, 선적지시서, 본선수취증, 관세환급, 수입계약의 체결, 수입승인, 수입신용장, 물품수입통관, 대외무역법, 관세법, 외국환거래법, 불공정무역행위

연습문제

1. 수출절차에 대해 설명하라.
2. 수입절차에 대해 설명하라.
3. 무역관리제도에 대해 설명하라.

제15장 무역계약

무역계약이 성립되기 위해서는 우선 잠재적인 거래상대방에게 거래를 권유하기 위해 오퍼를 발행하여 구체적인 거래조건을 제시하여야 한다.

제 1 절 무역계약의 사전단계

1. 해외시장조사

해외시장조사(overseas market research)란 해외시장의 개척과 수출증진을 목적으로 무역상사가 특정시장의 제반환경 및 동향을 조사·분석하는 일련의 과정을 말한다. 즉 목적상품을 가장 효율적으로 수출할 수 있는 목적시장을 탐색하고 그 판매가능성을 조사하는 활동이라고 할 수 있다.[1]

해외시장조사는 목적시장의 전반적인 개황(정치, 경제, 사회, 문화, 역사, 경제기구, 과학기술의 수준, 기후, 언어 등)을 조사한 다음 취급상품에 대한 유통구조, 경쟁대상, 제품의 가격정책, 거래대상, 거래처 등을 조사하는 일련의 단계를 거치게 된다.

마케팅 전략의 성공은 정확한 정보의 확보에 달려 있다. 그러므로 무역업을

1) 이용근, 전게서, p. 149.

성공시키기 위해서는 무엇보다 특정시장을 형성하는 여러 가지 요소를 과학적으로 조사, 분석 후 적격성을 판정하는 것이며 이에 따라 해당품목의 수출 또는 수입계획을 수립하게 되는 일련의 과정이 해외시장조사이다.

2. 거래처 선정 및 조회

1) 거래처 선정

시장조사(market research)를 통하여 목적시장이 결정되면 그 다음 단계로 해당시장에서의 거래선(business counterpart)을 물색해야 할 것이다. 이러한 물색 방법은 무역업자명부를 통한 발굴, 해외광고를 통한 발굴, 국내외공공기관을 통한 발굴 그리고 인터넷을 이용하여 발굴하는 방법 등이 있다.

2) 거래 제의

위에서 살펴본 방법에 의하여 거래처가 선정되면 해외출장이나 전시회에 참가하여 직접 상대방과 교섭하는 경우를 제외하고는 거래를 제의하는 권유장(circular letter)을 발송한다.

권유장은 알지 못하는 상대방에게 자기를 소개하는 첫 번째의 서신이므로 권유장을 받은 상대방으로 하여금 좋은 인상을 받게 하여 거래가 성사될 수 있도록 작성되어야 한다. 그리고 권유장을 보낼 때에는 카달로그나 가격표(price list)를 동봉하는 것도 유익하다. 또한 한번의 권유장으로 즉각 반응을 보이는 경우는 드물기 때문에 수차에 걸쳐 끈기 있게 보내야 할 것이다.

3) 조회

거래제의를 받은 해외의 수입업자가 수출업자의 거래조건 내용에 대한 구체적인 문의를 조회라 한다. 이 조회(Inquiry)를 거래조회 또는 무역조회(trade inquiry)라 하며 해외거래처 선정시의 신용조회(credit inquiry)와는 구별된다.

이 조회는 계약체결전 예비적인 무역상담의 한 과정에 있어서 수입업자의 물품수입에 관한 최초의 의사표시를 말하며, 조회(Inquiry)의 내용에는 정가표나 견본의 송부를 의뢰하는 조회, 수출업자에게 청약(offer)을 권유하는 조회 등이 있다.

Trade Inquiry는 원칙적으로 수입업자측에서 수입하려는 상품에 대한 매매조건에 관한 문의를 의미하며, 수출업자측에서 판매권유 또는 판매조건을 제시하는 서한은 Sales Letter(판매권유서한) 또는 Circular Letter(판매권유장)이라고 한다.

Trade Inquiry의 내용에는 ① 거래상품에 대한 가격 및 수량조건(price and quantity) ② 포장방법(packing) ③ 선적시기(time of shipment) ④ 대금결제 방법(payment terms) ⑤ 보험조건(insurance) 등이 포함된다.

일반적으로 조회(trade inquiry)는 조회서(letter of inquiry)나 전신으로 행해지는데, 그 내용은 상품의 품목, 품질, 수량, 선적시기, 가격, 대금결제조건 등을 문의하면서 ① 가격표(price list)나 카탈로그(catalogue)나 견본의 송부를 요구하거나 ② 예비적으로 매매계약조건(특히 가격조건)을 알아보려는 경우 ③ 또는 구체적인 Offer의 발행을 요청하는 것을 내용으로 한다.

이와 같이 조회는 일반거래조건의 협정 또는 청약을 위한 당사자간의 거래조건에 대한 의사를 타진하는 상담의 과정이며, 조회를 받은 수출업자는 지체없이 조회사항에 대하여 회신을 하여야 한다.

제2절 무역계약의 성립

1. 무역계약

1) 무역계약의 개념

본질적으로 계약이란 일정한 채권·채무관계의 형성을 목적으로, 복수당사자의 상호대립되는 의사표시의 합치에 의하여 성립되는 법률행위를 말한다. 다시 말하면 채권·채무관계를 창설하는 당사자 상호간의 합의(agreement)를 의미한다. 여기서 합의란 계약을 체결하려는 당사자들의 의사의 합치를 말한다. 따라서 계약이 성립하려면 당사자의 의사표시가 내용적으로 합치하고 있을 것, 즉 합의가 반드시 있어야 한다.

이와 같이 계약당사자 상호간의 합의의 성립이 계약성립의 기본원칙이다. 일반적으로 합의는 일방 당사자가 상대방의 청약을 승낙한 경우에 성립되며, 그러한 합의는 반드시 명확하고 최종적(certain and final)이어야 한다.

무역계약은 물품이 국제적으로 이동하는 수출입거래를 포함한 대리점계약, 플렌트 수출계약, 합작투자계약 등 제(諸)계약을 의미한다. 무역계약의 기본적 계약은 매도인(seller)과 매수인(buyer) 사이에 체결되는 국제물품매매계약(contracts for international sale of goods)이다. 이를 매도인측에서 보면 수출계약(export contract)이며, 매수인측에서 보면 수입계약(import contract)이다.[2]

2) 오원석, 무역계약론, 삼영사, 1994. p. 19.

2) 무역계약의 법적 성격

(1) 낙성계약

무역계약은 매매당사자 쌍방의 의사표시 합치만으로 성립하고 계약성립을 위하여 당사자간에 아무런 급여를 요하지 않는 낙성계약이다. 무역계약이 성립되기 위해서는 당사자 일방의 청약(offer)과 이에 대한 상대방의 승낙(acceptance)만 있으면 된다. 매도인이 물품을 일정 조건으로 판매하고 싶다는 의사표시를 하고 매수인이 이를 승낙하면 무역계약은 성립된다.

(2) 불요식계약

무역계약은 그 성립을 위하여 당사자간의 합의 외에는 다른 특별한 방식을 필요로 하지 않는 불요식계약이다. 무역계약에서는 법률행위의 요소인 의사표시를 일정한 방식에 의해 행할 것을 필요로 하지 않는다. 따라서 무역계약은 문서뿐만 아니라 구두에 의해서도 성립된다. 이와 같이 무역계약에서는 계약을 매매당사자의 자유의사에 맡겨 당사자간의 합의를 최우선으로 존중하는 계약자유의 원칙이 적용된다.

(3) 유상계약

유상계약은 계약당사자가 서로 가치 있는 대가교환을 목적으로 하는 계약을 말한다. 무역계약은 유상계약에 해당하므로 매도인은 물품을 인도하고 매수인은 그에 따른 대금을 지급함으로써 계약이 성립된다.

(4) 쌍무계약

쌍무계약은 계약의 결과로 당사자들이 서로 채무를 부담하는 계약을 의미한다. 이에 반해 편무계약은 당사자 일방만이 급부를 하고 상대방은 이에 대응하는 반대급부를 하지 않는 계약을 말한다. 무역계약에서 매도인은 물품인도의무를 부담하고 매수인은 대금지급의무를 부담하므로 무역계약은 쌍무계약에 해당한다.

2. 청약

청약이라 함은 청약자(offerer)가 상대방인 피청약자(offeree)에 대하여 특정 물품을 일정한 조건으로 계약을 체결하고 싶다는 의사표시를 하는 행위, 즉 판매 또는 매매의 의사를 그 거래조건과 함께 상대방에게 제시하는 행위를 말한다.

다시 말해 청약이란 계약을 성립시킬 목적으로 청약자가 피청약자에게 행하는 확정적인 의사표시로서 특별한 방식을 필요로 하지 않으며 구두, 서면 또는 행위에 의하여 상대방에게 할 수 있다. 따라서 본질적으로 상대방의 승낙에 의하여 합의로 전환될 수 있는 청약은 특정한 조건이 승낙되면 법적인 구속력을 가지는 명확한 약속으로 구성되어야 한다.

3. 승낙

1) 승낙의 개념

승낙은 청약자(Offeror)의 상대방인 피청약자(Offeree)가 청약에 응하여 합의를 성립시킬 의사를 갖고 청약자에 대하여 행하는 의사표시이다. 합의를 성립시키는 것이 승낙의 목적이기 때문에 승낙은 청약의 내용과 완전히 일치해야 한다. 즉, 승낙은 절대적이고 무조건(absolute and unconditional)일 것을 요한다. 따라서 일정조건을 첨부한 승낙, 청약의 내용을 변경한 승낙 및 청약자가 지정한 승낙방법·시기 등에 따르지 않는 승낙은 계약성립요건으로서의 승낙의 효력은 발생하지 않는다.

2) 승낙의 요건

승낙의 요건을 다음과 같이 요약할 수 있다.[3]

첫째, 승낙은 피청약자가 계약을 성립시킬 의사를 갖고 특정의 청약자에 대하여 행하여야 한다.

둘째, 계약을 성립시키기 위한 승낙은 최종적이고 절대적이며 무조건적으로 행하여져야 하고 또한 청약의 내용과 일치하여야 한다.

셋째, 승낙은 청약의 효력이 존재하고 있는 동안에 하지 않으면 안된다.

넷째, 승낙은 청약에 대하여 동의를 한다는 내심의 결의에 그치지 않고 청약자에게 표시하여야 하며, 이 표시는 언어나 문자를 사용하여 명시적으로 하는 것이 보통이지만 묵시적인 것이라도 무방하다.

따라서 조건이 첨부된 승낙, 청약의 내용을 변경한 승낙 및 청약자가 지정한 승낙방법・시기 등에 따르지 않는 승낙은 승낙으로서의 효력을 갖지 못한다.

제3절 무역계약의 기본조건

앞에서 설명한 오퍼는 무역거래를 성사시키기 위한 양당사자간의 의사표시이지, 양당사자를 법적으로 구속하는 것은 아니다. 오퍼의 내용대로 무역거래가 성사되기 위해서는 매매 당사자간에 정식으로 무역계약이 체결되어야 한다.

무역계약은 명시적 조건(express terms)과 묵시적 조건(implied terms)으로 구성된다. 명시적 조건은 거래 당사자가 서로 합의하여 계약에 삽입한 조항인데 반하여, 묵시적 조건은 법률 또는 관습 및 관례에 의하여 계약 당사자가 명문화한 조항이 없더라도 당연히 준수해야 할 것으로 간주되는 조건을 말하며, 이것도 계약의 일부를 구성하게 된다. 무역거래는 양당사자간에 이루어지

3) 오원석, 전게서, p. 48.

는 물품 매매이므로 그 거래의 기준이 되는 일반적 조건을 미리 결정하여야 한다. 이러한 일반조건은 문서화하고 거래 당사자 쌍방이 서명하여 상호 교환하게 되는데 이러한 문서를 '일반거래조건협정서(agreement on general terms and conditions of business)'라고 한다.

무역거래 당사자는 무역거래의 수행에 있어서 수입업자가 작성하여 보내주는 주문서(order sheet)나 수출업자가 작성하는 청약서나 계약서 등은 이 일반거래조건협정서에 의하여 작성되어야 하며, 또한 무역거래와 관련하여 발생하게 되는 제반문제와 이의 해결에 있어서도 본 협정서가 그 기본을 이룬다.

일반거래조건협정서에서 무역거래의 목적이 되는 무역상품에 관한 조건에는 적어도 ① 품질, ② 수량, ③ 가격, ④ 운송, ⑤ 보험, ⑥ 대금결제, ⑦ 포장, ⑧ 중재 등의 8개 조건이 포함되어야 한다. 이들 조건은 무역거래에 있어서 반드시 필요한 것이므로 이 중에서 하나라도 계약 구성에 있어서 결여되어 있는 경우 클레임 발생의 원인이 되므로 특별히 유의하여야 한다.

1. 품질조건

무역거래의 품질조건과 관련해서는 품질의 결정방법과 품질 결정시기의 문제들을 명시하여야 한다.

1) 품질의 결정 방법

(1) 견본매매(sale by sample)

무역상품의 품질을 견본으로 정하여 거래하는 매매 거래를 의미한다.

일반적으로 견본이라고 하면 수출업자가 수입업자에게 송부하는 매도인견본(seller's sample)을 의미하는데, 반대로 수입업자가 수출업자에게 송부하는 매수인견본(buyer's sample)도 있으며, 이들 매도인견본이나 매수인견본에 대하여 새로운 견본을 제시하게 되는 경우 이를 역견본(counter sample)이라고 한다. 견본은 원칙적으로 실물견본(straight sample)이어야 하며, 설명견본(illustrative sample)은 인정되지 아니한다. 그러나 고가품이나 거대한 규모의 화물은 견본을 송부하는 것이 곤란하므로 견본과 대체하여 상품 카달로그(catalogue), 청사진 또는 설명서 등이 사용되는 경우가 많다. 또한 기계・장비 등과 같이 그 상품의 재료・구조・성능 및 기타에 대하여 상세한 명세를 첨부하여 거래상품의 품질조건으로 정하는 방식을 명세서매매(sale by specification or description)라고 한다.

견본매매에 있어서 수출업자는 그 무역거래 계약의 기초가 되는 견본과 수입업자에게 인도되는 상품이 그 명칭・품질 및 상태에 있어서 일치하여야 할 의무를 지는 것이다.

(2) 표준품매매(sale by standard)

수확 예정의 농산물이나 제조 예정 상품의 경우에는 실물견본에 의한 매매가 불가능하므로, 그 상품의 등급에 따라 일반적으로 공공기관에 의하여 선정된 표준품을 기초로 하여 거래한다. 견본매매에 있어서는 인도되는 상품은 계약상품인 견본과 정확히 일치하지 않으면 안 되는데 반해서 표준품매매는 일정한 범위에서 차이가 허용된다. 여기서 표준품과의 차이에 의한 가격상의 차이는 할증 또는 할인의 방법으로 조정될 수 있다. 일반적으로 표준품매매에 있어서 거래상품의 표준 품질을 명시하는 방법은 다음의 방법이 있다.

① **평균중등품질조건**(FAQ : Fair Average Quality) : 주로 곡물류의 거래에 이용되는 품질 조건으로서 상품의 품질은 선적시, 선적장소에서 그 계절의 출하품의 평균중등품질(fair average quality of the season's shipment at time and place of shipment)을 의미한다.

② **판매적격품질조건**(GMQ : Good Merchantable Quality) : 이 조건은 목재나 냉동어류에 많이 적용되는 조건으로 내부가 부패되어도 외관상 구별하기 어려우므로 수입지에서 현물 인수 때 내부에 쓰지 못할 부분

이 발견되면 수출업자가 책임지는 조건이다. 이 외에도 품질에 따라 1등품, 2등품 또는 A급, B급 등으로 구분되며, 이 구분은 해당 조합이나 정부 지정 공공기관에서 판정한다.

③ **보통품질조건**(USQ : Usual Standard Quality) : 이 조건은 공인검사기관 또는 공인표준 기준에 의해서 보통품질을 표준품의 품질로 결정하는 조건이다. 이 조건은 미국의 면화판매에서 시작되었으며 우리나라에서 수출하는 상품 중에는 인삼, 오징어 등이며 품질에 따라 1등급, 2등급 또는 A급, B급 또는 A1, B2 등으로 구분된다. 이 구분은 당해 수출조합이나 정부지정 공공기관에서 판정하고 있다.

(3) 상표매매(sale by trade mark or brand)

상표매매는 거래상품의 상표가 국제적으로 지명도가 높은 경우에 그 상표를 지정하여 상품의 품질을 결정하는 방식이다. 예를 들면 Parker 만년필, Revlon 화장품 등 국제적으로 잘 알려진 세계적인 상표의 상품은 상표매매에 의하여 국제무역거래가 빈번히 이루어지고 있다.

(4) 규격매매(Sales by type or grade)

규격매매(sales by type or grade)란 물품의 규격이 국제적으로 통일되어 있거나 수출국의 공적 규격으로 특정되어 있는 경우에 이용되는 매매방법이다. 국제표준화기구 즉, ISO(International Organization for Standardization), 영국의 BSS(British Standard Specification), 일본의 JIS(Japan Industrial Standard), 한국의 KS(Korean Standard) 등에서 정한 규격으로 거래할 때 자주 이용되며 전기전자제품 등과 같은 공산품이 여기에 해당된다.

(5) 명세서매매(Sales by Specification)

상품의 재료, 구조, 성능 등을 자세히 설명한 명세서, 설명서, 청사진 등에 의해서 품질을 결정하는 방법이다. 주로 견본이 곤란한 선박, 철도차량, 기계류, 의료기구 등 고가상품의 거래에서 많이 이용된다.

(6) 점검매매(Sales by Inspection)

매수인이 현물을 직접 점검・확인한 후 점검한 그 현물을 수도하는 매매방법이다. 이 조건은 오늘날 국내거래에서 널리 활용되는 점두매매가 그 전형적인데, 격지간의 무역거래에서는 그다지 이용되지 않고 있다. 다만, 보세창고거래(bonded warehouse transaction ; BWT)와 물품인도결제방식(Cash on delivery ; COD)을 이용한 거래 등을 통하여 활용되고 있다.

2) 품질의 결정시기

일반적으로 무역상품의 수송은 장기간에 걸쳐 장거리의 해상운송을 필요로 하는 경우가 많으므로 수출지항에서 선적시의 상품 품질과 수입지항에서 양륙 시점에서의 품질간에 차이가 발생할 가능성이 있게 된다. 그러므로 상품의 품질을 선적시에 결정하느냐, 또는 양륙시에 결정하느냐 하는 것은 대단히 중요하다.

상품 선적시에 품질을 결정하는 조건을 선적품질조건(shipped quality terms)이라고 한다. FOB와 CIF조건에 의하여 계약을 체결하는 경우 별도의 합의가 없는 한 선적품질조건이 적용되는 것으로 간주된다. 한편 상품 품질을 양육지에서 결정하는 조건을 양륙품질조건(landed quality terms)이라고 한다. 이 경우 상품이 수입지에 양륙되었을 때 계약 상품과 불일치할 경우 수입업자는 손해배상청구 또는 상품 인수를 거절할 수 있다. DAP, DPU, DDP조건은 양륙지 조건에 속하며 이 경우 별도의 합의가 없는 한 양륙품질조건이 적용된다.

2. 수량조건

무역거래의 수량 조건과 관련해서는 수량단위와 중량측정방법의 문제들을 명시하여야 한다.

1) 수량단위

수량단위는 상품의 성질과 관습에 따라 ① 중량(weight), ② 용적(measurement), ③ 개수(piece dozen), ④ 포장단위(package), ⑤ 길이(length), ⑥ 면적(square) 등으로 분류된다.

① 중량에는 lb(pound), kg, ton 등이 광범위하게 사용되는데 ton에는 다음의 세 가지가 있다.

㉠ long ton(English ton ; gross ton) = 2,240 lbs = 약 1,016 kgs

㉡ short ton(American ton ; net ton) = 2,000 lbs = 약 907 kgs

㉢ metric ton(French ton ; kilo ton) = 2,204 lbs = 약 1,000 kgs

② 용적을 단위로 하는 경우에는 cubic meter(cbm), cubic foot(cft), barrel (31.5 American galon), bushel(8 English galon ; 36.367 liters) 등이 사용되고 있으며, 액체나 목재 등의 측정에 사용되고 있다.

③ 개수는 잡화 및 기계류의 거래의 수량단위로서 사용된다. piece(1개) dozen(12개), gross(144개), great gross(12개 × 12 × 12 = 1,728개), small gross(12개 × 10 = 120개) 등의 단위가 있다.

④ 포장단위가 거래단위로 되는 상품에는 면화, 소맥분, 시멘트 등이 있다. 여기에는 keg(각), bag(대), case(상자), bale(곤), bundle(속), drum 등이 사용된다.

⑤ 길이는 섬유류, 전선, 강관 등에 사용되는데 여기에는 Meter, Yard, Feet, Inch 등이 사용된다.

⑥ 면적은 유리, 합판, 타일 등에 사용되며, sft(square foot)가 수량 기준이 된다.

2) 중량측정방법

중량측정의 방법에는 총중량조건(gross weight term)과 순중량조건(net weight term)의 두 가지가 있다. 여기서 총중량조건은 화물의 포장 재료를 다합한 총무게를 포함하여 계량된 중량으로 결정하는 거래조건이고, 순중량조건은 총량에서 포장 재료를 제외한 순상품 중량으로 결정하는 조건을 말한다.

3) 과부족용인조건(More or Less Clause ; M/L Clause)

살화물(Bulk cargo)을 거래할 때에는 물품인도 시에 일정 비율의 과부족이 발생하는 것이 통례이다. 이 경우 매매계약서상에 과부족의 허용치를 명시하기도 하는데 이를 과부족용인조건이라 한다. 예를 들어 More or Less 5%로 매매계약을 체결하면 5%이내의 과부족이 발생해도 클레임이 제기되지 않는다.

그리고 수량표시단위에 'about', 'approximately' 등의 표현이 있으면 현행 신용장통일규칙 제30조에 의해 10% 과부족이 허용된다. 철광물, 석탄, 양곡 등과 같이 산적되는 화물은 정확하게 수량을 측정하는 것이 불가능하기 때문에 과부족 용인조건이 없더라도 신용장금액의 범위 내에서 5%의 과부족이 허용된다.

3. 가격조건

무역거래의 가격조건은 계약상품의 인도 장소와 수출업자와 수입업자의 비용 부담 범위에 따라서 결정되며, 또한 이에 따라서 위험 또는 소유권의 이전 시점이 확정된다. 오늘날 국제무역거래에 있어서 가격조건은 무역거래관습상 형성된 여러 가지 형태의 정형거래조건에 따라 결정되는 것이 일반적이다. 현재 국제적으로 광범위하게 사용되는 정형거래조건은 1936년 국제상업회의소(International Chamber of Commerce)에서 제정한 Incoterms(International Rules for the Interpretation of Trade Terms)라고 불리는 무역거래조건의 해석 기준에 대한 통일규칙이다. 이 통일규칙은 그 후 1953년 · 1980년 · 1990년 · 2000년 · 2010년 · 2020년에 개정 또는 추가되었으며 무역거래에 있어서 매매 가격의 산정에 기초가 되고 있다. 구체적인 내용에 대해서는 다음의 제16장에서 자세히 살펴보기로 한다.

4. 운송조건

무역거래상품에 대한 운송계약은 무역가격 조건에 따라 수출업자 또는 수입업자가 체결한다. 운송방법에는 해상운송, 육상운송, 항공운송 그리고 복합운송 등이 있다. 무역거래에서는 주로 해상운송이 많이 이용되지만 컨테이너를 이용한 일괄운송 방식인 복합운송 또한 많이 이용되고 있다. 해상운송 방식의 경우 선적시기, 분할선적 및 환적의 허용 여부 등에 대한 합의가 중요하다. 구체적인 내용은 다음과 같다.

1) 선적시기

① **특정일 지정** : 무역거래에서 가장 많이 사용되는 조건으로 계약서나 신용장에 선적시기를 'January 30, 2004'와 같이 표기하는데, 이 경우 2004년 1월 30일까지만 선적을 완료하면 된다는 의미이다.

② **특정월 지정** : 특정월을 선적기일로 정하는 방법으로 여기에는 단월조건과 연월조건이 있다. 단월조건은 'January Shipment' 또는 'Shipment during January' 등으로 표시되며, 이 경우 그 지정 월의 초일부터 말일까지 사이에 계약상품의 선적을 완료하는 것을 의미한다. 연월조건은 선적시기를 'Shipment during May-June'와 같이 특정 월에 계속적으로 표시되어 있을 경우가 있다. 이때에는 5월 초일에서부터 6월 말일의 2개월간에 선적을 완료할 것을 의미하고 있다.

③ **조건부 선적기일 지정** : 계약상 선적시기를 계약의 체결 또는 신용장의 발행 시기로부터 일정한 기간 동안으로 규정하고 있는 경우이다.

④ **즉시선적** : 선적시기를 특정 월·일 또는 기간으로 명시하지 아니하고 '즉시선적'(immediate shipment, prompt shipment, shipment as soon as possible)이라고 규정하는 경우가 있다. 이 경우 국제관례상 신용장거래를 수반하는 무역거래에서는 신용장의 발행일로부터 30일 이내에 선적할 것을 요구하는 것으로 해석하고 있다.

2) 분할선적 및 환적

분할선적(Partial Shipment)이란 계약상품을 한번에 선적하지 못하고 2회 이상 분할하여 선적하는 경우를 의미하며, 할부선적은 계약당사자에 의해 선적수량·선적일자가 각각 정해져 있는 경우이다. 신용장통일규칙에서는 분할선적을 원칙적으로 허용하고 있으며, 동일한 항로 상의 동일한 목적지를 향하는 동일한 운송수단으로의 선적임이 확인된 복수의 선적서류가 제시된 경우 선적일, 선적항, 수탁지 및 발송지가 상이하더라도 분할선적으로 간주되지 않음을 규정하고 있다.[4] 또한 특송배달 혹은 우편을 이용하여 화물을 운송할 경우 동일일자, 동일장소에서 동일한 목적지를 향하고 있음을 표시하고 있는 경우 복수의 특송배달 영수증 혹은 우편영수증 등이 발급되었더라도 이를 분할선적으로 간주하지 않는다.[5] 따라서 매수인은 분할선적의 내용에 특수한 조건이나 또는 분할선적을 금지시키고자 할 경우에는 금지규정을 계약의 조건에 명시하여야 한다.

환적(換積 : Transshipment)이란 선적된 화물을 다른 선박이나 운송기관에 다시 적재하는 경우를 의미한다. 일반적으로 환적은 귀중품이나 파손되기 쉬운 상품의 경우에는 미수인에 의하여 금지되는데, 이에 대하여는 사전에 명확히 합의하는 것이 바람직하다.

신용장통일규칙 제20조 c항에서는 환적에 관하여 규정하고 있다. 즉, ⅰ)

---

4) UCP Article 31조. a항, b항.
5) UCP Article 31조. c항.

선하증권은 전 운송이 하나의 동일한 선하증권에 의하여 포괄된다면 물품이 환적될 것이라거나 환적될 수 있다는 것을 표시할 수 있고, ii) 환적이 될 것이라거나 될 수 있다고 표시하는 선하증권은 물품이 컨테이너, 트레일러, 래시 바지에 선적되었다는 것이 선하증권에 의하여 증명되는 경우에는 비록 신용장이 환적을 금지하더라도 수리될 수 있다. 또한 동조 d항에서는 "운송인이 환적할 권리를 갖고 있음을 기재한 선하증권의 조항은 무시 된다"고 규정하고 있다.

5. 보험조건

보험계약은 무역가격 조건에 따라 수출업자 또는 수입업자가 체결한다. 운송보험은 운송방법에 따라서 해상보험, 항공보험, 육상보험으로 구분되지만 무역거래에서 주로 이용되는 보험은 해상적하보험(marine cargo insurance)이다. 무역거래에서 취급하는 보험은 주로 해상적하보험을 말하는 것이 보통이다. 이는 화물을 수송하는 도중에 발생하는 위험에 대한 손해를 보험회사(insurer)가 피보험자(insured)에게 보상해주는 것으로, 계약에서 결정한 부보조건에 해당하는 담보범위(擔保範圍)만 보상해 주게된다.

해상적하보험의 경우, 런던보험업자협회가 제정한 정형화된 보험약관들이 있는데 이것을 협회적하약관(I.C.C. ; Institute Cargo Clause)이라고 한다. 구(舊) 협회적하보험약관에서 기본적인 약관으로 F.P.A.(Free from Particular Average ; 단독해손부담보약관 또는 분손부담보약관)와 W.A.(With Average ; 분손담보약관) 및 A/R(All Risks ; 전위험담보약관)이 있으며, 이는 신약관에서 I.C.C.(A), I.C.C.(B), I.C.C.(C)조건으로 변경되었고 이 밖에 부가위험을 담보하는 부가약관(Additional or Marginal Clauses)이 있다. 해상보험의 구체적인 내용에 대해서는 제19장에서 자세히 살펴보기로 한다.

6. 대금결제조건

무역상품매매계약에 있어서 수출업자입장에서 가장 중요하게 고려해야 할 사항이 바로 이 대금결제조건이다. 왜냐하면 상품수출의 대가로 그 대금의 지급을 확약받지 못하면 다른 조건들이 아무리 유리하게 체결되었다 하더라도 수출 행위 자체가 의미가 없기 때문이다. 그러므로 상품대금의 지급에 관한 조건(terms of payment)은 매매 계약에서 가장 정확하게 약정되어야 하는 필수 불가결한 사항인 것이다. 대금결제조건에 있어서는 대금결제시기와 대금결제방식에 따라 다음과 같이 구분된다.

1) 대금결제시기

무역대금결제조건은 결제시기를 기준으로 하여 선불(payment in advance, advance payment), 선적불(cash on shipment), 후불(deferred payment) 등의 세 가지가 있다.

① **선불** : 주문시지급(cash with order ; CWO)이라고도 하며 수입업자가 주문과 동시에 대금을 송금하는 방식이다. 수출업자는 수출대금을 미리 받고 수출상품을 선적하게 되므로 수출업자에게 가장 유리한 대금결제조건이 된다.

② **선적불** : 이 방식은 선적 완료시 선적지항 소재 수입업자의 지점이나 대리인으로부터 현금의 수령 또는 지급 지시서와 상환하여 선적 서류를 인도하는 방식이다. 이를 선적서류상환불(cash against document ; CAD)이라고도 하며, 현재 무역거래에서는 은행을 개입시켜 화환어음(documentary bill of exchange)에 의하여 지급이 이루어지는 것이 일반적이다. 이와 유사한 지급방식으로 수출상품을 수입업자에게 인도와 동시에 대금을 수령하는 현물상환불(cash on delivery ; COD)조건도 있다.

③ **후불** : 상품선적후 일정한 기간이 경과된 이후에 대금을 지급하는 방법이다. 상품의 외상판매가 그 대표적인 것으로써 수출업자에게는 매우 불리한 조건이다.

2) 대금결제방식

무역대금을 결제하는 방식에는 단순송금방식도 있으나 일반적으로 은행을 개입시켜 간접적으로 이행되고 있다. 은행을 통한 대금결제방식에는 추심결제방식과 신용장방식이 있다.

① **추심결제방식** : 수출업자가 외국의 수입업자를 지급인으로 하는 화환어음을 발행하고, 이에 선적 서류를 첨부하여 거래은행에 추심(collection)[6]을 의뢰한다. 수출업자로부터 추심 지시를 받은 수출지의 은행은 수입업자 소재의 지점이나 타 은행(추심은행(collecting bank)이라고 함)에 화환어음을 송부하여 추심을 의뢰하게 된다. 추심은행은 수입업자로부터 대금을 화환어음과 상환하여 징수하고 추심 의뢰은행에 이체시킴으로써 수출업자에게 대금이 지급되도록 하게 된다.

이러한 추심결제방식에는 D/A조건과 D/P조건이 있다. D/A조건은 인수도조건(Document Against Acceptance)으로서 수입업자가 어음에다 'Accept'라고 표기하고 서명을 하면 은행으로부터 선적 서류를 인도받고 수입화물을 찾을 수 있는 조건이다. 여기서 D/A기일은 매매 계약 체결시에 양당사자 간에 합의한다. 또한 D/P조건은 지불도조건(Document Against Payment)으로서 어음금액을 지불하지 않으면 서적 서류를 인도받을 수 없는 조건이다.

② **신용장방식** : 신용장은 은행이 수입업자를 대신하여 규정된 서류와 환

6) 여기서 추심이란 채권자가 채무자에게 채무의 변제를 요청하는 증서(무역거래에서는 환어음)를 발행하여 채권을 회수하는 방식을 말한다. 화환추심어음에 의한 수출대금의 결제는 채권자인 수출업자가 채무자인 수입업자 앞으로 환어음을 발행함으로써 수출대금을 회수하는 방식이 된다.

어음을 지급·인수 또는 매입하겠다는 일종의 약속 증서이다. 그러므로 신용장에 의하여 수입업자의 신용을 은행의 신용으로 대체하여 줌으로써 수출업자측으로서는 상품대금의 지급이 보장되는 것이다. 신용장방식은 화환어음 추심방식에서와 같이 환어음과 선적 서류의 제시를 요구하고 있다는 점에서는 다를 바 없으나, 은행이 대금지급을 보장하고 있다는 점에서 수입업자의 신용에만 의존하는 화환어음추심의 경우와는 다르다고 할 것이다. 신용장에 관한 구체적인 내용에 대해서는 제17장에서 자세히 살펴보기로 한다.

7. 포장조건

포장(Packing)은 수출입물품을 수송도중 안전하게 보호하고 상품으로서의 가치를 유지하기 위해 살물(Bulk cargo)이 아닌 개품운송인 경우 필수적으로 행해지며, 포장은 값싸고 튼튼하여야 하고 또한 계약물품임을 알 수 있도록 해야 한다. 포장조건에서는 포장의 종류와 재질, 화인 등이 있지만, 여기에서는 화인에 대해서 살펴보기로 한다.

화인은 매도인의 창고에서 매수인의 창고까지 전운송기간 동안의 화물을 확인하며 혼란과 지연 없이 도착지까지의 신속·원활·안전한 운송과 화물 및 화물관련서류의 대조·점검을 위하여 각 화물의 외장에 특정기호와 포장의 번호, 목적지 또는 목적항 등을 표시하는데 이를 총칭하여 화인(shipping mark)이라 한다.

그러나 화인은 반드시 각종 mark를 모두 표시하는 것은 아니며 목적항, 포장번호, 수입업자명 등의 기본화인(main marks)을 제외하고는 임의적으로 표시하는 것이 일반적이다. 그러나 이 가운데 가장 중요한 것은 port mark로 이를 누락시킨 화물을 NM(Non-Mark) cargo라 부른다.

화인을 보면 다음과 같다.

그림 15-1. 화인의 내용

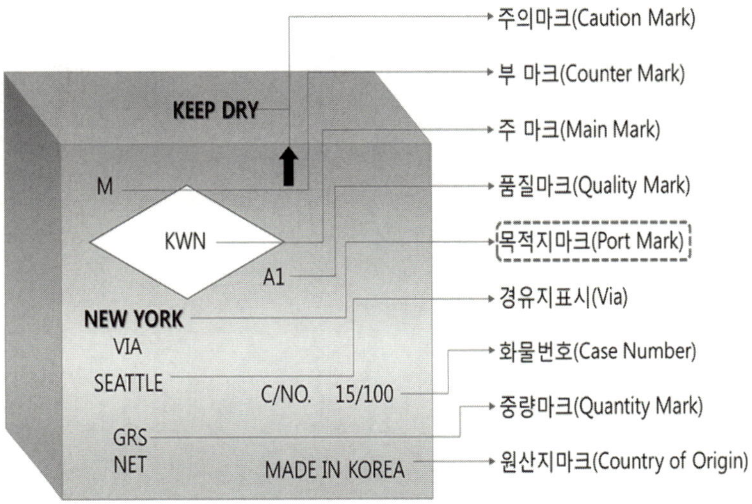

8. 중재조건

무역거래 과정에서 당사자간에 계약내용의 이행여부와 관련하여 무역분쟁이 발생될 수 있으며, 이는 계약을 위반한 상대방에 대해서 단순한 불평(complaint)을 넘어서 자기의 권리회복이나 손해배상을 청구하는 것을 무역클레임이라 한다.[7)]

클레임의 해결방법으로는 화해(amicable settlement), 조정(conciliation), 중재(arbitration) 및 재판(litigation) 등의 여러 방법에 의할 수 있으나, 그 가운데 중재가 가장 보편적인 해결방법으로 활용되고 있다.

7) 장치순, 현대 무역클레임론, 동성출판사, 1991. pp. 23~24.

우리나라에서도 중재법이 제정되어 있고, 그 중재기관으로서 대한상사중재원이 설립되어 있어 무역분쟁의 해결을 중재에 의한다는 중재조항을 미리 설정해 두거나, 후에 중재에 붙인다는 중재협약을 하여야 이용할 수 있다. 따라서 중재조항에 중재기관, 중재장소 및 준거법에 관한 사항을 포함해 두는 것이 바람직하다. 구체적인 내용에 대해서는 제20장에서 자세히 살펴보기로 한다.

주요용어

무역계약, 무역거래절차, 오퍼, 거래권유장, 조회, 청약자, 피청약자, 물품매도확약서, 반대오퍼, 판매오퍼, 구매오퍼, 확정오퍼, 불확정오퍼, 조건부오퍼, 명시적 조건, 묵시적 조건, 일반거래조건협정서, 품질조건, 견본매매, 매도인견본, 매수인견본, 역견본, 실물견본, 설명견본, 명세서매매, 표준품매매, 평균중등품질조건, 판매적격품질조건, 상표매매, 선적품질조건, 양륙품질조건, 수량조건, 총중량조건, 순중량조건, 가격조건, 정형거래조건, 인코텀즈, 운송조건, 즉시선적, 분할선적, 환적, 보험조건, 해상적하보험, 대금결제조건, 선불, 선적불, 후불, 주문시지급, 선적서류상환불, 현물상환불, 추심, 추심은행, 화환어음추심방식, 신용장방식

연습문제

1. 무역거래의 과정에 대해 설명하라.
2. 오퍼의 개념과 종류에 대해 설명하라.
3. 무역거래의 일반거래협정서에 대해 설명하라.
4. 품질조건에서 품질의 결정 방법에 대해 설명하라.
5. 무역대금의 결제 수단에 대해 설명하라.
6. 과부족용인조항에 대해 설명하라.

제16장 정형무역거래조건

제1절 인코텀즈(Incoterms)

1. 개념

정형거래조건(Trade Terms)은 물품이 매도인으로부터 매수인에게 이르기까지 운송과 수출입통관을 비롯하여 모든 비용과 위험부담의 당사자를 구분해 주는 국제매매계약의 주요소를 말한다.[1] 그런데 이러한 정형거래조건도 국가나 지역별로 상관습[2]과 법체계가 달라 종종 그 해석상의 오해와 분쟁이 야기되기도 하였다.[3] 따라서 국제무역을 원활히 수행하고자 하는 시도가 무역실무계를 중심으로 있어 왔으며,[4] 제1차 세계대전 이후에 국제상업회의소(ICC ; International Chamber of Commerce)는 1936년에 무역조건의 해석에 관한 국제통일 규칙(International Rules for the Interpretation of Trade Terms : Incoterms[5]),

---

1) Clive M. Schmittoff, Shmittoff's Export Trade, 9th ed., London, Stevens & Sons, 1990. p. 8.

2) 상관습(mercantile custom trade usage, usage commercial)이란 과거의 경험을 토대로 하여 고안한 개인과 기업의 합리적인 거래방법을 거래관습, 또는 거래관행이라 하고, 이러한 거래관행이 동종거래에 종사하는 상인에 의해 채용되어 반복 사용되는 전통적인 거래양식을 말한다. 오세창, 국제무역관습법, 동성출판사, 1996. p. 21

3) 양영환, 서정두 편저, 국제무역법규, 삼영사, 1996. p. 29.

4) D. M. Day, The Low of International Trade, London, Butterworths, 1981. p. 5.

5) Incoterms는 'International의 In과 Commercial'의 Co, Terms를 조합한 것이다. (International Commercial Terms)

1936)을 제정하게 되었다.

Incoterms는 매도인과 매수인의 권리와 의무를 국제적으로 통일하여 규정한 규칙이지만 강제력이 없으므로 실질적으로는 국제적 기준이라고 볼 수 있다.[6] 따라서 무역거래에서 반드시 Incoterms를 사용할 필요는 없고 당사자가 합의하면 다른 국제규칙(CIF계약에 관한 와르소옥스포드규칙 등)이나 상관습을 얼마든지 사용할 수 있다.

2. 변천과정

Incoterms 1936은 11종의 조건[7]으로 제정되었으며, 제2차 세계대전을 계기로 복잡한 국제환경은 정형거래 조건의 재정비와 수정을 필요로 하여[8] 1953년 개정시에는 지정선적항반입 인도조건(Free or Free Delivered...named point of destination)이 삭제되어 9개의 조건이 남게되었다.[9] 이후 국제무역환경의 급격한 변화로 인하여 ICC에서 "Montreal Rules 1967"이라는 "국경인도조건(Delivered of frontier...named place of destination in the country of importation)[10]

6) 구종순, 전게서, pp. 88~81.

7) 11가지의 조건은 ① 공장인도조건(Ex works), ② 지정출화지 철도인도조건(FOR/FOT... named departure point), ③ 지적선적항 반입인도조건, ④ 지적선적항 선측인도조건(FAS...named port of shipment), ⑤ 지정선적항 본선인도조건(FOB...named port of shipment), ⑥ 지정도착항 운임포함조건(C&F...named port of destination), ⑦ 지정도착항 운임・보험료포함조건(CIF...named port of destination), ⑧ 지정목적지 운임지급조건(Freight or Carriage Paid to...named point of destination), ⑨ 지정목적지 반입인도조건(Free or Free Delivered... named point of destination), ⑩ 지정항 착선인도조건(Ex Ship ...named port), ⑪ 지정항부두인도조건(Ex Quay...named port)

8) 朝岡良平, 貿易賣買と商慣習, 東京井出版, 1981. p. 109.

9) 上坂酉三, 전게서, p. 44.

10) ICC, International Rules for the Interpretation of the "Delivered" Terms, 1967.
국경인도조건이 생겨나게 된 이유는 유럽에서 동서진영의 냉전으로 인한 동서간에 각 영업소를 가진 당사자간에 어는 일방의 당사자가 철도를 수배하고 수출지국에서 인수한다거나 또는 수입지국의 지정 목적지까지 물품을 송부하는 것이 어렵게 되어 국경에서 약정물픔을 인도하는 계약방식이 나타나게 되었다. 또한 통관인도조건은 단위화 화물운송이 등장하게 되면서 매도인이 수입지국내의 지정목적지까지 약정물품을 통관, 반입하여 매수인에게 제공하는 이 "Incoterms 1953"에 추가되었다. 1976년에는 항공수출화물의 증가에 따라 FOB계통의 사용이 증가함에 따라 FOB Airport...(named airport of departure) 조건이 수록되었다.[11] 한편 1970년대에 복합운송방식의 등장으로 복합운송거래를 수용할 수 있도록 새로운 조항의 신설과 기존의 조건들의 수정을 요구하게 되었다.[12] 이에 따라 1980년에는 복합운송과 연관하여 "Free Carrier", "Freight or Carriage Paid to..." 및 "Freight or Carriage and Insurance Paid to" 조건을 신설하는 한편 수정된 조건과 이 세 가지 조건이 개정 또는 새로 추가되어 "Incoterms 1980"으로 불리우게 되었다. 이로써 "Incoterms 1953" 이후 1967년, 1976년의 추가조건과 1980년의 신조건을 포함하여 새로이 편성된 "Incoterms 1980"을 공표하게 된 것이다. 그리고 Incoterms는 ① 전자자료교환방식(EDI)의 사용증가, ② 새로운 운송기술 발달, ③ 거래조건별 세부조건의 명확화의 필요성, ④ 철도운송조건(FOR / FOT)의 내용상 오해로 인한 분쟁의 증대로 'Incoterms 1990'를 탄생시키게 되었다. 그리고 "Incoterms 2000"과 "Incoterms 2010"을 거쳐, 최근 2020년 1월 1일부터 시행되고 있는 "Incoterms 2020"으로 개정되었다.

Incoterms 2010에서는 컨테이너화의 진전 및 지점 간(point-to-point) 인도방식의 확대 등과 같은 운송실무에 있어서의 변화를 반영하여 2000년 Incoterms에 있던 조건 중 DAF(delivered at frontier ; 국경인도), DES(delivered ex ship ; 착선인도), DEQ(delivered ex quay ; 부두인도) 및 DDU(delivered duty unpaid ; 관세미지급인도)의 네 가지 조건을 삭제하고 그 대신 DAT 및 DAP의 두 가지 조건을 새로 도입하여 13가지 조건을 11가지 조건으로 변경하였다. 또한, 최근 Incoterms 2020에서는 Incoterms 2010 D조건의 DAT를 DPU로 변경하였고, 보험조건을 변경하는 등 미묘한 차이를 보이고 있다. 본서에서는 "Incoterms 2020"을 중심으로 살펴보도록 한다.

방식이 나타나게 되었다. 따라서 이러한 무역환경의 변화를 적용하고자 하는 이유 때문이다. 한주섭, 전게서, p. 100. 양영환 · 서정두, 전게서, pp. 33~34.

11) Schmitthoff, *op. cit.*, p. 24.

12) ICC, Guide to Incoterms 1980. pp. 8~9.

제2절 인코텀즈 2020의 주요 개정 내용 및 구성

1. 인코텀즈 2020의 주요 개정 내용

2020년 Incoterms는 2010년 Incoterms와 비교할 때 다음과 같은 개정의 특징 및 차이점이 있다.[13]

1) 본선적재표기가 있는 선하증권과 FCA 규칙

FCA 규칙을 사용하여 해상운송을 이용하는 경우 매매당사자가 본선적재부기(on board natation)가 있는 선하증권을 필수 서류로 이용하고자 하는 시도가 빈번하게 발생하고 있다. 그러나 FCA 규칙에서 인도는 물품의 본선적재 이전에 완료된다. 매도인이 운송인으로부터 선적선하증권을 취득할 수 있는지는 확실하지 않다. 운송인은 자신의 운송계약상 물품이 실제로 선적된 이후에 비로소 선적선하증권을 발행할 의무와 권리가 있다. 이러한 상황에 대비하여 인코텀즈 2020에서는 매수인이 선적 후에 선적선하증권을 매도인에게 발행하도록 그의 운송인에게 지시할 것을 합의할 수 있고, 매도인은 은행을 통해 매수인에게 선적선하증권을 제공할 의무가 있다는 내용을 넣어 선하증권에 관한 규정을 신설하였다.

2) CIF 규칙과 CIP 규칙간의 부보수준 차별화

2010년 Incoterms의 CIF 규칙과 CIP 규칙은 매도인으로 하여금 협회적하약관이나 그와 유사한 약관의 C-약관에서 제공하는 최소담보조건에 따른 적하

---

13) 대한상공회의소, Incoterms 2020, 경성문화사, 2019.09. pp. 22~31.

보험 취득 의무를 부과하였다. 그러나 2020년 개정시 CIP 규칙에서는 매도인에게 최대부보의무 즉, ICC(A)약관에 따라 보험계약을 체결하도록 요구하고 있다. 반면 CIF 규칙은 일차산품의 해상무역에서 사용될 가능성이 매우 높기에 현상유지 즉, ICC(C)약관에 따라 보험계약을 체결하도록 요구하였다. 다만, CIP 규칙과 CIF 규칙 모두 당사자들이 보다 높거나 낮은 수준의 부보를 하기로 달리 합의할 수 있도록 길을 열어 두었다.

3) 매도인 또는 매수인 자신의 운송수단에 의한 운송 허용

Incoterms 2010에서는 매도인 또는 매수인이 운송을 위해 사용하는 제3자 운송인이 물품을 운송하는 것으로 가정하였다. 그러나 Incoterms 2020에서는 자신의 운송수단을 사용할 수 있도록 명시적인 규정을 신설하였다. 예를 들면 D 규칙에서 매도인이 운송을 제3자에게 아웃소싱하지 않고 자신의 운송수단을 사용하여 운송하는 것을 못하도록 하는 그 어떤 것도 없기에 이에 대한 규정을 신설한 것이다.

4) DAT 규칙에서 DPU 규칙으로의 명칭 변경

Incoterms 2010에서는 DAT 규칙의 경우 매도인은 물품을 도착운송수단으로부터 양하한 이후 "터미널"에 두어 인도하고, DAP 규칙의 경우 매도인은 물품을 도착운송수단에 실어둔 채 양하를 위하여 매수인의 처분하에 두었을 때 인도 완료 하는 것으로 규정하였다. 이와 같은 DAT 규칙은 Incoterms 2020에서는 명칭이 DPU(Delivered at Place Unloaded)로 변경되었고, 이는 "터미널" 뿐만 아니라 어떤 장소든지 목적지가 될 수 있는 현실을 반영한 것이다. 그러나 목적지가 터미널에 있지 않는 경우 매도인은 자신이 물품을 인도하고자 하는 장소가 물품의 양하가 가능한 장소인지 꼭 확인해야 한다.

5) 사용자를 위한 설명문

Incoterms 2010 버전에서 개별 인코텀즈 규칙의 첫머리에 있던 사용지침(Guidance Note)은 Incoterms 2020에서는 "사용자를 위한 설명문(Explanatory Note for Users)"으로 명칭이 변경되었다. 본 설명문은 개별 인코텀즈 규칙의 기본적인 사항을 설명하고 사용자들이 거래를 할 때 적합한 규칙을 정확하게 찾을 수 있도록 도와주고 개별 규칙의 해석이 필요할 때 지침을 제공하기 위한 목적이 있다.

6) 운송의무 및 비용 조항에 보안관련요건 삽입

2010년 Incoterms의 시행 이후 테러 등에 대비한 보안문제에 따른 새로운 선적 관행이 상당히 정립되었다. 이러한 것은 운송 및 통관과 직결되기에 각각의 인코텀즈 규칙의 A4(운송)과 A7(수출통관)에 관련 의무사항을 추가하였다.

2. 각 거래조건의 항목 구성

2020년 Incoterms에서는 2010년 Incoterms와 마찬가지로 모든 정형거래조건에 대하여 매매당사자의 상대방에 대한 의무를 각각 10개 항목으로 대칭되고 규정하고 있으나 그 표제에는 약간의 변화가 있었다. 여기서 2020년 Incoterms에서 규정하고 있는 매매당사자의 의무에 대한 항목구성을 정리하면 다음과 같다.[14)]

14) 대한상공회의소, Incoterms 2020, 경성문화사, 2019.09. p. 20.

〈표 16-1〉 개정 INCOTERMS 2020의 매도인과 매수인 의무

매도인의 의무		매수인의 의무	
A1	General obligations(매도인의 일반의무)	B1	General obligations(매수인의 일반의무)
A2	Delivery(인도)	B2	Taking delivery(인도의 수령)
A3	Transfer of risks(위험이전)	B3	Transfer of risks(위험이전)
A4	Carriage(운송)	B4	Carriage(운송)
A5	Insurance(보험)	B5	Insurance(보험)
A6	Delivery/transport document(인도/운송서류)	B6	Delivery/transport document(인도/운송서류)
A7	Export/import clearance(수출/수입통관)	B7	Export/import clearance(수출/수입통관)
A8	Checking/packaging/marking(점검/포장/화인표시)	B8	Checking/packaging/marking(점검/포장/화인표시)
A9	Allocation of costs(비용분담)	B9	Allocation of costs(비용분담)
A10	Notices(통지)	B10	Notices(통지)

제3절 인코텀즈 2020 조건의 내용

1. 모든 운송방식에 적용되는 규칙(Rules for any mode or modes of transport)

1) 공장인도조건(Ex Works...named place ; EXW)

공장인도란 매도인이 수출통과절차를 이행하지 않고, 수취용 차량에 적재하지 않은 상태로 매도인의 영업소 또는 기타 지정된 장소(예를 들면, 작업장, 공장, 창고 등)에서 물품을 매수인의 임의처분상태로 놓아두었을 때 매도인이 인도하는 것을 의미한다. 따라서 이 조건은 매도인에 대한 최소한의 의무를

나타내며, 매수인은 매도인의 영업소로부터 물품을 인수하는 데 수반되는 모든 비용과 위험을 부담하여야 한다.[15)]

그러나 만일 당사자가 출발시의 물품의 적재에 대한 책임과 그러한 적재의 모든 비용과 위험을 매도인에게 부담시키고자 하는 경우에는, 매매계약에서 이러한 취지에 관한 문언을 명시적으로 추가함으로써 이를 명확하게 하여야 한다. 이 조건은 매수인이 직접 또는 간접적으로 수출절차를 이행할 수 없을 경우에 사용되어서는 안 된다. 이러한 상황하에서는 매도인이 자신의 비용과 위험으로 적재 할 것이라고 합의한다면, FCA조건을 사용하여야 한다.

2) 운송인인도조건(Free Carrier...named place ; FCA)

'운송인인도'라 함은 매도인이 물품을 수출통관하여 지정된 장소에서 매수인에 의하여 지정된 운송인에게 인도하는 것을 의미한다. 따라서 매수인은 물품의 인도지점을 정확히 지정하여야 하며 매수인이 이를 지정하지 아니한 경우에는 매도인은 지정된 장소내에서 자신의 목적에 가장 적합한 지점을 선택할 권리가 있다. 인도가 매도인의 영업장구내에서 이루어지는 경우 매도인은 적재의 의무를 부담하지만 기타의 장소인 경우 즉 cargo terminal[16)]인 경우 매도인은 양하 책임을 부담하지 않는다.

이 조건은 복합운송을 포함하여 운송방식에 관계없이 사용될 수 있다. 이 조건에서 "운송인"이라 함은 철도, 도로, 항공, 해상, 내수로 또는 이들의 복합방식에 의한 운송을 이행하거나 또는 그 이행을 조달하기로 약정하는 자를 의미한다. 여기서 운송을 이행하는 자는 운송인이며 그 이행을 조달하는 자는 운송대리인(shipping agent)이다. 그러나 매수인이 운송주선인(freight forwarder) 등 운송인 이외의 자에게 물품을 인도하도록 지시한 경우에는 매도인이 그러

---

15) Incoterms 2020, EXW.

16) "Cargo Terminal"은 운송방법에 따라 달라진다. 항공운송의 경우에는 Airport, 철도운송의 경우에는 Station, 컨테이너 운송의 경우에는 Inland Contariner Depot(ICD) 또는 CFS 등이 될 수 있다.

한 자에게 물품을 인도하여도 자신의 인도의무를 이행한 것으로 본다.

FCA조건을 사용할 수 있는 운송방법이 철도 · 도로 · 내수로 · 해상 · 항공 또는 복합운송방식 등이 있고 각 운송방식에 따라 인도가 완료되는 시기가 다를 수 있다. 따라서 "INCOTERMS 1990"의 FCA조건에서는 운송방식별로 인도방식을 달리 규정했으나 이것은 너무 복잡하여 실무적으로 사용하기에 적절하지 않아서 "INCOTERMS 2000"에서는 인도장소를 매도인의 영업장구내인 경우와 기타 장소로만 구분하여 인도시기를 규정하고 있다. 이 조건은 INCOTERMS 1980의 FRC조건에 종래의 FOR/FOT 및 FOA조건을 통합하여 1990년에 정형화된 것으로 철도 · 도로 · 해상 · 항공 · 내수로 운송 및 복합운송 등에 사용될 수 있다.

3) 운송비지급조건(Carriage Paid to…named place of destination ; CPT)

이 조건에서는 물품의 멸실이나 손상에 대한 위험부담은 수출국내에서 운송인의 보관하에 (Into the Custody) 물품이 인도된 때에 매도인으로부터 매수인에게로 이전된다.

복합운송의 경우처럼 운송형태(수단) 또는 운송구간별로 하청운송인 등 다수의 운송인이 운송을 분담함으로써 일관운송(Through Carriage)이 이루어지는 경우 필연적으로 1인 또는 여러명의 후속운송인이 운송에 개입하게 된다. 이 때에는 최초의 운송인에게 물품이 인도된 때에 물품에 대한 위험부담이 매도인으로부터 매수인에게로 이전된다.

또한 매수인 수송비를 제외하고 물품이 운송인의 보관하에 인도된 이후의 모든 추가비용은 매수인에게 귀속된다. 이 조건은 단일 또는 복합운송 형태에 채용될 수 있으며, 특히 FCA나 CIP와 함께 복합운송에 적합하다.

CPT조건하에서의 매도인은 물품의 수출통관을 이행해야 한다. 따라서 수출승인(E/L ; Export Licence)등 수출국 내에서의 수출에 관련된 모든 공적 절차는 매도인이 완수해야 한다.

4) 운송비, 보험료 지급조건(Carriage and Insurance Paid To… named place of destination ; CIP)

이 조건은 운송도중에 발생 될 수 있는 물품의 멸실이나 손상에 대한 위험에 대비하여 매도인이 매수인을 위하여 적하보험(cargo insurance)에 부보할 의무를 진다는 것 이외에는 CPT와 동일하다. CFR과 CIF의 관계는 CPT와 CIP의 관계와 같다고 할 수 있다.

이 조건에서는 매도인이 물품의 수출통관을 이행할 의무를 부담하며, 복합운송을 포함하여 어떠한 운송형태에고 사용될 수 있으나, 특히 복합운송의 경우에는 더욱 유용하게 이용 될 수 있다는 점에서 FCA나 CPT조건과 공통점을 갖는다. 또한 이 조건에서 매매당사자간의 책임 분기점은 CPT조건과 마찬가지로 최초의 운송인이 된다. 따라서 매도인이 비록 운송도중의 물품에 대해서 운송보험을 체결하더라도 매도인의 책임은 물품을 최초의 운송인에게 인도, 보관시키는 시점에서 끝나기 때문에 운송도중의 위험에 대해서 책임질 필요는 없다.

CIP조건에서도 문제가 될 수 있는 점은 매도인이 매수인을 위하여 운송 보험을 체결하고 보험료를 지불하는 점이다. 매도인은 자신을 위한 보험이 아니라 매수인을 위한 보험계약이기 때문에 가능하면 보험료를 적게 부담하려고 할 것이다. 그러나 금번 개정에서는 ICC(A) 약관에 따른 부보를 의무화로 규정하고 있다. 그 내용은 CIF조건에서의 보험규정과 상이한 것으로 최대의 담보조건으로 보험계약이 체결되도록 규정하고 있다. 물론 보험 조건은 당사자의 합의에 따라 보다 낮은 수준의 부보를 하기로 합의할 수 있도록 하였다.

5) 도착지 인도조건(Delivered at Place…insert named place of destination ; DAP)

DAP조건은 지정목적지에서 수입통관을 필하지 않은 계약물품을 도착된 운송수단으로부터 양하하지 않은 상태로 매수인의 임의처분상태로 인도하는 것으로, 이 조건을 사용할 경우 DAP뒤에 지정목적지를 표시한다. 이 조건의 경우 매도인은 자기의 비용으로 지정목적지 또는 경우에 따라 지정목적지의 합의된 지점까지 물품을 운송하는데 따른 모든 위험을 부담한다. 만약 특정 지점이 합의되지 않았거나 관습에 의해 결정되고 있지 않은 경우, 매도인은 지정 목적지에서 자기의 목적에 가장 적합한 지점을 선택할 수 있다. 이 때 매도인이 목적지에서의 양하에 관하여 운송계약 하에서 비용을 부담한 경우에도, 당사자 사이에 별도의 합의가 없으면, 매도인은 이러한 비용을 매수인으로부터 회수할 권리가 없다.

한편 매수인은 지정목적지에서 자기가 임의로 처분할 수 있는 상태가 된 이후의 모든 위험과 비용을 부담한다.

이 조건에서 물품의 수입통관은 매수인이 하여야 하는데 만약 당사자들이 수입통관절차를 매도인이 밟기를 희망하는 경우에는 DDP조건을 사용하여야 한다.

DAP조건과 DPU조건의 주된 차이점은 양하의 위험과 비용의 부담이다. 즉 DAP조건의 경우 매도인은 지정장소에서 도착된 운송수단으로부터 양하하지 않은 상태로 매수인의 임의처분상태로 물품을 인도하면 되는데, DPU조건에서는 지정된 도착장소에서 운송수단으로부터 양하된 후 매수인의 임의처분상태로 물품이 인도된다는 것이다.

6) 도착지 양하 인도조건(Delivered at Place Unloaded… insert named place of destination ; DPU)

DPU조건은 지정목적지에서 또는 지정목적지 내에 어떠한 지점이 합의된 경우에는 그 지점에서 도착운송수단으로부터 양하된 상태로 매수인의 임의처분상태로 인도하는 것을 의미한다. 매도인은 물품을 지정목적지까지 가져가서 그곳에서 물품을 양하하는 데 수반되는 모든 위험을 부담한다. 따라서 인코텀즈 규칙에서 인도와 목적지의 도착은 같은 것이다. DPU는 매도인이 목적지에서 물품을 양하하도록 하는 유일한 인코텀즈 규칙이다. 따라서 매도인은 자신이 그러한 지정장소에서 양하를 할 수 있는 입장에 있는지를 확실히 해야 한다. 만약 당사자들이 매도인으로 하여금 양하의 위험과 비용 부담을 원하지 않는 경우 DPU조건을 사용하지 말고 DAP조건을 사용해야 한다.

7) 관세지급 인도조건(Delivered Duty Paid…named place of destination ; DDP)

이 조건은 매도인이 지정된 목적지에서 수입통관을 이행하고, 도착된 운송수단으로부터 양륙되지 않은 상태로 매수인에게 물품을 인도하는 것을 의미한다. 매도인은 목적지 국가에서의 수입에 필요한 모든 관세를 포함하여, 그곳까지의 물품의 운송에 따르는 모든 비용 및 위험을 부담하여야 한다.

EXW조건이 매도인의 최소 의무를 나타내는데 비해, DDP조건은 최대 의무를 나타낸다

이 조건은 매도인이 직접 또는 간접적으로 수입허가를 취득할 수 없을 경우에 사용되어서는 안된다.

그러나, 당사자가 물품의 수입시에 지불해야 하는 비용의 일부(예를들면, 부가가치세 ; VAT)를 매도인의 의무로부터 제외시키고자 하는 경우에는, 매매계약에서 이러한 취지에 관한 문언을 명시적으로 추가함으로써 이를 명확하게 하여야 한다.

그리고 당사자간의 합의에 의해 매도인이 부가가치세를 부담하지 않기로 합의한다면 "Delivered Duty Paid, VAT unpaid"처럼 명확하게 표시해야 한다.

2. 해상운송과 내수로운송에 적용되는 규칙(Rules for sea and inland waterway transport)

1) 선측인도조건(Free Alongside Ship…named port of shipment ; FAS)

이 조건은 매도인이 물품을 지정된 선적항에서 수출통관을 완료후, 본선의 선측에[17] 놓았을 때 매도인의 인도의무를 이행하는 것을 의미한다. 즉, 그 순

17) 선측은 본선의 양화기(loading tackle), 부두크레인 등에 의해 선내로 적재될 수 있는 선측으로서, 부선에 의한 선측인도장소도 포함된다. 즉, 선측은 본선의 양화기 등이 도달될 수 있는 지점을 위미하므로, 본선이 내항의 부두에 접안하는 경우에는 부두산(on the quay), 본선이 외항에 정박하고 있는 경우에는 매도인이 제공한 부선내(in lighter)를 말한다.

간으로부터 매수인이 물품의 멸실 또는 손상에 관한 모든 비용과 위험을 부담하여야 한다. 또한 이 조건은 해상 또는 내수로 운송에만 사용 가능한 조건이다.[18]

2) 본선인도조건(Free on Board…named port of shipment ; FOB)

이 조건은 물품이 지정된 선적항에서 매수인이 지정한 본선에 적재가 되었을 때 또는 그렇게 이미 인도된 물품을 제공하는 때 인도가 완료되는 것을 의미한다. 이것은 매수인이 그 지점으로부터 물품의 멸실 또는 손상의 모든 비용과 위험을 부담하여야 한다는 것을 의미한다. FOB조건[19]은 매도인에게 수출을 위하여 물품을 통관할 것을 요구하고 있다. 이 조건은 해상 또는 내륙수로운송에만 사용될 수 있다. 만일 당사자가 본선에 적재하여 물품을 인도할 의도가 없는 경우에는 FCA조건을 사용하여야 한다.

위에서 살펴보았듯이 이 조건에서 매도인의 인도 의무가 완료되는 시점은 지정된 선적항에서 약정물품이 본선에 적재되는 시점이다. 따라서 이 시점은 매도인과 매수인 사이의 위험 및 비용의 분기점이 되는 것이다. 즉, 매도인은 물품이 본선에 적재될 때까지의 물품의 인도과정에서 발생되는 모든 비용을, 매수인은 선창내적부비용(Stowage)을 포함하여 그 이후 발생하는 모든 비용을 부담한다.[20]

3) 운임포함인도조건(Cost and Freight…named port of destination ; CFR)

FOB조건과 마찬가지로 매도인이 선박의 본선까지 계약물품을 인도하여야

18) Incoterms 2020, FAS.
19) Free on Board조건에서 Free의 개념은 "Free from all charge and responsibility on board the Vessel"의 뜻으로, 매도인은 계약물품이 본선의 양화기에 의해 본선에 적재가 될 때까지의 모든 위험과 비용을 책임지고 그 이후에는 아무런 책임이 없다는 뜻이다.
20) David M. Sasson, CIF and FOB Contracts, 2nd ed., Stevens&Sons, pp. 318~321. ; Clive Schmittoff, *op. cit.*, p. 16.

하며 일단 화물이 본선에 적재된 이후로는 매수인에게 위험과 비용부담이 된다.

이 조건은 선적항에서의 약정품의 선적원가(cost), 목적항까지의 운임(freight)을 포함한 복합가격으로 계약을 체결하는 것이다. 이러한 운임포함조건(CFR)은 운임・보험료포함조건(CIF)의 변형으로서 그 기본적 성격은 CIF조건과 동일하다. 그러나 CFR조건은 선적지항에서 양륙지항까지의 물품의 멸실 및 손상의 위험에 대한 부보는 매수인에게 그 의무가 있는데 반해 CIF조건에서는 매도인이 그 의무(附保)를 지고 있음이 유일한 차이라고 할 수 있다.

이 조건은 FOB조건과 마찬가지로 해상운송 또는 내륙수로운송을 전제로 하는 무역계약에만 사용할 수 있는 조건이다.

이 조건으로 무역계약을 체결하는 경우에 있어서의 매매가격에는 해상운임 또는 내륙수로운임이 포함된다. 따라서 CFR가격은 수출원가(export cost)에 해상운임 또는 내륙수로운임이 가산된 금액이라고 할 수 있다. 한편, 목적지 항구에서의 양하비(charges for unloading)는 원칙적으로 수입업자가 부담하여야 할 비용이지만, 해상운임에 그것이 포함되어 있는 경우에는 결과적으로 수출업자가 부담하게 되는 비용이다.

4) 운임, 보험료 포함조건(Cost, Insurance and Freight…named port of destination ; CIF)

이 조건은 선적항에서의 계약물품의 선적원가(cost), 목적항까지의 보험료(insurance) 및 해상운임(freight) 등 세 가지 복합요소가 하나의 거래조건에 통합된 계약형태다. 따라서 CIF조건은 인도장소를 중심으로 하는 FOB조건과는 달리 FOB가격(C)에 수입항까지의 해상보험료(I)와 해상운임(F)을 가산한 비용을 중심으로 하는 거래조건이다.

이 조건의 거래에 있어서 매도인은 자기의 위험과 비용으로 약정 기간내에 지정된 목적항까지의 운송계약을 체결하여 약정품을 선적하고 선적품의 위험에 대하여 해상 보험을 체결하고, 선적 서류를 취득하여 매수인에게 제공할 의무를 부담하는 한편, 매수인은 선적 이후의 약정품에 대한 모든 위험을 부담하는 동시에 그 선적서류와 상환으로 대금을 지급할 의무가 있다.

또한 이 조건은 FOB와 마찬가지로 위험의 분기점은 약정 물품이 선적항에서 본선에 적재되는 시점이며, 해상운송 또는 내륙수로 운송을 전제로 하는 조건이다.

주요용어

정형무역거래조건, 인코텀즈, Incoterms 2020, 공장인도조건, 운송인인도조건, 운송비지급조건, 운송비·보험료지급조건, 도착지인도조건, 도착지양하인도조건, 관세지급인도조건, 선측인도조건, 본선인도조건, 운임포함조건, 운임·보험료포함조건

연습문제

1. Incoterms 2020의 특징 및 차이점에 대해 설명하라.
2. 공장인도조건(Ex Works)에 대해 설명하라.
3. 운송비지급조건에 대해 설명하라.
4. 운송비, 보험료지급조건에 대해 설명하라.
5. 도착지인도조건에 대해 설명하라.
6. 도착지양하인도조건에 대해 설명하라.
7. 관세지급인도조건에 대해 설명하라.
8. FOB조건, CFR조건, CIF조건을 비교하여 설명하라.

제17장 무역결제

제1절 신용장 결제 방식

1. 신용장의 개념

신용장(Letter of Credit : L/C)이란 매수인의 거래은행인 신용장개설은행(issuing bank)이 신용장의 제조건에 일치되고 약정기간내에 신용장상에 요구하는 서류가 제시되었을 때 수익자(beneficiary)인 수출상에게 대금의 지급을 확약한 증서(documents)를 말한다.[1] 다시 말해 신용장은 특정은행의 조건부 지급확약(conditional bank undertaking of payment)으로서,[2] 한편으로는 상업신용(commercial credit)을 은행신용(bank credit)으로 전환시켜 주는 일종의 금융수단이다.

제6차 개정 화환신용장 통일규칙(Uniform Customs and Practice for Documentary Credits, 2007 : 이하 UCP 600이라고 칭함)에서는 다음과 같이 신용장의 정의를 간략히 규정하고 있다.

"신용장은 그 명칭과 상관없이 개설은행이 일치하는 제시에 대하여 결제(honour)하겠다는 확약으로서 취소가 불가능한 모든 약정을 의미한다."[3] 여기

---

1) M. A. Davis, The Documentary Credits Handbook, New York, Woodhead-Faulkner, 1989, p. 3.

2) ICC, Guide to Documentary Credit Operation, ICC Publishing S. A.. 1985, p. 6.

서 결제에는 첫째, 지급신용장의 경우 일람출급 지급, 연지급 신용장의 경우 연지급 약정을 부담하고 만기에 지급, 인수신용장의 경우 환어음을 인수하고 만기에 지급을 의미한다. 따라서 결제에는 매입(negotiation)의 의미는 없음에 주의해야 한다.[4)]

2. 신용장의 필요성

국제간의 무역거래는 정치, 경제, 상관습 등을 달리하는 외국과의 거래이기 때문에 매우 복잡하면서도 많은 위험을[5)] 내포하고 있다. 그 중에서도 중요한 것은 수출상이 물품을 선적하고 대금회수의 불안에 직면하게 되게 된다는 것이다. 이러한 문제가 해결되지 않는 한 국제거래의 활성화를 기대하기 어렵고 각국은 이의 해결방안을 모색하게 되었다.[6)]

수출대금회수에 대한 불안을 회피하기 위해서 수출업자는 선불을 원할 것이다. 그러나 수입업자의 입장에서는 물품을 인수하기 전에 대금을 먼저 지급할 자들은 그리 많지 않다. 이 문제를 해결하자면 매매 당사자 특히 수입상을 대신하여 대금지급을 책임질 신용 있는 제3자의 출현이 가장 소망스러운 방법이다. 이런 대금지급을 책임질 수 있는 제3자로서 가장 적임자는 은행이나 은행은 상품에 대한 전문지식의 결여, 복잡한 법률관계의 개입 기피 등의

3) UCP 600, 제2조..
4) 대한상공회의소, 전게서, p. 25.
5) 무역거래의 위험은 크게 ① 신용위험(credit risks), ② 상업위험(merchantite risks), ③ 환위험(exchange risks), ④ 비상위험(contingency risks), ⑤ 운송위험(transportation risks)으로 나눈다. 일반적으로 신용위험은 수출상이 수입상으로부터 대금회수를 하지 못하는 위험이며, 상업위험은 수입상이 무역계약을 체결한 뒤 수출상에 대하여 불안한 위험을 말한다. 환위험은 결제통화의 환율 변동에 따른 위험이며, 비상위험은 무역계약 체결하고 이행하는 단계에서 수입국내에 전쟁, 내란, 혁명 등과 같은 비상사태에로서 정부의 조치에 따른 위험이다. 또한 운송위험은 물품의 장기간 운송으로 멸실, 손상될 위험이다. 자세한 내용은 양영환·오원석·서정두, 신용장론, 삼영사, 1996. pp. 24~26 : 이승영, 신용장론, 법문사, 1997. pp. 15~16을 참조할 것.
6) 한국무역협회 국제무역연수원, 신용장, 1998. p. 7.

제약을 받으므로 신용장이란 결국 은행의 행동제약 요인을 제거하여 은행으로 하여금 대금지급자의 지위를 맡을 수 있도록 매매계약을 은행 편의위주로 개편, 제도화한 것이라 할 수 있다.

따라서 은행은 수입업자의 거래은행으로서 자기의 고객을 위해 수입업자 앞으로 발행되는 어음의 대금지급을 약속하는 보증서를 수출업자에게 보내줌으로써 수출업자로 하여금 대금회수에 대한 불안을 잊고 기꺼이 선적준비를 할 수 있게 한다. 수입업자 입장에서도 대금을 먼저 지불하는 것이 아니라 계약상품이 도착하는 시점에서 은행에다 결제하므로 선불에 따르는 불안과 자금부담을 면할 수 있게 된다.[7]

이와 같이 신용장은 수출입 당사자들의 신용문제에 은행이 개입함으로써 국제거래를 활성화시키는 제도라고 할 수 있다.

3. 신용장의 특성

1) 신용장의 독립성

무역거래에 있어서 매매당사자가 계약시 지급조건(payment)에 신용장조건으로 약정하면 매수인인 수입상은 자신의 거래은행에 신용장 개설을 의뢰한다. 그러나 일단 신용장이 은행에서 개설되면, 신용장은 그 기초가 되었던 賣買契約이나 기타의 계약관계로부터 완전히 독립되어 자체적으로 별도의 법률관계를 형성하게 되는데, 이를 신용장의 독립성(independency of the credit)이라고 한다. 만약 신용장이 그러한 계약에 관한 참조사항을 언급하고 있다하더라도 신용장의 당사자들은 이에 영향이나 구속을 받지 않는다.[8]

거의 모든 신용장은 매수인과 매도인 사이에 체결된 매매계약 등에 의거하여 발행되는 것이다. 즉 무역거래의 당사자는 매매계약의 지급방식으로서 신

7) 박대위, 신용장, 법문사, 1999. p. 4.
8) 양영환, 오원석, 서정두, 전게서, p. 61.

용장에 의한 방식을 선택한다고 합의하며 따라서 매매계약의 확정과 함께 매수인인 수입상은 자기의 거래은행에 의뢰하여 신용장을 발행한다.

그런데 실무에 있어, 만일 신용장이 "…in accordance with sales contract No.1234"와 같은 문언으로 그 참조조항을 포함하고 있는 경우, 수익자는 상업송장상에 모든 조건들이 매매계약의 그것들과 일치되게 이루어졌다는 진술서(Statement)나 확인서(Certificate)를 포함시킴으로써 후일 발행의뢰인인 수입상과의 분쟁을 방지할 수 있게 된다.

그러나 만일 원신용장에 매매계약 등의 사본이 첨부되어 "The attached sales contract No.1234 should be considered as an integral part of this credit" 등의 문언을 포함하고 있는 경우의 첨부된 매매계약은 원신용장의 조건과 동일한 효력을 나타내므로 주의하여야 한다. 이것은 신용장거래를 매매계약에 연계시키게 되면 은행이 매매계약의 내용을 일일이 확인하여야 하는바, 이는 현실적으로 불가능하므로 이러한 구속으로부터 은행을 해방시켜 신용장거래가 원활하게 이루어지도록 함에 그 취지가 있다.

따라서 수입업자는 신용장의 조건이 매매계약의 조건과 다르다는 이유로 대금지급을 취소하거나 지연시킬 수도 없거니와 매매계약 조건과 일치하지 않는 물품을 선적했다고 하여 대금지급을 취소 또는 지연시킬 수 없다. 마찬가지로 수출업자도 수입업자에 의해 매매계약이 취소되었다고 할지라도 신용장조건대로 이행을 하였다면 은행으로부터 대금을 지급받을 수 있다.

2) 신용장의 추상성

신용장의 추상성(abstraction)이란 은행은 오직 신용장에서 요구하는 서류만 가지고 대금지급여부를 판단한다는 것을 말한다. 따라서 신용장거래는 오직 서류에 의해 거래하는 것이지 상품거래가 아니라는 점과 은행은 신용장조건에 일치하는 서류와 상환으로 대금을 지급한다는 원칙을 신용장거래의 추상성이라 한다.

신용장과 관련하여 선적서류를 자기자금으로 매입하거나 지급하는 당사자는 모두 은행들인데 은행은 상품에 관한 전문지식 결여 및 복잡한 계약관계 개입 기피라는 기본입장 때문에 매매당사자간의 사실상의 거래내용에는 관여하기 어려운 특성을 가지고 있다. 따라서 은행이 매입이나 지급에 응할 때 부담하는 의무는 수출상이 제시한 여러 가지 서류가 신용장의 요구사항과 일치하는지, 또는 서류 상호간의 모순이 있는지의 여부에만 국한하여 서류심사를 하게 되고 선적된 상품의 불량이나, 사실상의 선적여하에는 전혀 관여할 필요가 없는 것이다.

이 추상성의 결과에 따라 신용장거래를 "서류상의 거래"라 칭하게 되고 은행은 가장 간편한 의무만을 부담하게 되지만, 수입상은 계약조건과 다른 상품을 입수할 위험을 부담하게 되고 수출상은 서류작성상의 사소한 실수만으로 대금지급을 거절당할 위험에 직면하게 되는 것이다.

신용장거래는 물품의 거래가 아니고 CIF계약과 같은 서류상의 거래이다. 즉, 신용장거래의 목적은 물품이 아니라 이와 인과관계에 있는 서류라는 것이다. 따라서 수입상은 물품이 미리 목적지에 도착하였다 하더라도 그 물품을 검사한 후 지급한다는 주장을 할 수 없다. 신용장거래의 원활한 결제에 필요한 법칙은 바로 서류가 외관상 정당하면 은행은 지급의무를 진다는 것이다.

위와 같은 추상성의 원칙은 많은 판례로도 입증되어 왔다.[9] 예컨대 영국의 Basse and Selve v. Bank of Australasia 사건[10]에서 원고 개설의뢰인은 코발트 광석의 수입을 위하여 독일은행에게 Sydney의 수익자 앞으로 화환신용장을 개설하도록 지시하였다. 한편 독일은행의 요청에 따라 Sydney의 피고은행은 신용장을 확인하였다. 이 신용장에는 전문가에 의한 품질증명서가 요구되었는데, 이에 수익자는 문면상으로 신용장조건과 일치한 품질증명서를 제시하고, 피고은행과 개설은행도 이러한 서류를 수리하였다. 그 후 신용장 개설의뢰인은 수익자가 전문가의 검사를 받은 견본과 다른 "무가치한 물품"을 선

9) 양영환, 오원석, 서정두, 전게서, pp. 66~67.
10) (1904) 90 L. T. 618; 20 Tulane Review (1946).

적하였음을 발견하고 소송을 제기하였다. 그러나 Bigham 판사는 피고은행은 원고 개설의뢰인에 대하여 서류의 진정성(genuineness)을 보증하여야 할 의무가 없다고 판시 하였다.

따라서 신용장거래에 있어서 은행은 신용장 조건과 문면상 엄격히 일치한 서류만을 수리하여야 하고, 신용장조건과 문명상 엄격히 일치하지 않는 서류는 수리거절하여야 한다.

3) 서류엄격일치의 원칙

신용장거래에 있어서 분쟁의 대상이 종종 되는 것으로, 제시된 서류를 은행이 어느 정도의 주의를 갖고 검토해야 상당한 주의가 되는지에 관한 기준으로서 이른바 엄격일치의 원칙(Dotrine of Strict Compliance)을 두고 있다.[11)]

엄격일치의 원칙(doctrine of strict compliance)이란 은행이 신용장조건에 엄격히 일치하지 않는 서류를 거절할 권리가 있다는 것을 말한다. 다시 말해 은행은 제시된 서류가 신용장조건과 문면상 일치된 것으로 판명되었을 때에만 지급할 수 있다는 원칙이다.[12)] 따라서 제시된 서류는 신용장조건에 엄격하게 일치하여야 하는 것이다.[13)]

신용장거래에서 매입은행은 개설은행의 특별대리인(special agent)이며, 그 개설은행은 수입상의 특별대리인이다.[14)] 그러므로 대리인인 은행이 보호받기 위해서는 서류의 엄격일치원칙이 필요하다.

무역거래에서 은행이 매매계약으로부터 독립하고 물품이 아닌 추상적인 서류만을 가지고 큰 위험 없이 개입할 수 있는 것은 사실은 신용장의 이러한 독립·추상성과 엄격일치의 거래관행이 보장되기 때문이라 하겠다.

---

11) Stanly F, Farra, Letter of Credit, The Business Lawyer, vol. 38, May, 1983, pp. 1174~1176.
12) Clive M. Schnittoff, *op. cit.*, pp. 404~405.
13) Ellinger, E. P., Documrntary Letter of Credits, University of Singapore Press, 1970, p. 279.
14) Clive M. Schmittoff, *op. cit.*, p. 406.

4. 신용장의 효용

무역거래에서 신용장은 국제매매당사자간에 공신력이 있는 은행이 개입하여 신용을 바탕으로 한 지급기능과 금융기능을 수행함으로써 국제무역을 원활하게 수행할 수 있도록 하고 있다. 따라서 무역거래에서 그 효용은 크다고 할 수 있다.15)

1) 수출업자의 효용

첫째, 신용장은 수입상의 신용과 관계없이 수입국 소재 개설은행의 신용으로 대금지급이 약속되는 것이므로, 개설은행이 파산하거나 불가항력이 발생하지 않는 한, 어느 다른 결제방식보다도 수출상에게는 대금회수가 확실하다. 따라서 수입상의 지급불능 또는 지급거절에 의하여 대금을 회수할 수 없게 되는 신용위험(Credit Risk)을 제거하여 준다.

둘째, 신용장의 발행은 개설은행의 지급보장을 전제로 한 것이기 때문에, 수출상은 수입상의 신용상태에 대하여 불안함을 느끼지 않아도 된다.

셋째, 수출상의 수출대금은 물품 선적 후 즉시 신용장 조건에 일치한 선적서류 및 환어음을 갖추어 자신의 거래은행인 매입은행을 통하여 소정이자(환가료)만 공제하고 수출대금을 회수할 수 있기 때문에, 물품이 수입상의 수중에 들어간 후에야 지급되는 기타의 결제방식보다도 대금회수가 즉각적으로 이루어지게 된다.

넷째, 관련 당사자의 사전합의 없이는 조건의 변경이나 취소가 불가능한 취소불능신용장의 경우는 신용장의 일방적 취소 또는 변경의 위험이 전혀 없으므로 안심하고 수출상품의 집하(集荷)나 제조(製造)에 임할 수 있다.

다섯째, 신용장은 수입국의 외환사정 악화에 따른 대외지불 중지 등 환결제의 위험을 방지할 수 있다. 즉, 외환부족 상태에 있는 외국정부가 외화유출

---

15) 남풍우, 전게서, pp. 145~146.

을 규제할 경우에도 대부분의 국가에서는 이미 발행된 신용장에 대한 지급규제를 하지 않는다. 왜냐 하면 신용장이 발행된 때에는 이미 수입상이 자국정부로부터 수입허가와 수입대금지급의 허가를 받아야 가능하며, 이러한 허가를 해 준 수입신용장에 대해서는 통상적으로 정부가 국제적인 신용을 실추시켜가면서 까지 수입규제 또는 지급제한을 하지 않기 때문이다.

여섯째, 수출상은 신용장을 담보로 선적 전에도 무역금융의 혜택을 누릴 수 있다. 우리나라의 경우 주요 금융기관에서는 외국으로부터 신용장을 받은 수출상에게 수출품을 집하 하거나 이를 생산하기 위하여 필요한 원자재를 조달 또는 수입하는데 필요한 자금을 융자해 주고 있다.

2) 수입업자의 효용

첫째, 수입상이 대금결제의 방식으로 수출상에게 신용장을 제공하게 되면, 이는 자신의 신용을 은행의 신용으로 대체하는 것이기 때문에, 수입상은 은행의 신용을 배경으로 수출상과의 계약체결시 제품의 가격, 품질, 인도 또는 기타 모든 계약조건을 자기에게 유리한 쪽으로 체결할 수 있다.

둘째, 신용장은 그 조건에 엄격히 일치한 선적서류와 상환으로 대금결제가 이루어지고 또한 수출상은 대금회수를 위하여 신용장에서 요구한 운송서류를 비롯한 제반서류를 정확히 제시해야 하므로, 수입상은 운송서류를 받고 대금을 지급할 때 계약조건에 일치한 상품이 정확히 선적되었을 것이라는 확신을 가질 수 있다.

셋째, 신용장에는 그 유효기한과 최종 선적기일(latest shipping date)을 명시하고 있을 뿐 아니라 경우에 따라서는 일정한 선적시기를 제한할 수도 있으므로, 수입상은 자신이 원하는 일자에 상품을 입수할 수 있다.

넷째, 수입상은 비록 수입자금이 없더라도 거래은행의 신용으로 신용장을 발행할 수 있고, 상품이 도착한 후 지급하게 되므로 금융상 유리하며 더구나 기한부 신용장일 경우에는 수입상품의 판매대전으로 결제할 수 있는 이점이 있다. 즉 운송서류를 인도 받으면서 개설은행으로부터 수입화물대도(trust receipt)[16]에 의한 신용을 공여 받아 상품이 도착 판매되는 기간동안 대금의 결제를 연기받는 이점을 누릴 수 있다.

5. 신용장의 거래과정

신용장방식의 대금결제는 일반적으로 다음의 과정을 통하여 이루어지게 된다.

① 매수인인 수입상(신용장개설의뢰인)은 외국의 수출상인 매도인과 매매계약을 체결하면서 일반거래조건협정서나 매매계약서에 대금결제방법으로서 신용장에 의한 대금지급이 이루어지도록 합의한다.

② 수입상은 관계기관, 단체, 조합 등에 수입승인을 신청하여 수입승인서(Import Licence ; I/L)를 받는다(해당되는 경우).

③ 수입상은 자기 거래은행을 통하여 매도인 앞으로 수입신용장(수출업자의 입장에서 보면 수출신용장)을 주도록 의뢰한다. 이 때 수입상은 발행될 신용장의 제조건을 명시한 신용장개설신청서(Application for Irrevocable Documentary Credit)에 명확하게 기재하여야 한다.

④ 신용장개설을 의뢰받은 수입상 나라의 외국환은행(신용장개설은행)은 개설의뢰인의 지시를 준수하여 수익자 앞으로 신용장을 개설하여 수출상이 소재하고 있는 외국의 환거래은행(통지은행)에 신용장을 송부하여 신용장의 통지를 요청한다.

⑤ 수익자 소재지의 수출지의 통지은행은 신용장의 외관상의 진정성(眞正性)을 확인하여 수출상에게 신용장 도착을 통지한다. 이 경우 통지은행이 개설은행으로부터 확인의 추가를 요청받은 경우에는 별도의 확약문언을 기재한 통지은행 양식의 신용장을 통지한다.

---

16) 수입화물의 대도(trust receipt : T/R)란 수입상이 자금사정의 변화에 의해 어음대금을 결제하기 전이라도 수입화물을 처분할 수 있도록 하는 동시에 개설은행은 그 화물에 대한 담보권을 상실하지 않도록 하는 제도이다.

⑥~⑨ 신용장을 수취한 수출상은 그 신용장조건이 매매계약조건과 일치하는가를 반드시 확인하고, 해당되는 경우 이를 토대로 경우에 따라 수출승인을 신청하여 수출승인서(Export License ; E/L)를 발급・신청하여 교부받는다.

신용장을 받은 수출상은 물품을 제조하거나 집하(集荷)하여 선적한 후, 신용장에서 요구한 선적서류와 환어음을 준비하여 신용장에서 지정된 지급・인수 또는 매입은행 또는 자유매입신용장의 경우에는 자신에게 유리한 은행에 이를 제시한다.

⑩ 수출지의 매입은행은 환어음 및 제시서류와 교환으로 수출상에게 환어음대금을 지급한다.

⑪ 매입은행은 수출상에게 지급한 환어음대금을 결제받기 위해 신용장 개설은행에 환어음 및 서류를 송부한다.

⑫ 매입은행은 환어음대금을 개설은행에 상환청구하여 수출대금을 상환받는다. 상환은행(결제은행)이 별도로 있을 경우에 매입은행은 선적서류를 개설은행 앞으로 송부하고 상환은행으로부터 수출대금을 상환받는다.

⑬ 개설은행은 매입은행으로부터 운송서류와 환어음이 도착하면 수입상에게 운송서류 도착을 통지한다.

⑭ 개설은행은 수입상으로부터 수입대금을 결제받고 운송서류를 인도한다. 앞에서도 살펴보았듯이, 만일 수입상이 개설은행에 대금을 불입하지 않고 선적서류를 먼저 인수하고자 한다면 개설은행에 수입담보화물보관증의 성격을 가지고 있는 대도증서(Trust Receipt : T/R)를 제공한다.

⑮ 선박회사는 화물이 도착하면 수입상에게 그 사실을 통지한다.

⑯ 화물 도착통지를 받고 선적서류를 인수한 수입상은 선박회사에 선하증권을 제시하고 화물을 수령한다. 이때 수입상은 물품이 계약과 일치하는지의 여부를 검사하여야 하며 만약 물품이 계약에 부적합할 때에는 계약서에서 약정한 기일내에 클레임을 제기한다.

물품은 이미 도착하였으나 선적서류가 도착하지 않았을 경우에는 개설은행으로부터 수입화물선취보증장(Letter of Guarantee : L/G)을 발급받아 운송인으로부터 미리 물품을 수령할 수 있다.

그림 17-1. 신용장의 거래절차

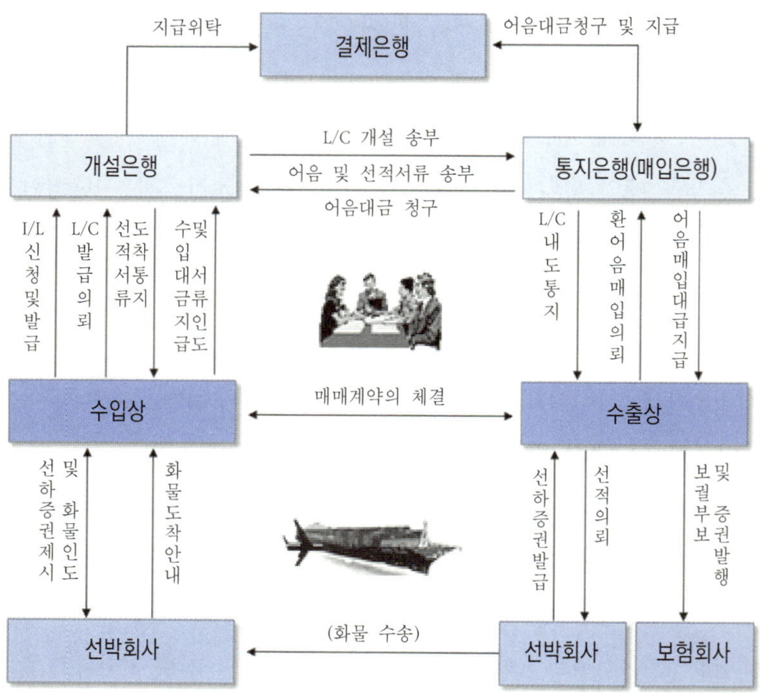

6. 신용장의 당사자

1) 개설의뢰인(Applicant)

“신용장 개설의뢰인” 또는 “신용장 개설신청인”은 수출상과의 매매계약에 따라 수출상 앞으로 신용장의 개설을 해 줄 것을 자신의 거래은행(개설은행)

에 요청하거나 지시하는 자를 말한다.

이 당사자는 보통 매매계약서상의 매수인(buyer)이며 수입상(importer)이 되고, 은행으로부터 신용을 공여(供與)받기 때문에 수신매수인(accredited buyer), 신용장의 개설인이기 때문에 opener, issuer라고 불리기도 한다.

또한 개설의뢰인은 신용장의 개설을 지시 혹은 요구한 자라는 의미에서 제시인(Order, By order of…: B/O)이라고 부르며, 무역대금의 최종적인 결제인이 되기 때문에 대금결제인, 채무자(Accountee, For account of…: A/C) 혹은 환어음의 지급인(drawee)이라 부르기도 하며, 화물의 실질적인 수령인이 된다는 관점에서 수하인(consignee)이라고도 한다.

또한 미국 통일상법전(UCC)에서는 신용장개설은행의 고객이란 의미에서 고객(customer)이라고 부르기도 하지만, 신용장통일규칙에서는 "Applicant for the Credit" 혹은 "Applicant"라고 통일하여 부르고 있다.

2) 개설은행(Issuing Bank)

개설은행은 자기 고객인 개설의뢰인의 요청과 지시에 따라 수출업자(수익자) 앞으로 신용장을 개설하는 은행이다. 개설은행은 신용장의 조건에 따라 개설된 환어음을 지급, 인수 또는 매입할 것을 수출업자나 그 밖의 선의의 소지인에게 약정한다. 신용장거래는 개설은행이 신용을 토대로 모든 거래가 이루어지기 때문에 개설은행의 역할이 아주 중요하다.[17)]

3) 수익자(Beneficiary)

신용장의 대금을 수취하는 자를 수익자(beneficiary)라고 한다. 수익자는 보통 수출업자(exporter)가 되며, 매매계약의 매도인(seller)이거나 송하인(shipper/consignor)이다. 또한 수익자는 환어음의 발행인(drawer)이며, 신용장을 사용

17) 개설은행을 나타내는 표현으로는 "issuing bank," "opening bank," "credit writing bank," "grantor"(신용공여은행)등이 있지만 신용장통일규칙에서는 "issuing bank"를 사용하고 있다.

한다는 점에서 사용인(user)이고 채권자(accounter)이며, 신용을 받고 있다는 점에서 신용수취인(accreditee)이라고도 한다.

양도가능한 신용장의 경우에 양도받는 자인 양수인(transferee)을 제 2수익자(second beneficiary)라고 하고, 원수익자인 양도인(transferer)을 제 1수익자(first beneficiary)라고 한다. 보증신용장(standby credit)인 경우에는 수익자가 은행이 될 수 있다.

4) 확인은행(Confirming Bank)

개설은행으로부터 수권되었거나 요청받은 제 3은행이 신용장에 의해 발행된 어음의 지급・또는 매입을 추가로 확약하는 은행을 확인은행(confirming bank)이라고 한다. 신용장의 확인은 개설은행과는 독립적인 확약이며 개설은행에 대한 확인은행의 여신행위라고 할 수 있으므로 개설은행의 확인요구에 대해 반드시 응할 필요는 없다. 수출상은 수입상의 거래은행이 정치・경제적으로 대금회수의 위험(risk)이 있다고 판단되면 보통 수출상 소재지의 제 3은행을 확인은행으로 하는 이른바 확인신용장(Confirmed L/C) 발행을 요청하게 할 수 있다.

5) 통지은행(Advising Bank)

신용장거래에서 통지은행은 개설은행이 발행한 신용장을 수익자의 소재지에 위치한 개설은행의 본점이나 지점 혹은 환거래은행을 통하여, 수익자에게 신용장이 발행된 사실과 그 신용장의 내용이 통지하는 은행이다. 일반적으로 이를 “Advising Bank”, “Notifying Bank”, “Transmitting Bank” 등으로 부른다.

통지은행은 개설은행의 위탁을 받고서 수익자에게 신용장발행의 사실과 내용을 단순히 통지해 주는 은행으로 신용장에 대한 어떠한 책임이나 의무를 지거나 약정을 하지 않는다. 그러나 그 통지은행은 자기가 통지하는 신용장의 외면상의 진정성(authenticity)을 증명하기 위하여 상당한 주의를 기울여야 할 의무가 있다.

6) 지급은행(Paying Bank)

수익자가 발행한 환어음에 대해서 직접 대금을 지급하여 주는 은행으로서 어음금액을 지급하도록 수권받은 은행을 지급은행(paying bank)이라고 한다.

지급은행은 개설은행의 예치환거래은행(depositary bank)으로서 예치환거래 계약을 체결하고 개설은행의 예금계정(deposit account)을 설정하여 신용장조건과 일치되는 서류에 대하여 제시환어음 지급[18]시마다 개설은행의 예금계정에서 당해금액을 차감하면서 지급을 행하기 때문에 지급과 동시에 상환을 받게 된다.

그러나 어음지급에 대한 최종적 책임은 지급은행이 아니고 개설은행이 지게된다.

7) 인수은행(Accepting Bank)

신용장조건에 따라 수익자가 발행하는 어음이 기한부어음(usance bill)일 경우 은행은 지급에 앞서 인수(acceptance)[19]를 하게 되는데 이러한 기한부어음을 인수하는 은행을 인수은행(accepting bank)이라고 한다.

인수은행은 어음의 인수행위에 의하여 그 환어음을 지급할 의무를 지게 되며 지급만기일에 어음금액을 지급하게 된다. 인수된 환어음에 대하여 수익자인 수출업자는 즉시 현금화를 원하게 되며 인수은행이 그 환어음을 할인하여 매입하거나 수출업자가 직접 금융시장에서 매도 할 수가 있다. 일단 은행에서 인수한 환어음을 은행의 무조건 지급보증이 추가되므로 금융시장에서 유리하게 유통될 수 있다.

---

18) 지급(Payment)이라 함은 개설은행의 요청에 따라 지정된 수출지의 특정은행(예치환거래은행) 또는 개설은행 자신이 매입은행 또는 수익자가 제시하는 서류를 받고 약정된 신용장금액을 액면가액 그대로 지급하는 것을 말한다.

19) 인수(Acceptance)라 함은 개설은행의 요청에 따라 지정된 수출지의 인수은행이 수익자 또는 매입은행에 대하여 기한부신용장의 어음을 기간만료시 자행에 제시하면 대금을 지급하겠다고 하는 의사표시를 말한다.

8) 매입은행(Negotiating Bank)

수익자는 신용장을 받은 후 상품을 제조하거나 구입하여 선적을 완료하면 신용장조건에 따라 수입업자 또는 신용장개설은행 혹은 개설은행이 지정하는 거래은행 앞으로 어음을 발행하고 이 어음에 신용장에서 요구하는 운송서류를 첨부하여 통지은행 또는 자기의 거래은행에 그 어음의 매입[20]을 의뢰하게 된다. 이때에 그 어음을 매입하는 은행을 매입은행이라고 한다. 매입은행은 신용장에 지정되어 있는 경우도 있고 아무런 제한이 없는 경우도 있다. 신용장상에 매입은행의 지정유무 따라 일반신용장(general credit)과 특정신용장(special credit)으로 나누어진다.

9) 상환은행(Reimbursing Bank)

신용장거래에서 상환은행은 신용장에서 지급, 인수 또는 매입은행에 대한 상환[21]을 개설은행의 본·지점 또는 제3의 은행으로 청구하게 하는 경우, 개설은행을 대신하여 상환업무를 수행하는 은행을 상환은행이라 하며, 개설은행이 당좌예금계정을 발행하고 있는 예치환거래은행(depository correspondent bank)이 이를 담당한다.

대금을 결제한다는 의미에서 결제은행(settling bank), 어음에 대하여 지급을 하는 은행이라는 점에서 어음지급은행(drawee bank)이라고도 한다. 상환은행은 개설은행의 예치계정을 보유하고 있으며 개설은행의 상환수권이나 지시(reim-bursement authorization (instruction))에 따라 상환업무를 대행하게 된다.

---

20) 매입(Negotiation)이라 함은 수출지의 은행이 수출상이 제시하는 서류(환어음, 선적서류, 상업송장 등)를 할인가격(신용장금액에서 이자, 수수료(환가료) 등을 공제한 금액)으로 사는 것을 말한다.

21) 상환(Reimbursement)이라 함은 수출지 또는 제3국에 소재하는 개설은행의 예치환거래은행이 개설은행의 요청과 지시에 따라 일람불 또는 기한부신용장의 대금을 어음수령과 동시에 지급하는 것을 말한다.

10) 양도은행(Transfering Bank)

양도가능신용장(Transferable L/C)에서 최초수익자(1st Beneficiary)의 요청을 받아 그 신용장의 모든 권리와 의무를 제2의 수익자(2nd Beneficiary)에게 양도하는 은행을 양도은행이라고 한다. 주로 통지은행이 그 역할을 하게 된다.

7. 신용장의 종류

신용장의 종류를 구분하는 것은 절대적 기준이나 통일된 기준이 없다. 왜냐하면 무역거래를 하는 상인들의 편의에 따라 만들어진 수단이므로 그 형태나 기능이 다양하며 운송 및 통신수단의 발달 등 상업환경의 변화에 따라 새로운 신용장이 생겨날 수 있기 때문이다. 일반적으로 신용장의 분류는 개설주체, 사용목적, 표시통화, 개설행위, 용도, 매입자금의 상환방법, 운송서류의 첨부유무 등으로 분류할 수 있다. 이처럼 하나의 신용장이 보통 여러 가지의 종류를 겸하고 있는 것이 대부분이기 때문에 신용장 통일규칙에서도 종류별 특성에 관한 명문 규정은 두고 있지 않다.

1) 화환신용장과 무담보신용장

화환신용장(documentary credit)이란 수익자가 발행한 환어음에 신용장조건과 일치하는 선하증권, 상업송장, 보험증권 등의 운송서류를 첨부할 것을 조건으로 지급, 연지급, 인수 또는 매입 할 것을 확약하는 신용장을 말한다.

무담보신용장(clean credit)이란 환어음의 발행에 있어 운송서류의 첨부가 필요없이 수익자가 발행한 환어음의 제시만으로 그 지급, 인수 또는 매입을 보증하는 신용장을 말한다.

2) 취소가능신용장과 취소불능신용장

신용장이 개설된 후에 취소 가능한가와 취소 불가능한 것인가에 따라 구별되는데, 취소가능신용장(revocable credit)이란 신용장 개설은행이 수익자에게 사전 통지없이 일방적으로 변경이나 취소할 수 있는 신용장으로 신용장의 당사자들을 구속하는 하등의 법적 규제가 없다. 그러나 일단 수익자에게 신용장이 통지되고 그 신용장 조항의 변경이나 취소가 통지은행에 접수되기 전에 원신용장의 조건대로 지급·인수 또는 매입한 은행에 대해서는 개설은행이 보상 책임을 진다. 이와 같이 취소가능신용장은 발행자에 의해서 임의로 취소될 수 있으므로 수출업자는 안심할 수 없고 신용자의 가장 중요한 가능을 지니고 있지 않아 일반거래에는 거의 사용되지 않고 있다. 일반적으로 신용장에 취소 가능 또는 불가능의 명확한 표시가 없으면 취소 불가능한 것으로 간주되며, 신용장통일규칙에는 취소가능신용장일지라고 유효기일을 명시하도록 되어 있다.

이에 비해서 취소불능신용장(irrevocable credit)은 개설은행이 일단 신용장을 개설하여 수익자에게 통지한 이상 유효기간 내에는 신용장 관계 당사자 전원이 동의하지 않고는 일방적인 변경이나 취소가 불가능한 신용장을 말한다. 이 취소불능신용장은 개설은행이 수익자와 그 신용장에 의해서 발행된 환어음 또는 제시된 관계 선적 서류의 선의의 소지인에 대하여 그것이 신용장의 모든 조건에 합치되어 있는 한 신용자의 확약하는 지급·인수 또는 매입을 이행해야 하므로 어느 한 당사자에 의해서 임의로 변경이나 취소가 될 수 없다.

3) 확인신용장과 미확인신용장

확인신용장(confirmed credit)은 앞서 설명한 것과 같이 발행은행 이외의 제3의 은행이 수익자가 발행하는 어음의 지급·인수 또는 매입을 확약한 신용장을 말하며, 미확인신용장(unconfirmed credit)이란 이러한 확약이 없는, 즉 제3의 은행이나 통지은행의 추가 책임이 없이 발행된 신용장을 말한다.

4) 상환청구가능신용장과 상환청구불능신용장

신용장거래에서 환어음이 신용장 조건에 합치되어 발행된 이상 개설은행이 그 어음이 지급·인수 또는 매입을 약정하고 있으므로 어음이 개설의뢰인 앞으로 발행되든지 개설은행 앞으로 발행되든지간에 개설은행은 그 어음을 지급하여야 하기 때문에 신용장 조건대로 발행된 화환어음의 발행인인 수익자는 상환청구(right of recourse)를 받지 않는다. 그러나 만일 그 어음이 신용장 조건과 불일치하게 발행되었을 때는 어음지불인은 지불을 거절할 수 있게 되는데, 이때 선의의 어음소지자가 어음발행인에게 상환청구를 할 수 있느냐 없느냐에 따라서 상환청구가능신용장(with recourse credit)과 상환청구불능신용장(without recourse credit)으로 구분된다. 신용장에 'without recourse'라고 기재되어 있어도 발행되는 어음상에 'without recourse'라고 기재되지 않으면 그 효력을 발휘하지 못한다. 그리고 각 나라마다 어음법이 다르며, 우리나라 어음법에서는 without recourse를 인정하고 있지 않기 때문에 상환청구불능 신용장을 받는다고 해도 하등의 효력이 없으므로 우리나라에서는 구태여 상환청구가능·불능신용장을 구분할 필요가 없다.

5) 매입신용장과 지급신용장

신용장 개설은행이 지급 보증의 약속을 누구에게 하느냐에 따라 매입신용장과 지급신용장이 구분된다. 즉, 신용장에는 반드시 개설은행의 지급 보증을 확약하는 문언이 있는데, 여기에 개설은행이 수출업자 한 당사자에게만 지급 보증을 약속하게 되면 지급신용장(straight credit)이 되고, 반면 수출업자 및 그 밖의 모든 선의의 소지자에게 지급 보증을 약속하게 되면 매입신용장(negotiation credit)이 된다.

6) 보통신용장과 특정신용장

신용장 개설은행이 그 신용장에 의해서 발행되는 어음의 매입을 특정 은행에 제한(restrict)시키는 것을 특정신용장(special or restricted credit)라고 하며, 일정한 은행에 한정하지 않고 아무 은행에서나 매입할 수 있도록 한 것을 보통신용장(general or open credit)이라고 한다. 특정한 은행에만 그 어음의 매입을 제한시키는 것은 수출지에 신용장 발행은행의 본・지점이 있다든지, 개설의뢰인과 특별관계에 있는 은행이 있는 경우에 취해지는 형식이며, 일방적으로 개설의뢰인의 지시 없이 개설은행이 일방적으로 매입은행을 한정 또는 지정시킬 수는 없다.

7) 일람불신용장과 기한부신용장

수출업자와 수입업자가 매매 계약을 체결할 때 상품 대금을 즉시 지급하느냐 아니면 일정 기간이 지난 후에 지급하느냐에 따라 일람불신용장(sight credit)과 기한부신용장(usance credit, acceptance credit)으로 구분된다. 즉, 신용장에 의하여 발행되는 어음이 일람불어음(sight draft)인 경우를 일람불신용장이라고 하며, 기한부어음(time draft, term draft)인 경우를 기한부신용장이라고 한다.

신용장 개설의뢰인이 자기의 신용으로 거래은행에 신용장 개설을 의뢰는 하였으나 유동성(liquidity)이 부족하여 화물의 도착과 동시에 대금 지불을 못하게 될 것을 사전에 예견할 수 있으면 수출업자의 양해를 구하여 일람후 30일 혹은 60일과 같은 기한부신용장을 발행하도록 한다. 수출업자 입장에서는 수출 대금을 30일이나 60일 늦게 받게 되므로 미리 선이자(先利子)를 공제해서, 즉 할인해서 어음 제시일에 받을 수 있으므로 대금 지급을 못 받을 위험은 없고, 단지 수입업자에게 일정 기간 동안의 이자 만큼 할인을 해주는 셈이 된다. 그리고 수입업자 입장에서는 기한부신용장으로 인해서 화물이 도착하면 유예 기간 동안에 수입품을 매각하여 어음의 기한이 도래하면 상환할 수 있다는 편리한 점이 있어 실질적으로 많이 이용되고 있다.

8) 양도가능신용장과 양도불능신용장

양도가능신용장(transferable credit)이란 신용장상에 'transferable'이란 표시가 되어 있는 신용장으로서 수익자가 신용장 금액의 전부 또는 일부를 제2의 수익자에게 양도할 수 있는 권한을 부여한 신용장을 말하며, 이런 표시가 없는 신용장은 모두 양도불능신용장(non-transferable credit)이 되는 것이다. 양도가능신용장에 의한 양도는 1회에 한하여 할 수 있으며, 별도로 분할 선적 금지 조항이 없으면 여러 개의 분할 양도도 가능한데, 이런 경우 각 분할 양도의 총액이 원신용장의 1회의 양도로 간주된다.

9) 구상무역신용장

(1) 동시개설 신용장(Back to Back Credit)[22)]

무역협정이나 지급협정이 체결되지 않은 국가간에 수출입의 균형을 유지하기 위한 구상무역을 위하여 사용되는 신용장이다. 즉, 한 나라의 매수인이 일정한 금액의 수입신용장을 발행할 경우 그 신용장은 수출국에서 같은 금액의 수입신용장을 발행하여 오는 경우에만 유효하다는 조건이 붙는 신용장을 말한다. 다시 말해 같은 금액의 신용장이 동시에 발행될 것을 조건으로 하는 신용장이다.

(2) 기탁신용장(Escrow Credit)

기탁신용장(escrow credit)은 수입업자가 수입신용장 발행을 신청할 때에 신용장의 한 조건으로서 그 신용장에 의해 발행되는 어음의 매입대금은 수익자에게 지급되지 않고 수익자 명의의 기탁(escrow)계정에 두었다가 그 수익자가 원신용장 발행국으로부터 수입하는 상품의 대금결제에만 사용하도록 규정한 신용장을 말한다.

---

22) 이 신용장은 다른 용어로 "대응신용장"이라 불리우는데 원래 외국에서 발행되어 온 수출신용장이라는 담보가 뒷받침이 되었다는 뜻으로 "Back"이란 용어가 사용되었는데, 주로 미국에서 사용되어 왔다. 상게서, pp. 159~160.

(3) 토마스 신용장(Tomas Credit)

토마스 신용장은 수출입 양측이 서로 동액의 신용장을 발행하는데, 한 쪽은 먼저 신용장을 발행하고 상대방은 동액의 신용장을 일정 기간 후에 발행하겠다는 보증서를 발행할 것을 조건으로 하는 신용장을 말한다. 즉, 동액의 신용장을 일정기간 후에 발행하겠다는 보증서를 발행할 것을 조건으로 하는 신용장을 말한다.

10) 특수신용장

(1) 내국신용장(Local Credit)

내국신용장(Local Credit)은 수익자인 수출업자가 받은 원신용장(原信用狀)을 근거로 하여 수출품 또는 원자재 공급업자(make or supplier)에게 대금 지급을 보증하기 위해 수익자가 원신용장의 통지은행 또는 거래은행에 의뢰하여 별도로 수출품 또는 원자재 공급업자를 수익자로 하는 신용장을 국내에서 발행하는데 이를 내국신용장이라고 한다.

내국신용장은 수출업자로 하여금 수출물품이나 수출용 원자재를 국내에서 손쉽게 조달할 수 있게 해줄 뿐만 아니라 공급업자에게도 대금지급보증 및 수출금융의 혜택을 주며 내국신용장에 의한 공급실적을 수출실적으로 인정해 주고 있다.

(2) 보증신용장(Stand-by Credit)

보증신용장(stand-by credit)이란 수출입상품 대금의 결제를 목적으로 하는 화환신용장이 아니고, 금융이나 보증을 위해 발행되는 일종의 무담보신용장이다.

예를 들면, 우리나라 해외지사 등이 수입하기 위하여 신용장 발행을 의뢰한다거나 또는 현지은행으로부터 금융의 편의를 받고자 해도 은행에 제공할 만한 담보가 부족한 경우, 서울 본사에서 국내거래은행에 의뢰하여 해외지사가 거래하는 은행 앞으로 그 은행을 수익자로 하는 보증신용장을 발행해 주면 이 신용장을 받은 은행은 그것을 즉시 이용하는 것이 아니라 그것을 담보로 하여 우리나라 해외지사의 요청에 의거하여 수입신용장을 발행해 준다거나 혹은 금융의 혜택을 줄 수가 있다.

만약 이 해외지사가 약정된 기간 안에 채무이행을 하지 않거나 부도를 냈을 경우에는 보증신용장의 수익자인 해외지사의 거래은행은 환어음을 발행하여 보증신용장 개설은행에 제시하여 대금을 지급받을 수 있다.

(3) 회전신용장(Revolving Credit)

회전신용장이 자동적으로 갱생되는 방법에는 다음과 같은 방법들이 있다.

첫째, 신용장조건에 따라서 발행된 환어음의 지급통지가 있으면 그 금액만큼 자동적으로 보충되는 방법

둘째, 발행된 환어음이 매입되어 신용장개설은행에 송부된 후 신용장에서 정한 일정기간 내에 지급거절의 통지가 없으면 그 금액만큼 자동적으로 보충되는 방법

셋째, 1개월 등과 같이 일정기일이 경과한 후에는 소정일에 자동적으로 갱생되는 방법이 있다.

그리고 신용장금액을 갱신할 때에는 다음과 같은 방법에 의한다.

첫째, 갱신되기 전에 미(未)사용잔액이 있을 경우, 이 미사용잔액을 다음번에 갱생되는 금액에 합하여 사용할 수 있도록 규정하는 누적적 방법

둘째, 미사용잔액이 있어도 다음에 갱생되는 금액과 합하여 사용하지 못하도록 규정하고 있는 비(非)누계적 방법이 있다.

(4) 전대신용장(Packing Credit)

전대신용장(red clause L/C, packing credit)이란 상품의 생산・가공・집하 등에 필요한 자금을 미리 융통해 주기 위하여 선적서류 발행전에 신용장 금액을 수익자에게 선급하여 줄 것을 수권하고 있는 신용장을 말한다. 선적전 물품대금을 먼저 지급하라는 약관이 붉은 글자로 되어 있다고 하여 red-clause L/C[23] 라고 하며 또한 수익자 입장에서 선대자금으로 상품을 집하・포장한다는 의미에서 packing credit이라고 한다.

---

23) 남풍우, 무역결제론, 도서출판 두남, 1999. p. 198. ; 양영환・오원석・서정두, 전게서, p. 158.

제2절 기타 결제 방식

1. 추심 결제 방식

추심결제방식(collection basis)은 신용장 없이 단순히 매매당사자간의 계약에 의거하여 수출상이 상품을 선적한 후 관련서류를 첨부한 화환어음을 수입업자에게 제시하면 수입업자가 그 어음에 대한 지급 또는 인수를 하여 결제하는 방법이다.

추심결제방식에는 지급인도조건(D/P)과 인수인도조건(D/A)이 있으며, 대금결제가 수입상으로부터 수출업자에게 이루어지는 것이지만, 환의 이동방향이 그 반대로 움직이기 때문에 이를 "역환방식"이라고도 한다. 추심결제방식은 송금방식에서 문제가 되었던 수입업자의 상업위험을 커버할 수 있는 보다 발전된 방식이다.

1) 추심 결제 방식의 종류

(1) 지급인도(D/P ; Documents Against Payment)조건

D/P거래는 무신용장방식 지급인도조건(줄여서 지급도조건)으로서 수출업자가 수출물품을 선적한 뒤 수입업자를 지급인으로 하는 일람불(at sight)어음을 발행하여 선적서류와 함께 거래외국환은행에 추심으로 의뢰하면 추심은행(수입업자의 거래은행)은 어음지급인(수입업자)의 대금지급과 상환으로 선적서류를 인도하고 그 대금을 추심의뢰은행(수출업자 거래은행)에 송금하여 수출업자가 수출대금을 영수케 하는 거래방식이다.

(2) 인수인도(D/A ; Documents Against Acceptance)조건

인수인도조건(줄여서 인수도조건)은 수입업자가 환어음에 대한 인수(acceptance)만으로 운송서류를 찾아갈 수 있는 어음인수 서류인도조건이다. 이 조건에서는 수출업자가 기한부어음을 발행하고 수입업자는 어음에 대한 지급의 약속으로 "accepted"라고 쓰고 서명날인 함으로써 운송서류를 인도받을 수 있으며 만기일에 수입대금을 추심은행에 지급한다.

따라서 인수도조건은 외상거래에 해당되며 수입업자는 인도받은 운송서류로 화물을 찾아 판매한 후 그 대금으로 어음기일내에 결제하면 된다. 수출업자는 만기일 후 수출대금을 추심은행을 통해서 지급받는다.

(3) D/P와 D/A결제방식의 차이

D/P방식과 D/A방식의 가장 큰 차이는 D/P방식에서는 수출상이 일람출급 환어음을 발행하는데 비하여, D/A방식에서는 수출상이 기한부 환어음을 발행함으로써 수입업자에게 환어음의 지급만기일 만큼 D/P방식보다 더 오랜 시간동안 신용을 공여한다는 점이다. 그리고 수출상이 화환어음을 추심 의뢰할 때에는 선적서류의 인도방식이 D/P방식인지 D/A방식인지를 명시하여야 하는데, 그 지시가 불명확한 경우에는 이를 D/P방식의 추심 환어음으로 간주한다.

2) 추심결제방식의 당사자

신용장의 개입없이 매매계약에 의존하여 환어음이나 선적서류를 추심하는 과정에는 네 당사자 즉, 추심의뢰인(principal), 추심의뢰은행(remitting bank), 추심은행(collecting bank) 및 제시은행(presenting bank)이 필요하다.

(1) 추심의뢰인(principal)

추심의뢰인은 자신의 거래은행에 추심을 위탁하는 이다. 이 의뢰인은 추심에 따른 은행의 수수료와 모든 비용을 부담하여야 하며, 추심의뢰서에 그 비용을 지급인으로부터 추심하도록 명시하였더라도 그 지급인이 이를 거절한 때에는 의뢰인인 수출상이 최종적으로 부담하여야 한다.

(2) 추심의뢰은행(remitting bank)

이는 추심의뢰인으로부터 추심을 의뢰받은 수출국의 은행을 말하는데, 추심의뢰인(매도인)의 대리인의 성격을 가지고 있다. 그러므로 추심의뢰은행은 추심의뢰인의 지시를 엄격히 따라야 하며 추심의뢰인의 동의 없이 그 지시를 변경할 수 없다.

(3) 추심은행(collecting bank)

이는 추심의뢰은행 이외에 추심과정에 참여하는 은행을 말하는데, 추심의뢰은행이 요청한 추심의뢰서(collection order)에 따라 지급인에게 추심하여 대금을 송부하는 은행을 말한다.

이 은행은 추심의뢰은행의 대리인이므로 추심의뢰은행의 지시를 엄격히 따라야 한다. 이러한 추심의뢰서에 기재된 지시에 따를 수 없다면 그 취지를 추심의뢰은행에게 즉각적으로 통지하여야 하며, 추심의 결과도 추심의뢰은행에 통지하여야 한다.

(4) 제시은행(presenting bank)

이는 수입업자인 지급인에게 환어음을 제시하는 수입국의 추심은행을 말한다.

2. 송금 결제 방식

송금(remittance)결제방식은 수입업자가 상품의 인도 전・인도 후 또는 인도와 동시에 수출업자에게 물품대금의 전액을 외화로 송금(remittance)을 하여 지불함으로써 결제를 완료하는 방법이다.

이 중에서 물품을 수출하기 전에 미리 대금전액을 외화로 지급하는 방식을 단순송금방식(advance remittance : payment in advance)이라 하고, 수출상이 물품이나 서류를 인도할 때 또는 이를 인도한 후에 수입상이 대금을 외화로 지급하는 방식을 대금상환도방식(COD : Cash on Delivery 및 CAD : Cash against Document 등)이라 한다. 이것은 대금과 환의 이동방향이 모두 수입상으로부터 수출업자에게 같이 향한다고 하여 일명 "순환(順換)방식" 이라고도 한다.

송금결제방식에 의한 물품의 수출입은 결제자금의 금융적 편의 측면에서 많이 사용되고 있다. 그러나 안전성의 문제를 전혀 커버하지 못하는 가장 단순한 방식이다.

주요용어

신용장, 신용위험, 환위험, 불가항력위험, 상업신용장, 신용장의 독립성, 신용장의 추상성, 신용장당사자, 신용장개설의뢰인, 개설은행, 수익자, 통지은행, 지급·인수·매입은행, 확인은행, 취소가능신용장, 취소불능신용장, 확인신용장, 미확인신용장, 상환청구가능신용장, 상환청구불능신용장, 매입신용장, 지급신용장, 보통신용장, 특정신용장, 화환신용장, 무담보신용장, 일람불신용장, 기한부신용장, 양도가능신용장, 양도불능신용장, 전대신용장, 내국신용장, 동시개설신용장, 보증신용장

연습문제

1. 신용장의 개념과 거래 과정을 설명하라.
2. 신용장의 효용에 대해 설명하라.
3. 신용장의 독립·추상성에 대해 설명하라.
4. 신용장거래의 당사자에 대해 설명하라.
5. 취소가능신용장과 취소불능신용장에 대해 설명하라.
6. 추심결제방식의 개념에 대해 설명하라.
7. 송금결제방식의 개념에 대해 설명하라.

제18장 국제운송

제1절 해상운송

1. 해상운송의 의의와 형태

1) 해상운송의 의의

해상운송이란 선박을 운송 수단으로 하여 타인의 화물이나 사람을 운송하고 그 대가로 운임을 취득하는 상행위를 말한다. 무역의 경우에는 화물의 운송이 그 대상이 된다. 해상운송은 대량운송이 가능하고, 경제적이기 때문에 원거리 이동이 필수적인 무역물품의 국제운송에 가장 적합한 운송 형태로 널리 이용되고 있다.

2) 해상운송의 형태

(1) 정기선 운항

정기선(liner)은 사전에 정해진 운항 일정에 따라 정해진 항로를 규칙적으로 반복 운항하는 형태로 소량의 공산품 또는 잡화를 개품운송계약에 따라 운항된다.

정기선을 운항하는 선박회사는 대부분 해운동맹을 조직하여 운임이나 운송조건 등에 대하여 협정한다. 여기서 해운동맹(shipping conference)이란 특정한 정기항로에 취항하고 있는 둘 이상의 선박회사들이 기업 상호간의 독립성을 유지하면서 선사들간의 과당 경쟁을 방지하기 위해 운송에 관한 각종 조건(운임, 기항지, 취항횟수, 화물의 종류 및 수량)들에 대해 협정을 체결하고 있는 일종의 국제적 카르텔을 말한다. 정기선의 경우에는 고정된 항로, 운임률, 운항계획 등에 의하여 화물의 수량과 관계없이 지정항로를 항해한다. 따라서 많은 고정비용이 들게 되어 자연히 운임률도 부정기선에 비해서 높다. 무역물동량이 많은 주요 항로에는 대부분 정기선이 취항하고 있으며, 현재 우리나라를 중심으로 개설되어 있는 주요 정기항로를 보면 한・일항로, 동남아항로, 북미항로, 호주항로, 중동항로, 유럽항로 등이 있다.

(2) 부정기선 운항

부정기선(tramper)은 정기선의 경우와는 달리 일정한 항로가 없이 화주가 요구하는 시기와 항로에 맞춰 불규칙적으로 운항하는 해상운송의 형태이다. 부정기선은 선적기일을 맞추기 위해 긴급히 운송되어야 할 화물이나, 곡물・광석・원유・목재 등 대상화물에 맞는 시설을 갖춘 특수 전용선의 경우에 주로 적용된다. 운임이 그때 그때의 화물의 수요와 공급에 의하여 결정되므로 수시로 변동된다.

부정기선의 경우 치열한 자유 경쟁을 통하여 운임이 결정되므로 정기선의 경우에 볼 수 있는 것과 같은 카르텔의 형성이 어렵다. 따라서 정기선보다 상대적으로 낮은 운임률이 적용되는 것이 보통이다.

2. 해상운송계약과 해운관련 제비용

1) 해상운송계약

선주와 화주간에 체결되는 해상운송계약은 화물의 성질과 수량에 따라 크게 개품운송계약과 용선운송계약으로 구분할 수 있다.

(1) 개품운송계약

개품운송계약은 주로 정기선 운송에서 이용되는 계약 형태로 선박회사가 다수의 화주와 화물에 대한 운송계약을 개별적으로 체결하는 것을 말한다. 화주 또는 그 대리인이 운송인인 선박회사에 선복의 사용을 신청하면, 운송인이 이를 수락함으로써 운송계약이 성립된다. 이때 운송인은 운송계약이 체결되었다는 증거로 화주에게 선하증권을 교부한다.

(2) 용선운송계약

화주가 선박회사로부터 선복의 전부 또는 일부를 빌려 화물을 운송하고자 할 경우에 체결하는 계약을 용선운송계약이라고 한다. 이때 계약체결의 증거로 용선계약서(Charter Party : C/P)가 발행된다. 용선계약은 선복의 범위에 따라 전체용선계약(whole charter)과 일부용선계약(partial charter)으로 구분되며, 용선료의 계산방법에 따라 다시 정기용선(time charter)과 항해용선(voyage charter, trip charter), 그리고 나용선(bare boat charter) 등으로 구분된다.

① **정기용선계약** : 용선계약자가 일정 기간 선박을 임대(용선)하여 용선기간을 기준으로 용선료를 지불하는 형태의 계약이다. 정기용선에서 용선계약자는 용선계약서에서 정한 항해 구역이면 어디든지 항해할 수 있으며, 또한 제한된 화물을 제외하고는 어떠한 화물도 운송할 수 있다.

② **항해용선계약** : 선적항에서 목적항까지의 1항해를 기준으로 체결되는 용선계약이다. 항해용선계약은 다시 화물의 수량과 관계없이 한 항해에 얼마라고 포괄운임을 내는 선복용선계약(lumpsum charter)과 1일 단위로 용선료가 책정되는 일대용선계약(daily charter) 등으로 구분된다.

③ **나용선계약** : 용선자가 선주로부터 선박 자체만을 용선한다는 의미이다. 선박을 임대하는 당사자가 선박의 운항에 필요한 선원, 장비, 소모품과 선박보험료, 항만비, 항해비, 수리비 등의 일체를 부담하는 형태의 계약으로 선박임대차계약이라고도 한다.

2) 해운관련 제비용

(1) 운임

개품운송계약은 정기선과의 운송계약이기 때문에 여기에 적용되는 운임은 이미 고시된 운임률표에 따라 결정되고, 용선계약의 경우에는 용선료가 곧 운임이 된다. 일반적으로 정기선 운임은 화물의 용적(measurement) 또는 중량(weight)에 따라 부과되는데, 일반적으로 용적으로 계산되는 운임과 중량으로 계산되는 운임 중 높은 것을 운임으로 하는 운임톤(revenue ton)이 적용된다.

운송화물이 고가품인 경우에는 대개가 화물의 송장 가격을 기준으로 하는 종가운임(ad valorem freight)을 적용하며, 관례상 화물의 포장이 일정하고 내용물의 용적 또는 종량이 일정한 화물, 석유제품 또는 자동차 등은 단위(unit)나 개수를 기준으로 운임을 정하기도 한다.

(2) 부과료와 할증 운임

정기선 운임은 품목별로 부과되는 기본 운임 외에 경우에 따라서는 여러 가지 부과료와 할증 운임이 적용된다. 부과료는 운송계약체결 당시의 계약조건이 변경될 경우에 부과되며, 할증 운임은 화물의 종류에 따라서 기본운임에 추가로 계산된다. 대표적인 부과료와 할증운임에는 Optional Charge, 환적료, 중량/용적 할증운임, 장척할증운임, 전쟁위험할증운임 등이 있다.

3. 선하증권

1) 선하증권의 의의

선하증권(Bill of Lading ; B/L)이란 화주와 선박회사간의 해상운송계약에 의해 선박회사가 발행하는 유가증권이다. 즉, 선하증권은 선박회사가 화주로부터 화물을 위탁받은 사실과 화물을 목적지까지 운송하여 이 증권의 정당한 소지인에게 증권과 상환으로 운송화물을 인도할 것을 약속하는 증권이다.

선하증권은 무역거래에서 요구되는 가장 중요한 서류로서 다음과 같은 기능을 한다.

첫째, 선하증권은 운송계약의 체결 사실을 증명하는 증거 서류이다.

둘째, 선하증권은 선적된 화물의 수취증이자, 선적 화물의 수량과 상태에 관한 명세서이다.

셋째, 선하증권은 화물에 대한 권리를 주장할 수 있는 권리증권이자 채권증권이다.

이와 같은 선하증권은 통상 인도나 배서에 의해 전매될 수 있는 유통유가증권의 형태로 발행되며, 이러한 경우 선하증권을 소지하고 있다는 것은 선적 화물 그 자체를 소유하고 있는 것과 동일한 효과를 갖는다.

2) 선하증권의 종류

선하증권은 화물의 선적 여부, 화물의 상태, 발행방식 등에 따라 다음과 같은 여러 가지 종류로 발행되고 있다.

(1) 선적선하증권과 수취선하증권

선적선하증권(shipped B/L)이란 화물이 운송선박에 적재 완료된 후에 발행하는 선하증권으로써 이 서류에는 선적의 완료사실을 나타내는 "shipped on board"라는 문언이 들어 있다. 우리가 통상적으로 선하증권이라고 하면 선적선하증권을 말하는 것이다. 수취선하증권(received B/L)이란 화물을 선박에 적재하기 전에 발행하는 선하증권이다. 이는 실제 선적한 후 선적일을 기입하고 선박회사가 서명하면 선적선하증권이 된다.

(2) 무사고선하증권과 사고부선하증권

본선상에 계약화물을 선적할 때 그 화물의 상태가 양호하고 수량이 맞아 비고(remarks)란에 아무 것도 기재되지 않고, 증권면에 "shipped on board in apparent good order and condition"이라고 표시된 선하증권을 무사고, 무하자 또는 완전선적증권(Clean B/L)이라고 한다.

한편, 비고란에 "5 bags torn" 등과 같이 선박회사가 인수할 당시 포장상태가 불완전하거나 수량이 부족하면 이 사실을 증권상에 기재하게 되며, 이런 사실이 기재된 선하증권을 사고부 선하증권(Foul or Dirty B/L)이라 한다. 즉, 본선에 화물을 선적할 때 화물의 포장, 수량 등에 어떤 고장 또는 하자, 예컨대 파손, 수량부족 등이 발생할 경우 화물을 인수한 일등 항해사는 이러한 고장을 본선수취증(mate's receipt ; M/R)의 비고란(remarks)에 기재한 고장본선수취증(foul M/R)을 발급하며, 화주가 선박회사에 Foul B/L을 발행한다.

신용장 통일규칙에는 신용장에 수리할 수 있는 조항이나 단서가 명시되어 있지 않는 한 은행은 이러한 조항이나 단서가 있는 운송서류를 거절한다고 규정하고 있으므로 무고장 선하증권(clean B/L)을 발급 받기 위해서는 선적 당시 포장상태가 나쁘다고 지적되면 수리 가능한 것은 곧 선내에 출장하고 있는 포장업자에게 의뢰하여 신속하게 수리시켜야 한다.

그리고 가능한 한 완전한 화물과 교환하던가 만약에 시간의 여유가 없으면 파손화물보상장(letter of indemnity ; L/I)을 선박회사에 제공하고 선하증권의 비고란에서 이 고장문언을 없애도록 요구해서 Clean B/L을 발급받아야 한다.

(3) 기명식선하증권과 지시식선하증권

기명식선하증권(straight B/L)이란 선하증권상에 특정한 수하인(consignee)의 성명 또는 상호가 기재된 선하증권이고, 특정한 수하인을 기재하지 않고 단순히 "order" 또는 "order of OO Bank" 등으로 기재된 증권이 지시식선하증권(order B/L)이다. 기명식선하증권의 경우는 원칙적으로 유통성이 없고 다만 배서를 금지하고 있지 않은 경우에만 배서에 의하여 양도될 수 있는 반면, 지시식선하증권은 백지배서(blank endorsement)에 의하여 자유롭게 유통된다.

(4) 해양선하증권과 내국선하증권

해양선하증권(ocean B/L)은 국가와 국가간의 해상운송에서 발급되는 선하증권을 말하며, 내국선하증권(local B/L)은 동일국 내의 해상운송에서 발급되는 선하증권을 말한다. 따라서 국제무역에서 의미하는 선하증권은 해양선하증권을 말하는 것이다.

(5) 통과선하증권

통과선하증권(through B/L)이란 해상운송·내수로운송·육상운송 등을 교대로 이용하여 운송하는 경우, 최초의 운송인인 선박회사가 전 운송구간에 대해 모든 책임을 지고 발행하는 선하증권으로써 다른 말로 통용선하증권이라고도 한다. 복합운송증권의 경우와 혼동할 우려도 있으나, 통과선하증권의 경우에는 반드시 해상운송구간이 포함되어야 한다.

(6) 환적선하증권

환적선하증권(transshipment B/L)이란 목적지까지 직항하는 선박이 없어 중간항에서 다른 선박에 환적하여 운송할 경우 발급되는 선하증권이다. 환적을 하더라도 별도의 선하증권이 발급되는 것은 아니고, 최초 발행된 선하증권에 각 구간의 선주가 연대 서명을 하여 공동책임을 지게 된다.

(7) 용선계약선하증권

용선계약선하증권(charter party B/L)이란 화주와 선박회사간에 체결된 용선계약에 의거하여 발행되는 선하증권이다. 선박회사가 발행하는 일반 선하증권에 비해 신인도가 떨어지는 것은 사실이나, 신용장에 별도의 명시가 없는 한 은행은 이러한 선하증권도 수리할 수 있다.

(8) 유통선하증권과 유통불능선하증권

선박회사는 선하증권을 발급할 때 주로 3통이 한 세트가 되는 선하증권 원본을 발행하는데, 이를 유통선하증권(negotiable B/L)이라 하며 이들은 원본이라야 그러한 선하증권이 표창하는 화물과 상환이 되며, 또 은행에서는 신용장에서 요구하는 정당한 선하증권으로 인정하여 대금결제가 이루어진다. 한편, 선박회사가 발급하는 원본 이외의 모든 선하증권에는 발급될 때 이미 "Non-

Negotiable"이라는 도장이 찍혀 발급되기 때문에 이들 사본으로는 은행에서 Nego가 되지 않는다.

(9) 복합운송선하증권

복합운송선하증권(Combined Transport B/L)은 수출국의 화물인수 장소로부터 수입국의 인도장소까지 해상・육상・항공 중 적어도 두 가지 이상의 운송기관을 이용하여 운송되는 경우에 발행하는 운송증권으로서 복합운송인이 발행한다.

(10) 집단선하증권

운송해 보낼 화물이 한 컨테이너분이 안되거나(Less than Container Load Cargo) 한 Lot가 안될 정도로 적은 분량이면 화물운송회사가 같은 목적지로 가는 화물을 같이 모아서 하나의 그룹으로 선적해 보낼 때 선박회사가 발급하는 선하증권을 집단선하증권(Groupage B/L, Housing B/L)이라 한다.

(11) 약식선하증권

절차의 간소화를 위해서 선하증권 면에 기재된 장문의 약관을 생략한 것을 약식선하증권(Short Form B/L)이라 한다. Short Form B/L에는 분쟁이 발생하면 원래의 선하증권 즉, Long Form B/L의 약관에 따른다는 문언이 기재되어 있다.

(12) 기간경과선하증권

기간경과 선하증권(Stale B/L)이란 선하증권의 어떤 형태를 말하는 것이 아니고 선하증권의 제시시기가 필요이상으로 지연되었을 때 그러한 지연된 선하증권을 말하는 것이다. 신용장통일 규칙 제43조에 모든 선적서류는 발행 후 신용장에서 명시한 기간 내에 제시되어야 한다고 되어 있고, 만일 B/L 발행 후 21일이 지나 매입은행에 제시하면 은행은 특별히 신용장 상에 "Stale B/L Acceptable"이란 조항이 없이는 수리를 거절하게 된다.[1)]

---

1) UCP Article 14조 c항.

(13) 컨테이너선하증권

컨테이너 적재 설비를 갖추고 있는 선박에 선적한 경우에 발행되는 선하증권을 컨테이너 선하증권(Container B/L)이라 한다. Container에 의한 운송의 경우 화주는 생산공장 또는 창고에서 Container Yard까지 자기 책임하에 운송하여 선박회사에 인도한다. 따라서 선박회사는 인수받은 화물이 화주가 포장하고 봉인한 것이기 때문에 그 내용을 알 수 없다는 뜻으로 "shipper's load and count" 또는 "said by shipper to contain"이라는 문언을 Container B/L상에 기재하고 있다.

제2절 항공운송

1. 항공운송의 의의와 특징

1) 항공운송의 의의

항공운송(air transportation)이란 항공기의 항복(plane's space)에 승객, 우편 및 화물을 탑재하고 국내외 공항(air port)에서 공로(air route)로 다른 공항까지 운송하는 운송시스템을 의미한다. 항공운송은 오늘날 국제무역에 있어서 중요한 수송수단의 역할을 담당하고 있으며 상업적인 수송수단으로서의 위치를 차지하고 있다.

국제화물운송은 해상이나 육상운송이 주류를 이루고 있지만 항공산업의 발전과 화물전세기가 등장하여 세계를 일일 생활권으로 하는 신속한 운송요구에 따라 항공운송의 비중이 점차 증가되고 있다.

경제의 질적인 발전과 함께 반도체, 전자제품, 시계 등 고부가가치의 소형 경량 화물에 대서는 비싼 운임을 지급하여도 채산성이 있는 데다 신속한 운송의 장점 등으로 항공운송을 선호하게 되었다.

2) 항공운송의 특징

(1) 적시성

적시성은 항공운송이 가지는 최대의 장점인 신속성을 바탕으로 정시서비스(on-time operation service)가 가능하고 야간의 운행으로 화물인도(over night delivery)가 가능하다는 것이다. 즉 화물을 저녁때까지 집하하여 탑재한 다음, 다음날 아침에 수하인에게 인도할 수가 있어 긴급화물이나 부패성화물의 운송에 가장 적합한 운송수단이 된다.

(2) 非계절성

항공화물은 여객에 비해 계절적인 영향을 적게 받는다는 것이다. 물론 꽃, 패션제품, 크리스마스 상품 등 계절적 유행상품은 예외이다.

(3) 서비스의 완벽성

서비스의 완벽성이란 화주는 집하(pick-up), 인도(delivery), 화물추적(tracing)의 용이성, 특수취급을 요하는 위험물품과 귀중품 등의 안전성, 기타 보험이나 클레임 업무의 편리성 등을 요구하고 있는데 이에 대한 서비스가 타운송보다 월등히 우수하다는 것이다.

3) 항공운송의 장점

해상운송과 비교하여 항공운송의 장단점을 살펴보면 다음의 〈표 18-1〉과 같다. 운임은 해운에 비해 20배정도 비싸고 중량에 제한을 받는다는 단점을 가진 반면, 수송시간이 절대적으로 짧고 안전도가 비교적 높다는 장점을 갖고 있다.

따라서 저가의 중량화물을 대량으로 운송하는 경우 해상운송이 유리한 반면 고가의 화물로 화물의 단위 무게당 가치가 높을수록 항공운송이 더욱 유리할 것이다. 운임이 싼 해상운송보다 항공운송을 선택하는 가장 큰 이유 중의 하나는 물품의 신속한 정시(just-in-time)공급이다.

상품에 대한 고객의 선호도와 상품의 시간성 때문에 고객에게 그 운송비용을 전가함은 물론 그 상품의 실제가치보다 더 높은 가격(premium-price)에 판매할 수 있고 상품을 보관함으로써 발생하는 자본비용의 절감은 물론 도난과 손상으로 발생할 수 있는 손실을 최소화 할 수 있다.

이처럼 비록 운송 그 자체에 따른 운임은 비싸지만 수송의 신속성에 따른 다른 부분에서의 비용절감과 총이익 증대가 항공운송을 빠른 속도로 증가시키는 요인이라고 할 수 있다.

〈표 18-1〉 해상운송에 비교한 항공운송의 장단점

구 분		항 공 운 송	해 상 운 송
단점	운 임	운임은 해상운임의 20배이며 비탄력적임	장거리수송 중에는 가장 저렴하며 운임은 비교적 탄력적임
	중 량	중량의 제한을 받음	중량제한을 받지 않음
장점	안전성	안전도 비교적 높음	안전도 비교적 높지 않음
	신속성	해상운송기간보다 수십배 빠름	수송시간이 긴 편임
수 송 화 물		중 · 소량, 고부가가치화물	대량, 중량화물

자료 : 정준석 외, 물류정책매뉴얼, 비북스, 1996. p. 395.

2. 항공화물운송장

1) 항공화물운송장의 의의

해상운송의 선하증권에 해당하는 항공운송의 기본서류가 항공화물운송장(air waybill ; AWB) 또는 항공화물위탁서(air consignment note)이다.

Air Waybill과 유사한 것으로 Air Bill이 있는데 후자는 혼재업자가 발행하는 것이다. Air Waybill과 Air Bill을 구분하기 위하여 전자를 Master Air Waybill 이라고 부르며, Air Bill을 House Waybill이라고 부른다. 여하튼 이들 운송장은 송하인과 운송인 사이에 운송계약이 체결되었다는 증거서류이며 동시에 송하인으로부터 화물을 수령하였다는 증빙이 된다.[2)]

2) 선하증권과의 차이점

항공화물운송장은 때때로 선하증권(bill of lading : B/L)과 유사한 것으로 잘못 알려지고 있다. 따라서 선하증권과 항공화물운송장은 법률적 성격면에서 다음과 같이 몇 가지 중요한 점에 차이가 있다.

① 항공운송장은 선하증권과 달리 양도성이나 유통성을 갖고 있지 않다. 항공운송장에는 분명히 「Non Negotiable」이라고 표시되어 있으므로 유통이 안되는 「비유통증권」으로서만 발행된다. 즉, 운송장의 수하인용 원본은 목적지에서 화물과 함께 수하인에게 교부되는 것으로서 유통을 목적으로 하는 것이 아니며, 운송계약의 권리행사에 필요한 것이 아니므로 이는 유가증권이 아니다.

② 선하증권의 발행은 선적식인데 반해 항공운송장의 발행은 수취식이라 할 수 있다. 즉, 선하증권은 선적을 증명하는 증권이므로 선적이 완료된 후에 발행되는 것이 일반적이다. 그러나 항공운송의 경우는 발착편이 많고 화물을 운송・위탁해서 비행기에 적재할 때까지 많은 시일을 요하지 않으므로 항공사 창고에 화물이 도착하면 바로 운송장을 발행해 주고 있다.

③ 선하증권은 지시식으로 되어 있어 정당한 배서(endorsement)에 의해 누구에게나 양도되는 권리증권(document of title)인데 반하여 항공운송장은 기명식으로 되어 있기 때문에 항공운송장에 기재되어있는 수하인이 아니면 당해화물을 인수할 수 없다.

④ 법률적으로 항공운송장은 송하인이 작성해서 항공사에 교부하는 형식을 취하고 있는데 반해, 선하증권은 반대로 선박회사가 작성해서 송하인에게 교부되고 있다.

---

2) 이춘삼, 전게서, pp. 310~311.

〈표 18-2〉 항공화물운송장과 선하증권의 차이점

Air Waybill	Bill of Lading
양도성이 없는 비유가증권(non-negotiable) 창고에 반입후 AWB 발행(수취식) 기명식 송하인이 작성함이 원칙	양도성이 있는 유가증권(negotiable) 선적후 B/L 발행(선적식) 무기명식(지시식) 선박회사가 작성

제3절 국제복합운송

1. 국제복합운송의 개념과 주요경로

1) 복합운송의 개념

복합운송(multimodal transport or combined transport)이란 운송 화물이 어느 한 나라의 인수 지점에서 다른 나라에 위치한 지정된 인도 지점까지 육상·해상·항공운송 가운데 적어도 두 가지 이상의 운송 형태를 결합하여 운송하는 방식을 말한다. 이와 같은 복합운송은 컨테이너가 등장하면서 발전하기 시작했는데, 컨테이너를 이용함으로써 운송수단간 연결이 용이해짐으로써 복수의 운송수단을 결합하는 방식인 복합운송이 발전하게 된 것이다.

복합운송에 있어서 운송에 전체적인 책임을 지는 주체를 복합운송인(combined transport operator)이라 하고, 복합운송인이 발행하는 복합운송계약의 증거 서류를 복합운송증권(combined transport document)이라고 한다.

2) 복합운송의 주요 경로

현재 우리나라를 중심으로 가장 널리 이용되는 복합운송 경로에는 시베리아 랜드 브리지(Siberia Land Bridge : SLB)와 아메리카 랜드 브리지(American Land Bridge : ALB)가 있다. 이러한 랜드 브리지 서비스는 시베리아대륙과 미대륙을 일종의 교량으로 활용하여 지구의 동서를 연결하고 있다. 여기서 시베리아 랜드 브리지를 이용하는 운송경로는 시베리아대륙을 횡단하는 철도를 이용하여 극동과 유럽 및 중동을 연결하고 있으며, 아메리카 랜드 브리지는 미대륙을 교량으로 하여 극동지역과 유럽지역을 연결하는 운송경로이다. 아메리카 랜드 브리지의 경우 운송 일수나 운임 때문에 운송경로를 반으로 나누어 미니 랜드 브리지(Mini Land Bridge : MLB)라고 하는 운송경로가 많이 이용되고 있다. 즉, 극동에서 북미태평양 연안 항구까지는 컨테이너선으로, 여기서 대서양연안 또는 Gulf연안까지는 철도편으로 운송해 철도터미널에서 수하인에게 인도하거나 또는 다시 유럽까지 컨테이너선으로 운송하는 방식이다. 이 경우 운임은 SLB와 마찬가지로 품목별 무차별운임을 적용한다.

2. 국제복합운송증권

1) 개념

복합운송증권의 정의에 관하여는 운송규칙이나 법규에 따라 조금씩 상이하게 해석하고 있다. 먼저 UN국제물품복합운송조약(이하 UN조약)에서의 복합운송증권(multimodal transport document)은 복합운송계약에 따라 복합운송인이 자신의 관리하에 물품을 수취하였다는 것과 그 계약의 내용에 따라 운송인이 물품을 인도할 의무를 부담하는 것을 증명하는 증권이라고 명기하고 있고, 1974년의 신용장통일규칙 23조a항에서는 물품의 수취지에서 도착지까지 적어도 두가지 이상의 다른 종류의 운송수단으로 운송하는 복합운송을 규정하는 증권이라고 하고, ICC복합운송에 관한 통일규칙(Uniform Rules for a Combined Transport Document : 1973)에서는 물품의 복합운송을 위한 계약을 증명하고 증명문언을 표시하고 있는 서류를 의미하는데 유동성의 개념도 포함하고 있다 하겠다. 또한 송하인의 청구에 의해 운송인이 발행하는 증권으로 선박, 철도, 자동차 및 항공기 등의 종류가 다른 2개 이상의 운송수단의 결합에 의해 운송될 수 있는 운송품의 수취를 증명하고, 그 운송계약의 내용에 관해서 동 증권 소지인의 운송물품인도 청구를 포장하는 유가증권으로 사용하기도 한다.

따라서 위에서 고찰한 내용을 종합해 보면, 복합운송증권은 복합운송계약에 따라 물품의 수취지에서 도착지까지 적어도 두 가지 이상의 다른 종류의 운송수단으로, 복합운송을 이행할 것을 증명하는 서류로서 복합운송 전구간에 걸쳐 책임을 지고, 송하인의 청구에 의해 송하인에게 발행하는 운송서류라고 할 수 있다.[3)]

2) 특징

복합운송증권은 컨테이너운송이 급격하게 발달하면서 항구에서 항구간의 종래 운송구간이 확장되어 문전에서 문전까지의 일괄운송이 보편화되고 이에 따라 전운송구간을 커버할 수 있는 새로운 운송증권의 필요에 의해 나타났으며, 종래의 선하증권을 해상운송구간에 특유한 것으로 육・해・공이 복합된 운송에서는 부적합하며, 또한 국제거래상의 수요에 의해 복합운송증권이 등장하게 되었다.[4)]

복합운송인이 발행하는 복합운송증권은 다음과 같은 특징을 갖는다.

첫째, 도로・철도・내수로・해상 또는 항공운송이 결합된 복합운송이 상이한 운송인에 의하여 이루어지더라도 복합운송증권은 처음부터 끝까지 전운송구간을 커버하는 서류이다.

3) 한상현, 복합운송의 발전에 따른 CIP무역거래 관습에 관한 연구, 건국대학교 대학원 박사학위청구논문, 1996. p. 18.
4) 윤광운, 국제무역상무론, p. 367.

둘째, 복합운송증권은 본선적재전에 복합운송인이 수탁 또는 수취한 상태에서 발행된다.

셋째, 복합운송증권은 실질적인 운송인에 의해서만 발행되는 선하증권과는 달리 운송인뿐만 아니라 운송주선인에 의해서도 발행된다.

넷째, 복합운송증권은 화주에게 통운송의 전체적인 책임을 지고, 어느구간에서 발생하였든 화물의 멸실이나 손상에 대해 책임을 지는 복합운송인이 발행한다.

주요용어

해상운송, 정기선운항, 해운동맹, 부정기선운항, 해상운송계약, 용선운송계약, 용선계약서, 전체용선계약, 일부용선계약, 정기용선, 항해용선, 나용선, 선복용선계약, 일대용선계약, 나용선계약, 운임, 운임톤, 종가운임, 부과료, 할증운임, 선하증권, 선적선하증권, 수취선하증권, 사고부선하증권, 무사고선하증권, 파손화물보상장, 기명식선하증권, 지시식선하증권, 백지배서, 해양선하증권, 내국선하증권, 통과선하증권, 환적선하증권, 용선계약선하증권, 복합운송선하증권, 약식선하증권, 적색선하증권, 기간경과선하증권, 복합운송, 복합운송인, 복합운송증권, 시베리아 랜드 브리지, 아메리카 랜드 브리지, 미니 랜드브리지

연습문제

1. 해상운송의 형태에 대해 설명하라.
2. 해상운송계약에 대해 설명하라.
3. 선하증권에 대해 설명하라.
4. 항공운송에 대해 설명하라.
5. 복합운송에 대해 설명하라.

제19장 해상보험

제1절 해상보험의 주요 개념

1. 해상보험의 의의

해상보험이란 해상운송 도중에 일어나는 사고에 대해서 보험자(insurer)가 보험금의 지급을 통해 손해를 보상하여 줄 것을 약속하고, 피보험자(insured)는 그 대가로서 보험료(insurance premium)를 지불할 것을 약속하는 손해보험의 일종이다. 이와 관련하여 해상보험의 국제적 준거법 역할을 하고 있는 영국의 해상보험법(MIA) 제1조에는 "해상보험계약은 보험자가 피보험자에 대하여 그 계약에 의해 합의된 방법과 범위 내에서 해상 손해, 즉 해상 위험에 수반하는 손해를 보상할 것을 약속하는 계약이다"라고 규정하고 있다.

해상보험은 항해에 관한 해상 위험에 대한 보험이지만 항해에 부수하여 발생되는 육상 또는 항공 위험을 해상보험 계약서에서 확장 담보하는 경우가 많으며, 이 경우 이들 해상 위험 이외의 위험에 대해서도 해상보험의 제반 규정과 관습이 준용되는 것이 일반적이다. 이에 대해 영국 해상보험법 제2조 4항에서는 "해상보험계약은 명시된 특약 또는 상관습에 의하여 그 담보 범위를 확장하여 해상 항해에 부수되는 내륙수로 또는 육상 위험의 손해에 대해서도 피보험자를 보호할 수 있다"라고 규정하고 있다. 해상보험은 보험의 목적에 따라 선박보험과 적하보험으로 구분된다. 그러나 무역업자의 입장에서는 적하보험이 주된 관심사이므로 아래에서는 적하보험을 중심으로 살펴보기로 한다.

2. 해상보험의 당사자

1) 보험자

보험자(insurer, assurer)는 보험료를 받는 대가로 해상 위험을 부담하여 보험 사고가 발생한 경우에 보험금을 지급할 의무를 지는 자를 말한다. 우리나라에서는 법인체인 보험회사(insurance company)가 보험자로 되어 있다. 그러나 영국에서는 Lloyd's와 같은 개인보험업자(underwriter)도 있다.

2) 피보험자와 보험계약자

피보험자(insured, assured)는 보험 목적물에 대하여 경제적 이해관계, 즉 피보험 이익을 갖고 만약 보험 사고가 발생하면 보험자로부터 그 손해를 보상을 받는 자를 말한다. 또 보험계약자(policy holder)는 보험회사와 보험계약을 체결하고 보험료를 지불하는 자를 말한다. 일반적으로 피보험자와 보험계약자는 동일인 이지만, 제3자를 위하여 보험계약을 체결할 경우에는 각각 다른 사람이 될 수도 있다. 예를 들면 CIF계약에서는 원칙적으로 수출업자가 보험계약자가 되고 수입업자가 피보험자가 된다.

3. 피보험이익

모든 보험제도는 피보험이익을 전제로 하여 성립되는데, 이 피보험이익은 보험계약을 체결할 수 있는 혜택을 말한다. 선박이나 화물 등과 같은 보험목적물에 대해서 보험계약을 체결할 수 있는 당사자(피보험자)는 반드시 보험의 목적물과 금전적·경제적 이해관계가 있어야 한다. 영국 해상보험법 제4조에서는 도박이나 사행을 위해 보험의 목적물과 하등의 이해관계 없이 이루어지는 보험계약은 무효라고 규정하고 있다. 이와 같이 특정의 보험목적물에 대해서 재산상의 이해관계를 가짐으로써 보험계약을 체결할 수 있고 또한 손해가 발생할 경우 보상을 받을 수 있는 혜택을 피보험이익(insurable interest)이라고 한다. 즉, 보험이 보호하는 대상은 선박이나 화물과 같은 어떤 물건 그 자체가 아니라 이러한 보험의 목적물에 대하여 특정인이 갖는 이해관계이며, 이러한 피보험이익이 보험계약을 통해 보호받는 대상이 되는 것이다.

해상보험에서 화주는 대표적인 피보험이익의 당사자이다. 가격조건에 따라 보험계약을 체결하는 화주는 수출업자가 될 수도 있고, 수입업자가 될 수도 있다. 화주는 선하증권 또는 용선 계약서를 근거로 선박에 의하여 운송되는 모든 종류의 적하를 화물이라는 통괄적인 명칭으로 적하보험계약을 체결할 수 있다. 이때 화주는 기대이익까지 포함하여 통상 CIF가격의 110%를 최대 보험가입 한도로 하여 보험계약을 체결할 수 있다.

4. 보험가액과 보험금액

보험가액(insurable value)이란 피보험이익에 대한 주관적 이해관계를 객관적으로 평가한 금액으로서, 구체적으로는 적하, 선박, 운임 등 보험목적물의 경제적 가치, 즉 보험 사고가 발생한 경우에 피보험자가 입게 되는 손해액의 최고 한도액을 뜻한다. 보험가액을 객관적으로 결정할 수 없는 경우에는 계약 당사자의 합의에 의해 보험가액을 협정할 수 있다. 이같이 당사자간에 협정한 보험가액을 협정보험가액(agreed value of subject-matter insured)이라고 한다.

보험금액(insured amount)이란 보험계약 체결시 피보험자가 실제로 보험에 가입한 금액으로서 보험자의 입장에서는 손해보상의 최고 책임한도액이 된다. 보험금은 부보된 피보험이익의 한도를 금액으로 표시하며, 보험가액 범위 내에서 결정된다.

보험가액과 보험금액과의 관계는 보험계약에 있어서는 보험가액과 실제 보험가입금액의 차이에 따라 명칭이 달라진다. 즉, 보험가액과 보험가입금액이 동일한 경우를 전부보험(full insurance)이라 하고, 전자보다 후자가 적은 경우를 일부보험(under insurance)이라고 한다. 원칙적으로 보험가입금액이 보험가액을 상회하는 초과보험(over insurance)은 인정되지 않는다.

5. 보험료와 보험금

보험료는 보험자의 최고 책임 한도인 보험금액에 보험요율을 곱하여 계산한다. 보험료의 산출 근거가 되는 보험요율(premium rate)은 선박의 상태, 항로, 화물의 종류, 보험조건 등에 따라 달리 책정된다. 우리나라에서는 대한손해보험협회에서 책정한 다양한 보험요율을 수록한 해상보험 요율서를 모든 보험회사가 공동으로 사용하고 있다.

담보 위험으로 보험 목적물에 경제적 손해가 발생한 경우 보험자가 피보험자에게 보상금으로 지급하는 금액을 보험금이라고 한다. 전부보험인 경우에는 보험사고가 발생한 경우 손해액 전액을 보험금으로 지급하지만, 일부보험의 경우에는 법령이나 보험약관에 따라 보상방법이 달라진다.

6. 고지의무와 담보

1) 피보험자의 고지의무

모든 보험계약에서 피보험자는 보험계약을 체결하기 전 보험 목적물에 대해 자기가 알고 있는 모든 중요한 상황(material circumstances)을 보험자에게 알려야 할 의무가 있다. 여기서 중요한 상황이라는 것은 보험계약의 체결 여부 및 요율산정에 영향을 미칠 수 있는 사실을 말한다. 보험계약자는 위험에 관한 사정을 가장 잘 알 수 있는 위치에 있기 때문에 고지의 책임은 우선 보험계약자에게 있다. 만약 보험계약자가 고의 또는 중과실로 허위고지를 하거나 고지를 태만히 한 경우에는 신의성실의 원칙에 따라 보험자는 그 계약을 취소할 수 있다.

2) 담보

담보(warranty)란 피보험자에 의해 반드시 지켜져야 할 약속을 말한다. 보험계약을 체결할 때 피보험자는 어떠한 사실을 행할 것인지 또한 어떠한 사실에 임할 것인지를 보험자와 약속을 하는데 이러한 피보험자의 약속을 담보라고 한다. 해상보험에서 담보는 명시담보와 묵시담보로 구분된다. 명시담보는 약속의 내용이 문언으로 보험증권상에 표현되어 있는 경우를 말하고, 묵시담보는 비록 보험증권상에 문언으로 나타나 있지 않지만 상식적으로 당연히 간주되는 약속을 말한다.

3) 근인주의

보험자는 보험증권상 담보되는 위험으로 인해 발생한 손해에 한하여 보상책임이 있다. 그러나 담보되는 위험과 담보되지 않는 위험이 연속적으로 혹은 동시에 발생하여 손해를 야기시키는 경우에는, 정확하게 손해의 원인을 규명하지 않고서는 손해의 보상이 이루어질 수 없게 된다. 따라서 여러 가지 원인이 손해에 대하여 갖는 인과관계의 분석이 필요하게 되며, 여러 요인 중 손해를 야기시킨 진정한 원인을 가려 내는데 적용되는 원리를 근인주의라고 한다. 여기서 근인(proximate cause)이란 사고를 야기시킨 가장 지배적이고 직접적인 원인을 말한다. 즉, 근인주의는 손해가 담보 위험의 간접효과가 아닌 직접효과일 때에만 보험자가 보상의 책임을 부담한다는 것이다.

제2절 해상위험

1. 해상위험의 의의

해상위험(Marine Risks, Marine Perils)이란 항해에 기인하고 항해에 부수하여 발생하는 사고를 말한다. 우리나라 상법에서는 "해상보험계약의 보험자는 항해에 관한 사고로 인하여 생길 손해를 보상할 책임이 있다."라고 해상위험을 포괄적으로 규정하고 있다.[1] 영국 해상보험법에서는 "항해에 기인 또는 수반되는 위험"으로 정의하고 해상위험을 하나 하나 열거하고 있다.[2] 해상위험은 항해에 관한 사고인데 그 발생장소가 반드시 해상에 국한되는 것은 아니며 또한 반드시 해상에서만 발생하는 사고, 즉 해상 고유의 사고에 한정되는 것은 아니다. 예를 들면 화재나 도난과 같이 육상에서도 발생하는 해상사고도 있다.

2. 해상위험의 종류

"Lloyd's S.G. Policy"상에서는 위험약관(perils clause)에서 항해에 있어 보험자가 담보하는 위험을 명시하고 있는데, 해상위험의 종류를 편의상 ① 해상 고유의 위험, ② 해상위험, ③ 전쟁위험, ④ 기타 모든 위험으로 분류하면 다음과 같다.

---

1) 우리나라 상법 제693조.
2) MIA 제3조.

(1) 해상고유의 위험(perils of the seas)

① S.S.C. 위험

침몰(sinding), 좌초(stranding), 충돌(collision)

② 악천후(heavy weather)

(2) 해상위험(perils on the seas)

① 화재(fire; burning)

② 투화(jettison)

③ 선원의 악행(barratry)

④ 해적, 표도, 강도(pirates, rovers, thieves)

(3) 전쟁위험(war perils)

① 군함(men of war)

② 외적(enemies)

③ 습격과 포획(surprisals and capture)

④ 해상탈취 및 나포(taking at sea & capture)

⑤ 관헌의 강유, 억지, 억류(arrests, restraints and detainment of kings, princess and people)

⑥ 포획면허장 및 보복포획면허장(letters of mart and countermart)

(4) 기타의 모든 위험(all other perils)

제3절 해상손해

1. 해상손해의 의의

해상손해(marine loss)란 항해사업(marine adventure)에 관련된 적하・선박 기타의 보험목적물이 해상위험으로 인하여 피보험이익의 전부 또는 일부가 멸실 또는 손상되어 피보험자가 입게 되는 재산상의 불이익이나 경제상의 부담을 말한다.

해상손해는 보험계약에 약정한 피보험이익에 한정되며 또한 그 보험사고와 인과관계가 있는 손해에 한정된다. 해상보험에 있어서의 손해는 보험목적물의 멸실 또는 손상뿐만이 아니라 책임 또는 비용도 포함되는데, 일반적으로 물적손해(physical loss), 비용손해(expenses) 및 배상책임손해(liability loss)로 크게 나눌 수 있다.

2. 해상손해의 종류

1) 전손

전손(Total Loss)이란 피보험이익이 전부 멸실된 경우를 말하며 전손은 다시 현실전손과 추정전손으로 구분된다.

(1) 현실전손

현실전손(Actual Total Loss)은 보험의 목적물이 현실적으로 전멸된 경우를 말하는데, MIA에 의하면 구체적으로 다음과 같은 손해를 현실전손이라고 하

고 있다.[3)]

- 보험의 목적물이 완전히 파손되어 상품가치가 완전히 멸실되었을 경우
- 보험의 목적물이 존재하고는 있지만 부보된 종류의 물건이 본래의 성질보다 상실되었을 경우
- 피보험자가 보험의 목적물을 탈취당해 다시 찾을 수 없는 경우, 그리고 선박이 상당한 기간 행방불명된 때[4)]에는 현실전손으로 간주하고 있다.

(2) 추정전손

보험증권에 명시된 특약의 경우를 제외하고는 보험의 목적물이 현실전손을 피하기 어려울 정도로 손해가 심하여 종래 그 목적물이 갖는 용도로 사용할 수 없게 되었을 때와 그 수선 및 수리비가 수선 후 그 목적물이 갖는 시가보다 클 때에는 추정전손(Constructive Total Loss)으로 간주한다.

이러한 경우에는 피보험자는 그 피보험물에 대하여 갖는 일체의 권리를 보험자에게 이전하고 현실전손과 마찬가지로 보험금액 전액을 청구할 수 있는데, 이것을 위부(abandonment)라고 한다.

2) 분손

피보험이익의 일부의 멸실이나 손상을 분손(Partial Loss)라 하며 이는 단독해손과 공동해손으로 분류된다.

(1) 단독해손

단독해손(Particular Average)이란 보험의 목적이 일부멸실되거나 손상되어 그 손해를 피보험자가 단독으로 부담하는 손해를 말한다.

(2) 공동해손

공동해손(General Average)이란 선박 및 적하 등이 공동의 위험에 처하여

---

3) MIA 제57조 제1항.
4) MIA 제58조.

이로부터 벗어나기 위하여 취하여진 공동해손 행위로 인하여 발생한 손해 또는 공동해손행위의 직접적인 결과로 발생하는 비용 등을 이해관계자가 공동으로 부담하는 손해이다.

공동해손 손해는 공동해손비용 및 공동해손희생을 포함한다. 공동해손희생에 대하여 그의 소유자는 공동해손 이익단체로 부터의 배상을 기다릴 필요없이 보험자에게 직접 보상을 청구할 수 있다.

3) 비용손해

(1) 구조료(Salvage Charge)

해난에 봉착한 재산에 발생할 가능성 있는 손해를 방지하기 위하여 계약에 기하지 아니하고 구조한 자에게 해상법에 의하여 지불하는 보수를 구조료(Salvage Charge)라고 한다.

피보험위험으로 인하여 발생하는 손해를 방지하기 위하여 지출한 구조료는 피보험위험으로 인한 손해로서 회수할 수 있다.

(2) 특별비용(Special Charge)

특별비용(Special Charge)이라 함은 보험목적물의 안전 또는 보존을 위하여 피보험자가 지급한 또는 피보험자를 위하여 지급한 비용으로서 공동해손 및 구조료 이외의 것을 말한다. 따라서 특별비용에 대하여 보험자는 비록 보험목적이 분손부담보조건(FPA)으로 부보되어 있어라도 보상의 책임을 진다.

그리고 특별비용을 구성할 수 있는 구체적인 비용에는 중간항 또는 피난항에 있어서 지출된 양륙비, 창고료, 제반 수송료 등이 있다.

(3) 손해방지비용(Sue and Labour Charge)

손해방지비용(Sue and Labour Charge)은 보험계약에 부수하는 손해방지의무를 이행함에 있어서 피보험자가 입은 비용손해이다. 이는 보험사고로 인한 직접손해의 유무에도 불구하고 그 원인인 피보험위험에 직면하여 예상되는 손해를 방지 또는 경감하였음이 입증될 경우에 보험자가 부담한다.

4) 위부와 대위

(1) 위부

피보험자가 보험금을 청구하기 위해서는 손해의 발생 및 손해액을 증명해야만 한다. 그러나 실제로 전손의 가능성이 결정적인 경우에도 그 사실을 증명하기가 곤란한 경우가 있다. 그 대표적인 예가 선박의 행방불명이다. 이러한 경우 전손의 발생을 입증할 수 없어 보험자에게 보험금을 청구할 수 없다고 한다면 피보험자에게 가혹한 처사라 하지 않을 수 없다. 따라서 이와 같은 경우에 손해가 발생했다고 하는 사실을 입증하지 않고도 피보험자가 보험금액 전액을 청구할 수 있도록 할 필요가 있는데, 위부(abandonment)는 이러한 필요에서 인정된 제도이며 손해보험 가운데서도 해상보험에만 있는 제도이다.[5)]

그리고 위부는 주로 추정전손의 경우에 이루어지나, 현실전손의 경우에도 보험금에 전액을 조속히 청구하기 위하여 위부의 통지를 할 수 있다. 예컨데, 행방불명된 선박이 2개월[6)]이 지나면 현실전손으로 간주된다. 그러나 행방불명되어 2개월이 지나기 전에 보험금액 전액을 청구하여 보험금을 조속히 받기 위해서 위부의 통지를 할 수 있다. 즉, 피보험자가 보험자에게 자신의 재산권을 맡긴다는 의사표시인 위부의 통지를 한다. 이러한 위부의 통지는 구두로 하여도 무방하나 실무상으로는 서면으로 하고 있다. 따라서, 위부는 현실전손이든 추정전손이든 간에 모든 전손의 경우에 존재한다.

(2) 대위

대위(subrogation)의 제도는 오로지 해상보험에 한정된 것이 아니고 손해보험 일반을 통해서 행하여 진다. 손해보험계약에 있어서 보험자가 보험사고에 의해서 발생한 손해를 보상하는 것은 피보험자에게 이득을 보게 하는 것이 아니다. 즉 손해보험의 일종인 해상보험은 실손보상의 원칙에 근거하고 있기 때문에 손해를 입은 피보험자는 실손 이상의 보상을 받을 수 없어야 한다. 그

5) 도중권, 전게서, p. 159.
6) 상법 제711조.

런데 피보험자가 보험자로부터 보험금의 지급을 받고도 보험목적물의 잔존물을 소유하거나 또는 제3자에 대한 손해배상청구권을 그대로 갖고 있다면 피보험자는 부당한 이득을 보게 된다. 대위를 인정하는 이유는 이와 같은 피보험자의 부당한 이득을 방지하려는데 있다.[7]

대위란 보험자가 보험금을 지급한 경우, 피보험자가 보험목적물의 잔존물에 대하여 가지는 소유권 및 손해를 발생케 한 제3자에 대한 손해배상청구권을 피보험자를 대신하여 보험자가 취득하는 것을 말한다.

한편, 보험자의 대위에는 보험목적물의 잔존물에 대하여 가지는 권리를 취득하는 잔존물 대위와 손해를 발생하게 한 제3자에 대하여 가지는 권리를 취득하는 구상권 대위가 있다.

7) 도중권, 전게서, p. 163.

주요용어

해상보험, 보험자, 피보험자, 보험계약자, 피보험이익, 보험가액, 보험금액, 협정보험가액, 전부보험, 일부보험, 초과보험, 보험료, 보험요율, 보험금, 담보, 근인주의, 해상손해, 직접손해, 전손, 현실전손, 추정전손, 분손, 간접손해, 공동해손, 대위, 위부

연습문제

1. 해상보험계약에 대해 설명하라.
2. 해상보험계약의 당사자에 대해 설명하라.
3. 피보험이익에 대해 설명하라.
4. 담보에 대해 설명하라.
5. 대위에 대해 설명하라.
6. 위부에 대해 설명하라.
7. 공동해손에 대해 설명하라.

제20장 무역클레임과 중재

제1절 무역클레임의 의의 및 해결방법

1. 무역클레임의 의의

무역클레임이란 매매 계약의 한 당사자가 계약을 위반함으로써 다른 당사자가 이로 인하여 입은 손해배상을 청구하는 것을 말한다. 무역클레임은 넓은 의미로 해석하면 단순한 불평이나 경고도 포함될 수 있으나, 대체로 좁은 의미로 해석해서 거래로 인하여 입은 손해의 배상을 적극적으로 요구하는 것을 말한다.

무역클레임은 계약 당사자 중 어느 일방이 상대방에게 제기하는데, 수출업자가 수입업자에게 클레임을 제기하는 경우는 대개 대금결제와 관계되는 것 이외에는 없으며, 클레임의 거의 대부분은 수입업자가 수출업자에 대하여 제기한다. 일반적으로 매매 계약서에서는 클레임에 대한 조항이 별도로 명시되어 있고 클레임 제기에 대한 시효 일자와 클레임 제기방법 등이 명문화 되어 있다.

2. 무역클레임의 종류

1) 클레임의 발생원인에 따른 분류

(1) 품질에 관한 클레임

무역클레임은 품질, 수량, 포장 및 화인, 선적, 운송, 보험, 결제 등 여러 가지에서 발생하지만, 가장 기본적이고 가장 많은 건수는 품질에 관한 클레임이다. 여기에 해당하는 것은 품질불량(inferior quality), 품질상이(different quality), 변질, 변색(discoloration) 등이다.

(2) 수량에 관한 클레임

여기에 해당하는 것은 수량의 감소(diminution)나 감량(light weight), 혹은 부족(short weight) 등이다.

(3) 포장 및 화인에 관한 클레임

여기에 해당하는 것은 포장불량(wrong packing), 화인누락(no mark) 등이다.

(4) 선적에 관한 클레임

여기에 해당하는 것은 지연선적(delayed shipment) 혹은 부적(non-delivery) 등이다.

(5) 운송에 관한 클레임

여기에는 환적(transshipment)이나 취급불량(bad handling), 분실(missing), 혹은 도난(pilferage) 등이 있다.

(6) 보험에 관한 클레임

여기에 해당하는 것은 부보태만(negligence in effecting insurance) 등이다.

(7) 결제에 관한 클레임

여기에 해당하는 것은 대금미지급(non-payment)이나 부정송장(error in invoice)

등이다.

2) 클레임성격에 따른 분류

(1) 일반적 클레임

거래의 수행상 통상적으로 발생하는 클레임으로서, 거래당사자가 최선을 다했으나 물품의 인도나 대금의 지급까지 시간을 요하는 무역의 특성상 불가피하게 발생하거나 거래당사자간에 어느 일방의 과실이나 태만에 따라 계약을 위반하였을 때 발생하는 것이 일반적 클레임이다.

(2) 마켓클레임

마켓클레임(market claim)은 무역계약의 성립 후 상품의 시세가 하락한 경우 수입업자가 입은 손실을 보상하기 위하여 보통의 경우에는 클레임의 대상이 되지 않은 사항을 수출업자의 사소한 실수, 시황의 악화, 외환시세의 변동 등을 이유로 가격인하를 요구하거나 물품의 인수를 거부하는 등의 의식적인 클레임을 말한다.

(3) 계획적 클레임

이는 거래 상대방의 고의에 의한 클레임으로 수입업자가 처음부터 교묘한 방법으로 수출업자로 하여금 계약이행에 지장을 초래하게 하여 제기하는 클레임이다.

3. 무역클레임의 해결방법

무역클레임의 해결방법에는 당사자간의 자주적인 해결방법과 제3자를 통한 해결방법이 있다.

1) 당사자간 해결방법

당사자간 해결방법에는 단순경고(Warning)와 타협(Compromise)이 있다. 여기서 단순경고는 클레임의 액수가 적거나 혹은 다른 조건으로 손해가 보전되는 경우 단순경고 조치로서만 클레임을 해결하는 방법이고, 타협은 당사자간에 가장 합리적인 방안을 모색하여 제3자의 개입없이 원만하게 해결하는 방법이다.

2) 제3자를 통한 해결방법

(1) 조정(Conciliation)

조정은 양 당사자가 공정한 제3자를 조정인으로 선임하고 이러한 조정인이 제시하는 구제적인 해결안에 대하여 합의함으로써 클레임을 해결하는 방법이다. 그러나 조정은 구속력이 없기 때문에 반드시 양 당사자가 조정안에 합의를 해야만 효력이 발생한다.

(2) 중재(Arbitration)

중재란 당사자간의 합의로 일반거래 및 생활관계에서 발생하는 또는 장래에 발생의 전부 또는 법원의 소송절차에 의하지 아니하고 제3자인 중재인을 선임하여 그 분쟁을 중재인에게 맡겨 중재인의 판단에 양당사자가 절대 복종함으로써 최종적으로 해결하는 자주법정제도이다.

그러므로 중재는 당사자간 중재합의에 의하여야 하고 중재인의 판정에 절대 복종하여야 하며 그 결과는 강제성을 가질 뿐만 아니라 그 효력도 당사자간에는 법원의 확정판결과 동일하다. 또한 중재에 관한 뉴욕협약에 가입한 외국에서도 그 집행을 보장해주고 승인해 주므로 소송보다도 더 큰 효력이 있다.

(3) 소송(Litigation)

소송은 국가공권력 혹은 사법재판에 의한 클레임을 강제적으로 해결하는 분쟁해결방법이다. 그러므로 외국과의 사법협정이 체결되어 있지 않기 때문에 그 판결은 외국에서 승인 및 집행이 보장되지 않는다.

따라서 소송에 의하여 클레임을 해결하려는 경우에는 피 제기자가 거주하는 국가에서 현지 변호사를 법정대리인으로 선임하여 소송절차를 진행하여야 한다.

이 해결방법은 무역클레임이 상호간의 대화로는 도저히 해결할 수 없는 경우에 이용되며, 중재와 비교하여 복잡한 소송절차, 3심 제도, 비용의 과다, 공개주의 원칙의 단점을 가지고 있는 분쟁해결방법이다.

〈표 20-1〉 소송과 중재의 비교

구 분	소 송	중 재
대 상	민사, 형사, 행정, 선거 등 모든 분쟁	당사자가 처분할 수 있는 사법상의 모든 분쟁
요 건	당해 법원이 관할권을 가짐	당사자간 서면에 의한 중재합의가 필요
효 력	구속력, 집행력, 형성력이 있음	법원의 확정판결과 동일한 효력(집행판결로 강제집행력이 있음)
신속성	소송절차가 복잡하고 3심제도로 시간이 오래 걸림	절차가 간단하고 1심제
경 비	심급이 올라갈수록 소송수행비용이 인상되고 변호사 보수도 심급마다 추가됨	1심제이기 때문에 경비가 소송에 비해 저렴하고 변호사를 선임할 필요가 없음
심판자	법관은 법이론에 밝지만 상거래 실무와 관습에 관한 경험이 이에 비례하지 않음	문제에 전문가인 중재인이 판정하므로 분쟁에 대해 합리적인 판정이 가능
공개성	공개주의원칙으로 비밀이 보장되지 않음	비공개주의원칙으로 비밀유지가 가능함

제2절 중 재

1. 중재의 의의와 절차

1) 중재의 의의

중재(arbitration)는 무역클레임 분쟁을 당사자간의 합의로 법원의 판결에 의하지 않고 제3자의 입장에 있는 중재인의 판정에 의해 최종적으로 해결하는 방법이다. 중재가 성립하기 위한 요건은 첫째, 당사자의 계약에 의하여 성립하고, 둘째, 재판을 받을 수 있는 권리를 포기하여야 하며, 셋째, 중재에 의한 제3자의 판정은 최종적인 것이고 당사자는 그 판정에 복종해야 한다. 따라서 무역 당사자간에 이해관계에 따라 분쟁이 발생한 후에 중재합의를 하는 것은 현실적으로 어렵다. 따라서 무역계약 체결시 계약서에 반드시 중재조항을 삽입하여 사전적으로 중재합의를 하여야 한다. 중재는 많은 비용과 장시간을 요하는 소송과 비교하여 여러 가지 장점이 있다. 즉, 중재는 단심제이므로 소송에 비하여 신속하게 종결되고, 비용이 적게 든다. 또한 중재 절차는 비공개로 진행되므로 비밀이 보장된다. 그리고 중재판정은 법원의 확정판결과 동일한 효력을 가지며, 외국에서도 그 집행이 보장된다.

어! 중재하기로 했는데 …

요즈음 (주)세계로 해외영업부의 분위기가 매우 썰렁합니다. 왜냐하면 (주)세계로가 몇 달 전 수출한 제품 가운데 상당량에 하자가 있으니 전량 교체해 달라고 미국의 Buyer가 클레임을 제기하고 있기 때문입니다. 그런데 어느 날 점심도 굶고 애꿎은 담배만 피우며 어떻게 클레임을 해결할까 고심하고 있는 나책임 부장에게 이상해 대리가 황급히 달려와 허겁지겁 보고합니다.

- 이상해 대리 : 부장님 Buyer가 우리 회사를 상대로 한국법원에 소송을 제기했다는 데요.
- 나책임 부장 : 뭐야! 그쪽 사람들 법도 제대로 모르는 구먼. 이대리 걱정하지마. 계약서에 모든 분쟁은 중재로 해결하고, 중재판결은 모든 당사자에게 효력이 있다고 규정했으니까 걱정할 것 없어.
- 이상해 대리 : 그래도 법원에 소송을 제기했는데 가만히 있어도 괜찮을까요? 법무팀에 문의하죠?
- 나책임 부장 : 걱정마 이 사람아. 내가 책임질 테니까.

몇 개월 후 미국 Buyer는 자신들에게 승소판결을 내린 한국법원 판결문을 제시하며 (주)세계로에게 손해배상을 청구하였고, 당황한 나책임 부장은 그때서야 회사 법무팀의 강규율 과장에게 전화를 건다.

- 나책임 부장 : 강과장, 아니 계약서에 중재 조항을 규정했는데, Buyer가 소송을 제기할 수 있는 거야. 그리고 법원도 그래 우리는 재판에 참석도 하지 않았는데 법원 맘대로 판결을 해도 되는 거야.
- 강규율 과장 : 부장님, Buyer가 소송을 제기했을 때 양 당사자간에 중재합의가 존재한다

는 사실을 주장했습니까?

- 나책임 부장 : 아니
- 강규율 과장 : 그럼, 어쩔 수 없군요. 원래 양 당사자간에 중재계약이 있으며 그 계약이 무효이거나 이행이 불능이 아닌 한, 당사자는 일반법원의 재판을 받을 권리가 없어요. 하지만 부장님! 이러한 중재계약의 존재는 법원의 직권조사 사항이 아닙니다. 다시 말해 법원은 일방 당사자가 소송을 제기하면 양 당사자간에 중재 계약이 있는가 여부를 반드시 조사할 의무는 없는 거죠. 따라서 중재계약의 존재를 주장하는 당사자는 법원에 방소항변(妨訴抗辯)을 주장해야 하고, 그 주장이 있는 경우 법원은 소송을 각하해야 합니다.
  그런데 만일 일방이 소송을 제기했는데 타방이 중재계약의 존재를 이유로 방소항변을 하지 않거나 중재계약의 존재를 알면서도 소송에 응하면 재판은 진행되는 거죠. 따라서 Buyer가 소송을 제기했을 때 부장님은 법원에 중재합의가 있었음을 법원에 주장하여 법원이 소송을 각하하도록 했어야 합니다.
- 나책임 부장 : 어이구! 내가 하나만 알고 둘은 몰랐군!

(자료 : 사례로 배우는 법률여행, 대우법제실, 1997, pp. 31~32 : 반병길, 국제경영(4판), 박영사, 1998, pp. 270~271에서 재인용)

2) 중재의 일반적 절차

① 사무국은 중재신청인으로부터 신청을 접수하면 그 신청이 상사중재규칙에 적합한 것인지 여부를 확인하고 적합한 경우에는 쌍방당사자에게 이를 접수하였음을 통지한다.

② 사무국은 접수통지와 함께 중재인 명부에서 중재인후보자 10명을 선정하여 양당사자에게 보내면 양당사자는 의장중재인과 기타 중재인에 대하여 선호순위를 표시하여 발송일로부터 국내중재의 경우 15일, 국제중재의 경우 30일 이내에 사무국에 제출하도록 한다(피신청인의 답변서를 15일이내에 제출).

③ 사무국은 양당사자에 의해 제출된 중재인 후보자 선정 명단 중에서 희망순위에 따라 선정된 중재인에게 수락서를 받아 중재판정부를 구성하고 심문기일을 정한다(중재판정부 구성은 신청금액이 US$30,000 이하인 경우에는 1인, 기준금액 이상인 경우에는 3인으로 구성됨).

④ 사무국은 양당사자에게 중재인 선정통지 및 심문기일을 통지한다.

⑤ 심문개시 및 진행(중재판정부, 당사자, 중재서기가 참석한 가운데 진행)

⑥ 중재판정부는 사건내용에 따라 수차에 걸쳐 심문을 진행한 후 당사자가 주장 및 입증을 다하였다고 인정할 때는 심문종결을 선언한다.

⑦ 중재판정부는 심문종결일로부터 30일 이내에 중재판정을 내린다.

⑧ 중재판정문은 중재판정부의 서명날인을 받아 양당사자에게 송달하고, 예납된 중재비용은 정산한다.

2. 중재의 전제조건

중재에 의해서 분쟁을 해결하기 위해서는 당사자간에 자신들의 분쟁을 중재에 의해 해결하겠다는 중재합의(Arbitration Agreement)가 있어야 한다. 중재합의는, 통상적으로 분쟁이 발생된 후에는 불리하다고 판단하는 당사자는 중재합의 자체를 기피하여 분쟁해결을 지연시키는 경우가 많으므로 계약서상에 중재조항(Arbitration Clause)을 삽입함으로서 중재계약을 맺는 것이 좋다.

중재계약은 통상적으로 ① 당사자가 중재를 합의한 서면에 서명, 날인하거나 ② 계약 중에 중재조항이 기재되어 있거나 ③ 교환된 서신 또는 전보에 중재조항이 기재되어 있어야 한다.

그러나 주요국들은 중재조항을 표준화하여 이 서식을 계약서중의 한 조항으로서 삽입하도록 권장하고 있으며, 중재부탁계약의 경우는 이를 서식화하여 중재신청인과 피신청인이 그 합의서에 서명, 사용토록 하고 있다.[1)]

대한상사중재원에서 권장하는 영문 표준중재조항은 다음과 같다.

---

1) 매매당사자는 클레임을 원만히 해결하기 위해서 계약서에 클레임에 대한 조항 내용을 제기기간, 해결방법, 중재기관, 중재규칙, 비용부담 등을 계약서에 명시해 놓아야만 한다. 이와 같은 중재합의 또는 중재계약은 중재계약의 가장 기본적이고 필수적인 내용이 된다. 따라서 일반적으로 채용되는 중재계약에는 중재인(중재기관), 중재절차, 판정의 기준이 될 준거법(applicable law)이 지정되어 있다.

"All disputes, controversies or differences which may arise between the parties out of or in relation to or in connection with this contract or for breach thereof, shall be finally settled by arbitration in the Korean Commercial Arbitration Board in accordance with the Commercial Arbitration Rules of it"

3. 중재판정의 효력과 집행

중재판정은 무역 분쟁의 해결을 위해 중재인이 내리는 최종적인 결정이다. 중재판정은 중재계약에 따로 정하는 경우를 제외하고 중재인의 과반수의 찬성으로 판정된다. 중재법 제12조에 의하면 '중재판정은 당사자간에 있어서는 법원의 확정판결과 동일한 효력을 가진다'고 규정하고 있다. 중재에 의한 무역클레임 해결은 무역거래 양당사자가 사전에 이를 존중하고 복종할 것을 합의한 것이므로, 중재판정은 당사자간에 있어서 법원의 확정판결과 동일한 효력을 발생시킨다. 따라서 중재판정 결과는 변경하거나 철회할 수 없다. 이와 같이 중재판정이 법원의 확정판결과 동일한 효력을 인정받고 있지만 강제집행을 위해서는 그 절차의 기본이 되는 채무 명의를 얻어야 하며, 이를 위하여 따로 법원의 집행판결을 받아야 한다. 또한 중재판정은 준사법적인 절차에 의한 결과이고, 비법률가인 중재인에 의해 절차가 적용되었다는 점에서 그 절차의 적법성에 대한 법원의 심사를 받도록 하고 있다. 따라서 법원의 집행판결에 의한 중재판정의 적법성이 선언되면 비로소 중재판정에 집행력이 발생하는 것이다.

4. 뉴욕협약(New York Convention)

1950년대 말 점차 확대되는 무역량에 따라 수반되는 국제상사 분쟁의 효율적인 해결을 도모하기 위하여 외국 중재판정에 대한 보장의 필요성이 제기되었다. 이러한 필요에 의해 국제상업회의소와 UN의 경제사회이사회는 1959년에 '외국중재판정의 승인 및 집행에 관한 협약(Convention on the Recognition Enforcement of Foreign Arbitral Award)'을 채택하였다. 이 협약에 의해 상사중재계약의 효력은 회원국 상호간에 상호주의 원칙에 따라 보장받게 된 것이다. 이 협약은 뉴욕에서 채택되었기 때문에 약칭으로 뉴욕협약이라고 부르며, 2022년 기준 160여개국 이상이 회원국으로 가입되어 있다. 우리나라는 1973년에 가입하여 42번째 회원국이 되었다.

주요용어

무역클레임, 단순경고, 타협, 조정, 중재, 소송, 중재절차, 중재판정, 뉴욕협약

연습문제

1. 무역클레임의 해결방법에 대해 설명하라
2. 상사중재의 의의에 대해 설명하라
3. 중재판정의 효력과 집행에 대해 설명하라.

제21장 전자무역

제1절 전자무역의 개념

1. 전자무역의 의의

전자무역(e-Trade)이란 "무역의 전부 또는 일부가 컴퓨터 등 정보처리능력을 가진 장치와 정보통신망을 이용하여 이루어지는 거래"를 말하는데, 전자상거래무역(E-Commerce Trade), 디지털무역(Digital Trade)이라는 용어로 확대되어 모든 상거래를 포괄하는 용어로 발전하였다.

전자무역은 무역행위의 주요 업무를 각종 정보통신기술(IT)을 이용하여 수행하는 것으로 전자상거래(e-commerce)의 하나로 국가 간 다양한 상품과 서비스를 거래하는 행위인 무역의 주요 업무를 각종 IT수단을 이용하여 수행하는 것을 말한다.

IT수단에는 인터넷은 물론 전자문서 교환(EDI), 전자선하증권(E-B/L), 전자원산지증명서(E-C/O), 부가가치통신망(VAN) 등이 포함된다.

전자무역은 일반적인 수출입절차, 즉 해외시장조사, 거래선 발굴, 수출입상담, 무역계약서 작성, 무역대금결제, 원자재 공급, 운송, 통관 및 무역보험 등의 주요 무역 활동이 인터넷상에서 이루어진다고 할 수 있다. 이를 통해 전자무역의 비용은 줄이고, 무역 규모를 확대할 수 있다는 장점이 있다.

따라서 전자무역은 신용장 위주의 전통적인 무역 거래와 상관습에 큰 변화를 초래하고, 중간 유통 단계의 축소에 따라 무역 거래 자체에도 커다란 변화를 가져오고 있다.

2. 전자무역의 특징

전자무역이 가지고 있는 특징은 다음의 다섯 가지 정도로 요약할 수 있다.

첫째, 전세계를 아우르는 하나의 통합된 시장이다. 국가와 위치에 상관없이 인터넷을 통하여 하나의 시장으로 통합 형성된다.

둘째, 정보의 흐름과 분류의 편의성이다. 종래의 무역에는 상품의 물리적인 운송과 통관절차(서류)가 복잡하였으나 전자무역은 이를 용이하게 해 준다.

셋째, 시·공간의 초월이다. 전자무역은 시간과 공간의 제약 없이 이용할 수 있다.

넷째, 쌍방향 통신이 가능하다. 생산자와 소비자간의 쌍방향 의사전달이 가능하다고 할 수 있다.

다섯째, 경제성이 있다는 것인데, 통신비용 등 정보획득에 대한 비용이 감소하여 획기적인 업무비용 절감을 통한 예산의 효율적인 운용이 가능하다.

(1) 하나된 통합된 시장

이제까지 국가별, 지역별로 독립적으로 존재하던 시장이 인터넷을 통하여 사이버 공간상의 단일 시장으로 통합되고 있다. 인터넷 등장 이전에는 국가별, 지역별로 물리적인 시장만이 존재 가능하였다. 그러나 인터넷 등장 이후 가상 공간상에 구축된 시장에서 누구나 손 쉽게 전세계를 대상으로 물품 및 서비스의 판매 및 구매가 가능하게 되었다.

(2) 가격의 단일화

인터넷상에서는 모든 제품과 서비스에 대한 정보가 개방된 시장이 형성된다.

검색엔진 등을 활용하여 특정 상품 및 특정 기업에의 접근이 용이하다고 할 수 있다. 따라서 동일한 물품에 있어서는 경쟁력 있는 가격을 제시하고 있는 업체만이 수출할 수 있게 되어, 궁극적으로는 모든 동일 제품의 가격이 경쟁력 있는 선두업체가 제시하는 가격으로 통일될 것이다.

(3) 글로벌 마케팅 활동

인터넷의 등장은 해외시장조사 활동을 인터넷을 통하여 저렴한 비용으로 쉽게 가능하도록 하고 있다. 회사 및 제품의 홍보도 웹사이트의 구축, 무역거래알선사이트를 통한 전자 카탈로그의 게재, 매도 오퍼의 게재, 인터넷 프로모션을 통해 소규모의 기업도 저렴한 비용으로 글로벌 마케팅을 가능하게 하고 있다.

(4) 정보획득의 용이

인터넷상에는 해외시장정보, 산업정보, 국가정보, 통상정보, 법률정보, 상품정보, 무역거래 알선정보, 무역통계정보, 기업체정보, 수입업체정보 등 양질의 정보를 데이터베이스로 구축하여 서비스하는 사이트가 상당수 존재하고 있다.

이러한 사이트의 숫자는 계속 증가추세에 있으며, 국제기관, 국가기관, 전문기관, 상업기관 등에 의해 유료, 무료로 운영되고 있으며, 신뢰도 높은 정보가 제공되고 있다. 따라서 이러한 사이트를 이용하여 무역거래에 필요한 정보를 상대적으로 저렴하게 실시간으로 이용이 가능하게 되었다.

(5) 비용의 절감

기존 오프라인 방식에 의존한 해외 마케팅은 카탈로그의 제작 및 배포, 상품잡지, 무역잡지 등에의 상품의 게재 등 상당한 비용이 지출되어야만 했다. 하지만 인터넷상에서의 해외 홍보 및 마케팅은 웹사이트 구축, 무역거래알선사이트에 전자카탈로그 게재, 매도오퍼 게재 등 상대적으로 적은 비용으로 해외 마케팅 활동이 가능하게 되었다.

(6) 상대적으로 중소기업에 대등한 마케팅 기회 제공

인터넷상에서는 중소기업도 대기업과 대등한 입장에서 경쟁할 수 있다. 기존의 체제에서는 자금, 조직, 인력자원이 충분치 못한 중소기업이 국제시장에서 대기업과 대등한 입장에서 마케팅활동을 전개하는 것이 불가능하였다. 하지만 인터넷의 등장은 저렴한 비용으로 전세계 시장을 대상으로 마케팅 활동을 가능하게 하였다.

(7) 실시간 해외 마케팅

인터넷상의 홈페이지, 무역거래알선사이트를 통해 실시간으로 해외시장조사, 제품홍보, 회사홍보, 매도오퍼의 게재 및 발송, 거래제의 등 마케팅 활동의 전반을 실시간으로 시행할 수 있게 되었다

제2절 전자무역의 프로세스와 중요성

1. 전자무역 거래절차

전자무역의 거래절차는 정보조사단계, 계약체결단계, 계약이행단계, 대금결제단계로 나뉜다.

(1) 정보조사단계

정보조사단계에서는 탐색과정-잠재적 수입업자를 파악하기 위한 각종 정보를 수집하는데, 전자무역의 경우 시장정보를 주로 인터넷상의 검색엔진(search engine)에 의한 정보검색과 각국의 정부기관 사이트나 기업의 웹사이트 또는 개인 사이트를 통한 정보검색 등 인터넷을 활용해 국내 및 해외의 신제품이나 거래선에 대한 정보, 경쟁업체에 관한 정보를 신속하게 입수할 수 있다.

(2) 계약체결단계

계약체결단계에서는 의사교환 과정, 각종 거래조건에 대한 합의가 이루어진다. 일반적인 전통적인 무역거래는 텔렉스나 팩스 등을 이용하였으나 전자무역에서는 전자우편, 인터넷 팩스 및 인터넷 폰 등을 이용하여 훨씬 저렴하고 효율적으로 수출입 거래 상담과 계약체결을 할 수 있다.

(3) 계약이행단계

계약이행단계에서는 합의된 각종 거래조건의 내용이 법률적 구속력을 가지며 물류운송이 이루어진다. 물류운송에서 전자무역을 이용한 국제거래 운송은 상품의 특성에 따라 물리적 상품의 경우는 기존의 물류운송루트를 그대로 이용하지만, 디지털 상품의 경우에는 인터넷을 통해서 직접 전송하거나, 부피가 크지 않고 특별한 취급이 필요하지 않은 물건의 경우 보편적으로 우편서비스 또는 국제특급운송이 주로 이용된다. 국제무역거래에서 전자상거래를 활용하는 경우에는 운송되어지는 물품에 대한 화물위치추적서비스 등 수출입 화물의 흐름도 인터넷을 통해 실시간으로 파악할 수 있다.

그림 21-1. 전자무역 프로세스

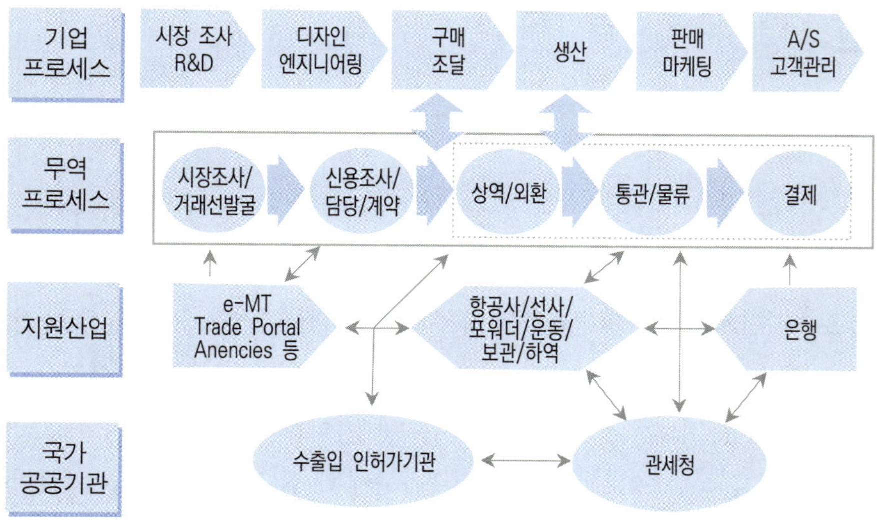

(4) 대금결제단계

대금결제단계에서는 종래 신용장이나 추심 또는 송금방식 등의 결제방식이 널리 이용되어 왔으나, 전자상거래를 이용한 인터넷 무역거래가 활성화됨에 따라 소액거래의 경우 무역카드, 신용카드, 전자화폐 등의 전자결제 수단이 주로 이용되며, 거액의 거래인 경우 전자자금이체방식이 활용되고 있다.

2. 전자무역의 역할과 중요성

전자무역은 재화 또는 서비스의 국가간 거래인 무역행위의 본원적 업무는 물론 지원업무를 인터넷을 포함한 정보기술 수단을 활용하여 전자적・정보집약적 방법으로 수행하는 무역활동이다. 전자무역은 제품과 서비스의 수출입에 관련된 전통적 무역프로세스에서 발생하는 방대한 정보를 전자적 방식(주로 전자문서)으로 교환함으로써 무역프로세스를 획기적으로 전환함과 동시에 마케팅 활동과 무역업무 대행역할을 수행한다.

전자무역인프라의 보편화로 발생하는 새로운 무역환경에서 창출 가능한 다양하고 새로운 방식의 사업모델의 개발과 수행활동을 포함하며, 전자무역은 궁극적으로 다수의 관련 기업 및 공공기관의 개별프로세스가 전자무역 프로세스라는 일관된 프로세스로 융합되는 과정으로서 e-비즈니스화(e-Transformation)의 핵심부분을 구성한다. 따라서 전자무역은 정보기술인프라, 전자무역의 관련산업, 그리고 전자무역을 뒷받침할 수 있는 법・제도 등 기반적 요소들과 이를 토대로 하는 기업, 그리고 무역관계기관간의 프로세스로 파악이 가능하다.

전자무역 프로세스는 기업이 수출 또는 수입과정에서 수행하는 일련의 활동(통관/물류, 결제 등)과 수출입 관련 기업들(예컨대 선사, 외국환은행, 포워더 등)과 주고받는 정보(문서)의 흐름으로 정의되며, 전자무역인프라는 이러한 정보(문서)의 교환행위를 전자적 방식으로 처리하는 기능을 제공한다. 또한 전자무역의 관련 산업은 전자무역인프라와 연계되는 무역프로세스상의 다양한 기업들, 즉 금융・물류・보험・e-MP등을 포괄한다.

제3절 기존의 전통적인 무역과 전자무역의 비교

국제무역이 이루어지는 과정은 크게 ① 시장·제품 및 거래선의 정보수집 활동, ② 광고마케팅활동, ③ 의사교환활동, ④ 대금결제과정, ⑤ 물류운송과정 등으로 구분할 수 있다.

전자무역의 경우 기존의 전통적인 무역과 별다른 차이점은 없으나, 수단과 방법에 있어서는 상당한 차이가 있다. 따라서 물품이나 서비스의 개발단계에서부터 인터넷 등과 같은 전자적인 수단을 활용하여 무역을 할 수 있도록 기획되어야 하며, 특히 신제품의 개발과 효과적인 주문처리, 고객관리 및 대금결제 등을 위한 내부 체계를 갖추는 것이 필요하다고 할 수 있다.

그림 21-2. 전통적인 무역과 전자무역의 비교

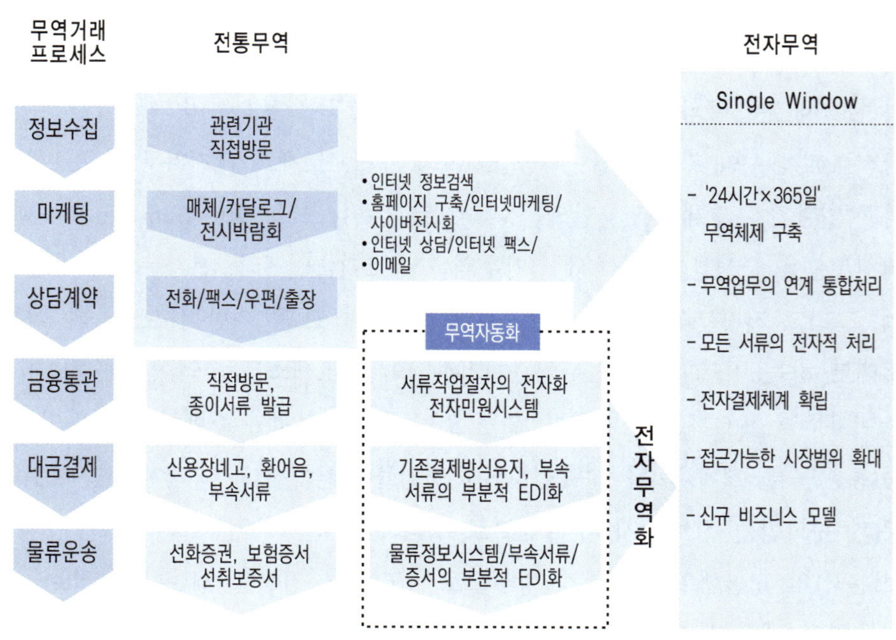

〈표 21-1〉 기존의 전통적인 무역과 전자무역의 차이점

수출입절차	기존의 전통적인 무역	전자무역
물품의 선정	국별 산업별 시장정보 서적참조, 전문 시장조사기관의 보고서, 주한 상무관실 자료이용, 수출유관기관 자료실 이용.	국별 산업별 정보제공 전문사이트 활용, 국별 통계사이트이용, 시장조사 전문기관 사이트 이용.
해외시장조사수출	국별 상품별 통계자료집 활용, 상품잡지, 제조업체 디렉토리 활용	통관정보사이트(국별 관세청, 국별 통계청, 국제통계기구 사이트), 국내외 무역거래 알선사이트, 상품 데이터베이스, 기업 데이터베이스 사이트 활용
홍보 및 마케팅	카탈로그, 상품잡지, 무역잡지, 해외전시회 참가.	홈페이지 구축, 웹 프로모션 활동, 무역알선사이트 상품 및 전자 카탈로그 등록, 유즈넷 포스팅, 사이버 무역관 입주 등
해외거래선 연락점 조사	바이어 디렉토리, 주한 상무관, 업체 디렉토리, 수출유관기관 추천.	기업데이터베이스, 국별 옐로우 페이지, 무역거래알선사이트, 바이어 디렉토리 사이트 활용
거래제의 및 통신	팩스, 전화, 텔렉스, 우편서비스	e-mail, 인터넷 전화, 인터넷 팩스, 화상시스템, 실시간 채팅, 전자게시판
신용조사	동업자, 은행, 신용조사기관에 의뢰	기업신용정보 제공 데이터베이스, 신용조사기관 사이트, 기업공시시스템
거래조건협상	팩스, 전화, 텔렉스, 우편, 대면상담	e-mail, 인터넷 전화, 인터넷 팩스, 화상시스템, 실시간 채팅 등
수출계약체결	팩스, 우편	팩스, 우편(양자의 서명 필요, off-line계약서 필요)
수출물품의 인도	선박, 항공 등의 기존 운송수단	선박, 항공 등의 기존 운송수단
수츨대금의 회수	은행을 통한 결제	은행통한 결제, 온라인 결제시스템

자료: 김관형 외, 인터넷 검색과 무역, 두남, 2001, pp. 4~5 참조.

제4절 인터넷무역과 EDI

1. 인터넷무역

인터넷은 TCP/IP 통신규약에 따라 전 세계를 하나로 연결하는 컴퓨터 통신망인 동시에 월드와이드웹(World Wide Web : WWW)을 통해 멀티미디어 데이터를 쌍방간에 아주 쉽게 실시간으로 주고 받을 수 있는 특징을 가지고 있다.

인터넷무역(Internet Trade)이라는 용어에 대한 정의는 아직까지 명확하고 통일된 것이 없으나, 다만 실무적인 차원에서 '가상공간인 인터넷을 이용하여 국제시장에서 상품과 서비스를 거래하는 거래'로 규정하고 있는 정도이다.

인터넷무역은 해외는 물론 국내에서 각종 무역업무를 인터넷, 전자문서교환(EDI) 등의 정보기술을 이용하여 처리하는 의미인 전자무역(Electronic Trade)의 일부라고 할 수 있다. 이러한 인터넷무역과 전자무역의 구분은 전자상거래(Electronic Commerce)와 인터넷상거래(Internet Commerce)에 대한 일반적인 구분을 국제무역에 적용한 것이라고 할 수 있다.

인터넷무역은 신용장 위주의 전통적인 무역거래와 상관습에 변화를 초래하고 중간유통단계의 축소에 따라 무역거래 자체에도 커다란 변화를 가져오고 있다.

2. EDI

(1) 정 의

EDI(Electronic Data Interchange)는 전자문서교환 또는 전자자료교환으로 해석되며, 서로 다른 기업 또는 조직간에 표준화된 상거래 서식(견적서, 주문서 등) 또는 공공서식(수출입신고서 등)을 서로 합의한 통신표준에 따라 컴퓨터간에 교환하는 정보전달방식이다. 다시 말해 EDI는 컴퓨터가 읽어서 해독하고 인간의 개입 없이 다음 업무를 컴퓨터가 자체 처리할 수 있는 구조화된 형태의 데이터(structured format data), 즉 표준전자문서를 통신망을 통해 컴퓨터간에 교환하는 정보전달방식이다.[1)]

(2) 구성요소

거래당사자간에 컴퓨터와 통신망을 통해 비즈니스와 관련된 데이터를 표준화된 전자문서의 형태로 주고받는 EDI는 일반적으로 다음과 같은 4가지 구성요소를 갖고 있다. 첫째, 전자문서와 통신 방법의 표준화에 관한 EDI 표준(Standards) 둘째, 전자문서를 전송하거나 수신하기 위한 사용자시스템(User System) 셋째, 거래당사자의 중간에서 통신망 서비스를 제공하는 제3자 네트워크인 부가통신사업자(VAN : Value Added Network) 넷째, EDI 방식의 업무처리에 따른 거래당사자간의 합의 내용과 책임 관계 등을 명확히 하는 거래약정(I/A : Interchange Agreement)등이 있다.

3. 무역자동화

무역자동화(Trade Automation : TA)란 기업간 또는 공공기관 사이에서 상호교환되는 문서를 최첨단 정보통신수단인 전자문서교환(Electronic Data Interchange : EDI)[2)]기술을 이용하여 각종 무역절차를 사무실에서 컴퓨터로 신속하고 정

---

1) 문희철 · 심상렬, 전게서, 1998, p. 23.

2) 전자문서교환(EDI)이란 표준화된 상거래서식 또는 공공서식을 서로 합의된 통신표준에 따라 컴퓨터간에 교환하는 정보전달방식으로 거래당사자가 인편, 우편 등에 의존했던 종전의 종이서류 대신에 컴퓨터로 각종 행정서류 및 상거래서식을 서로 합의한 표준화된 양식에 맞추어 상호교환하여 재입력 과정없이 직접 업무에 활용할 수 있도록 하는 새로운 정보전달방식이다. EDI의 효과로는 ① 시간 및 비용절감, ② 고객서비스의 향상, ③ 거래상대방과의 관계증진, ④ 내부업무처리절차의 개선, ⑤ 국제경쟁력의 강화 등을 들 수 있다.

확하게 처리함으로써 서류없는(paperless) 무역거래절차를 실현하는 것을 말한다.

무역자동화가 이루어지면 예전처럼 무역담당자들이 서류를 직접 가지고 무역관련기관들을 일일이 찾아다니거나 우편, 전신, 팩스(fax) 등을 통해 무역업무를 처리하는 대신에 컴퓨터를 이용한 EDI를 통해 사무실에서 간편하고 정확하게 무역업무를 처리할 수 있다.

주요용어

전자무역, 인터넷무역, 무역자동화, EDI

연습문제

1. 전자무역의 개념과 의의에 대해 설명하라
2. 전자무역의 특징에 대해 설명하라
3. 기존의 전통적인 무역과 전자무역의 특징에 대해 설명하라.

참고문헌

- 강이수, 국제거래관습론, 삼영사, 1983.
- 권영철, 국제경영관리론, 무역경영사, 1994.
- 김덕권, 국제무역의 이해, 법경사, 2002.
- 김병술, 무역업의 창업과 경영, 두남, 1998.
- 김용복, 무역실무, 박영사, 1998.
- 김용원, 무역영어, FTA관세무역연구원, 2020.
- 김정수, 국제통산정책론, 박영사, 2003.
- 김희철, 국제경영, 학문사, 1999.
- 김희철, 국제기업환경론, 제대출판부, 1999.
- 김희철 · 이신규, 국제무역의 이해, 도서출판 두남, 2000.
- 라공우 · 임재욱 · 김규남, 무역실무론, 현우사, 2011.
- 박대위, 무역개론, 박영사, 1998.
- 박종수, 국제통상원론, 박영사, 1997.
- 박형래 · 오대혁, 무역개론, 청람, 2014.
- 신동수 · 김행권, 무역학개론, 법경사, 1999.
- 신현종, 무역정책론, 박영사, 1997.
- 신현종 · 노택환, 무역학개론, 1991.
- 어윤대, 국제경영, 학현사, 1997.
- 오원석, 국제운송론, 박영사, 2004.
- 오원석, 무역관습론, 동성사, 1990.
- 원종근, 국제경영, 박영사, 1999.
- 원종근, 국제마아케팅론, 법문사, 1991.
- 원종근 · 구종순 · 박광서, 무역개론, 박영사, 1994.
- 이용근, 무역학개론, 삼영사, 2018.
- 이장로, 국제마케팅, 무역경영사, 1997.
- 이장로, 무역개론, 무역경영사, 1995.
- 이장호, 국제경영전략, 박영사, 1996.
- 장세진, 글로벌경영, 박영사, 1998.
- 장세진, 글로벌시대의 경영전략, 박영사, 1999.
- 전용욱 · 김주헌 · 윤동진, 국제경영, 문영사, 2003.
- 전창원, 도해 무역실무, 무역연구원, 1998.
- 정구현, 국제경영, 법문사, 1999.
- 정헌배 · 김희철, 지구촌마케팅, 법문사, 1997.

• 조동성, 국제경영학, 경문사, 1994.
• 지용희 · 이장호 · 강호상, 최신무역개론, 경문사, 1996.
• 한주섭, 신용장론, 동성사, 1984.
• 한주섭, 최신무역학개론, 일신사, 1991.

• 대외정책연구원 연구서, 2000-2004.
• 대한상공회의소, Incoterms 2020, 경성문화사, 2019.
• 중앙경제, "EU에 동유럽 가입-우리에게 미치는 영향", 2004.4.8.
• 중앙경제, "FTA, 맺으면 뭐가 좋아요?", 홍병기, 2002.12.10.
• 중앙경제, "왜 공장을 외국에 지을까?", 정철근, 2002.12.3.
• 중앙경제, "환율이 떨어지면 무슨 문제가 생기나요?", 정경민, 2004.2.2.
• 중앙일보, "뉴라운드가 뭔가요?", 이효준, 2001.1.3.
• 중앙일보, "자유무역협정이 발효되면", 정인교, 2004.3.2.
• 중앙일보, "GDP와 GNP", 김창규, 2000.1.6.
• 중앙일보, "한국 절약운동 무역장벽 규정", 1997.4.2.
• 한국일보, "비관세장벽에 수출업계 '곤욕'", 1993.11.5.

찾아보기

ㄱ

ㄴ

ㄷ

ㄹ

ㅇ

ㅈ

ㅊ

ㅋ

ㅌ

ㅍ

ㅎ

저자약력

라 공 우
- 강원대학교 무역학과 졸업 (경영학사)
- 건국대학교 대학원 무역학과 수료 (경제학석사, 경제학박사)
- Michigan State University Visting Scholar
- 행정자치부 관세직 공무원시험 7급 및 9급 출제위원
- 관세청 관세사자격시험 출제위원
- 경인여자대학 무역과 부교수
- 현) 제주대학교 경상대학 무역학과 교수
  한국관세학회 회장
  한국무역학회, 한국통상정보학회 부회장

홍 재 성
- 강릉원주대학교 무역학과 졸업 (경영학사)
- 중국대련해사대학교 민상법학과 수료 (법학석사)
- 중앙대학교 대학원 무역학과 수료 (경영학박사)
- Japan Foundation Japanese Language Institute, Kansai, Visiting Researcher
- 관세청 관세사자격시험 출제위원
- 현) 제주대학교 경상대학 무역학과 부교수
  한국국제상학회 편집위원, 한국통상정보학회 편집위원

김 태 환
- 강남대학교 경제통상학부 졸업 (경제학사)
- 중앙대학교 대학원 무역학과 수료 (경영학석사, 경영학박사)
- 중앙대학교 한국전자무역연구소 전임연구원
- 중앙대학교 상경학부 강의전담교수
- 강남대학교 경제통상학부 강사
- 행정자치부 관세직 공무원시험 7급 및 9급 출제위원, 면접위원
- 관세청 관세사자격시험 출제위원
- 물류관리사, 보세사, 수입관리사 출제위원
- 현) 안양대학교 글로벌경영학과 무역통상트랙 교수
  안양대학교 평생교육원장
  한국관세학회 사무국장

저자와의
협의하에
인지생략

국제무역의 이해

2022년 2월 10일 1판 1쇄 인쇄
2022년 2월 20일 1판 1쇄 발행

저 자 라공우 · 홍재성 · 김태환
발행인 김광식
조 판 아람기획

07285
발행처 서울특별시 영등포구 선유로 3길 10, 617호

도서출판 **탑 북 스**

등 록 2009.12.21 제 2016-000101 호
전 화 02)365-2223 팩스 02)365-2224

정가 25,000 원

ISBN 979-11-90247-55-9-93320